"十三五"国家重点出版物出版规划项目

中国道路

|社|会|建|设|卷|

中国人口发展的政策与实施

CHINA'S POPULATION DEVELOPMENT POLICY AND IMPLEMENTATION

陈江生 李良艳 胡健闽 著

中国财经出版传媒集团
经济科学出版社
Economic Science Press

图书在版编目（CIP）数据

中国人口发展的政策与实施/陈江生，李良艳，胡健闽著．—北京：经济科学出版社，2017.9（2018.5重印）
（中国道路·社会建设卷）
ISBN 978 – 7 – 5141 – 8479 – 2

Ⅰ.①中… Ⅱ.①陈…②李…③胡… Ⅲ.①人口政策 – 研究 – 中国 Ⅳ.①C924.21

中国版本图书馆 CIP 数据核字（2017）第 236160 号

责任编辑：杨　洋
责任校对：王苗苗
责任印制：李　鹏

中国人口发展的政策与实施

陈江生　李良艳　胡健闽　著

经济科学出版社出版、发行　新华书店经销
社址：北京市海淀区阜成路甲 28 号　邮编：100142
总编部电话：010 – 88191217　发行部电话：010 – 88191522
网址：www.esp.com.cn
电子邮件：esp@esp.com.cn
天猫网店：经济科学出版社旗舰店
网址：http://jjkxcbs.tmall.com
北京季蜂印刷有限公司印装
710×1000　16 开　15 印张　200000 字
2017 年 9 月第 1 版　2018 年 5 月第 2 次印刷
ISBN 978 – 7 – 5141 – 8479 – 2　定价：45.00 元
（图书出现印装问题，本社负责调换。电话：010 – 88191510）
（版权所有　侵权必究　举报电话：010 – 88191586
电子邮箱：dbts@esp.com.cn）

《中国道路》丛书编委会

顾　　问：魏礼群　马建堂　许宏才

总　主　编：顾海良

编委会成员：（按姓氏笔画为序）
　　　　　　马建堂　王天义　吕　政　向春玲
　　　　　　陈江生　季　明　季正聚　竺彩华
　　　　　　周法兴　赵建军　姜　辉　顾海良
　　　　　　高　飞　黄泰岩　魏礼群　魏海生

社会建设卷

主　　编：陈江生　向春玲

《中国道路》丛书审读委员会

主 任：吕 萍

委 员：(按姓氏笔画为序)
　　　　刘明晖　李洪波　陈迈利　柳　敏

总　　序

中国道路就是中国特色社会主义道路。习近平总书记指出，中国特色社会主义这条道路来之不易，它是在改革开放三十多年的伟大实践中走出来的，是在中华人民共和国成立六十多年的持续探索中走出来的，是在对近代以来一百七十多年中华民族发展历程的深刻总结中走出来的，是在对中华民族五千多年悠久文明的传承中走出来的，具有深厚的历史渊源和广泛的现实基础。

道路决定命运。中国道路是发展中国、富强中国之路，是一条实现中华民族伟大复兴中国梦的人间正道、康庄大道。要增强中国道路自信、理论自信、制度自信、文化自信，确保中国特色社会主义道路沿着正确方向胜利前进。《中国道路》丛书，就是以此为主旨，对中国道路的实践、成就和经验，以及历史、现实与未来，分卷分册作出全景式展示。

丛书按主题分作十卷百册。十卷的主题分别为：经济建设、政治建设、文化建设、社会建设、生态文明建设、国防与军队建设、外交与国际战略、党的领导和建设、马克思主义中国化、世界对中国道路评价。每卷按分卷主题的具体内容分为若干册，各册对实践探索、改革历程、发展成效、经验总结、理论创新等方面问题作出阐释。在阐释中，以改革开放近四十年伟大实践为主要内容，结合新中国成立六十多年的持续探索，对中华民族近代以来发展历程以及悠久文明传承进行总结，既有强烈的时代感，又有深刻的历史感召力和面向未来的震撼力。

丛书整体策划，分卷作业。在写作风格上注重历史与现实、理论与实践、国内与国际结合，注重对中国道路的实践与经验、过程与理论作出求实、求真、求新的阐释，注重对中国道路作出富有特色的、令人信服的国际表达，注重对中国道路为发展中国家走向现代化和为解决人类问题所贡献的"中国智慧"和"中国方案"的阐释。

在新中国成立特别是改革开放以来我国发展取得重大成就的基础上，近代以来久经磨难的中华民族实现了从站起来、富起来到强起来的历史性飞跃，中国特色社会主义焕发出强大生机活力并进入了新的发展阶段，中国特色社会主义道路不断拓展并处在新的历史起点。在这新的发展阶段和新的历史起点上，中国财经出版传媒集团经济科学出版社精心策划、组织编写《中国道路》丛书有着更为显著的、重要的理论意义和现实意义。

《中国道路》丛书 2015 年策划启动，首批于 2017 年推出，其余各册将于 2018 年、2019 年陆续推出。丛书列入"十三五"国家重点出版物出版规划项目、国家主题出版重点出版物和"90 种迎接党的十九大精品出版选题"。

《中国道路》丛书编委会
2017 年 9 月

目　录

第一章　改革开放前中国人口政策演变 …………… 1

　一、中国古代人口思想与政策的演变 / 1

　二、中国近代人口政策的思想演变 / 19

　三、中华人民共和国成立到1970年的人口政策 / 37

　四、全面推行"晚稀少" / 46

第二章　"计划生育"人口政策的推行 …………… 56

　一、"一孩紧缩"人口政策的实施 / 56

　二、计划生育政策的调整及实施效果 / 66

　三、调整和完善计划生育政策的相关配套措施 / 73

　四、对于计划生育政策的相关讨论 / 84

第三章　"稳定低生育"人口政策的运行 …………… 88

　一、人口形势的变化 / 88

　二、稳定低生育人口政策的运行及成效 / 89

　三、稳定低生育人口的相关措施 / 93

　四、涉及稳定低生育政策的探讨 / 114

第四章 "统筹解决人口问题"决定的开展 …………… 117

一、开展的背景 / 117

二、统筹解决人口问题的开展 / 125

三、统筹解决人口问题主要任务和具体内容 / 137

四、关于统筹解决人口问题的相关讨论 / 151

第五章 "单独二孩"人口生育政策的推行 …………… 161

一、政策推行的背景 / 161

二、"单独二孩"政策的推行 / 169

三、关于"单独二孩"政策的探讨 / 172

四、"单独二孩"政策实施效果评析 / 176

第六章 "全面放开二孩"人口政策的实施 …………… 181

一、实施的背景 / 181

二、"全面放开二孩"政策的实施 / 185

三、对于"全面放开二孩"政策的争论 / 190

四、"全面放开二孩"政策的效应分析 / 196

第七章 未来人口演变趋势及政府作为 ………………… 200

一、未来人口演变趋势 / 200

二、对未来人口演变的几点看法 / 208

三、中国政府在人口治理中的作为 / 214

参考文献 / 226

第一章

改革开放前中国人口政策演变

改革开放以来中国的人口政策更多的是基于当期国家的人口状况、国家的目标和理念所制定和实施的。但是，其历史的继承性也是显而易见的，我们继承了人口的数量和结构，我们当然也继承了历史上有意和无意的人口思想与政策的演变，因此，要理解当代中国的人口政策变化和运行，对中国历代人口及历代人口政策思想的演变做一个简单的介绍是有必要的。

一、中国古代人口思想与政策的演变

中国古代人口思想与人口政策主要集中在两个方面，一方面，人口数量上强调人口增殖；另一方面，人口结构上追求农业人口比例的扩大。

（一）中国古代人口数量的变化

古代统计的人口数据最早见于西晋人皇甫谧所撰的《帝王世纪》一书，但学术界认为实际上人口开始统计的时间要早于西晋，公元前684年，也就是东周庄王十三年开始统计人口，当时"料民"人口统计为11 847 000人。秦始皇统一六国后，进一步加强人口管理，据《帝王世纪》记载，秦朝时中国总人口达

2 000余万，人口突破0.2亿，较东周增长一倍。

西汉时，人口增长加速，是中国古代人口发展史上的第一个生育高峰，后世很长一段时间内均未超越西汉时的人口数量，公元前141年，汉景帝时人口已经超过3 000万。西汉后期时的人口数量在景帝时期的基础上又翻了一倍，达到了6 000万，中国古代人口首次超过了0.5亿。据《汉书·地理志》记载：汉平帝元始二年（公元2年），"民户千二百二十三万三千六十二，人口五千九百五十九万四千九百七十八"。①

西汉灭亡之后，由于动乱，中国人口数量骤减，路遇、滕泽之所著《中国人口通史》显示，三国鼎立前后，总人口约1 900万，为东周以来中国人口统计的最低点。唐朝是中国古代最繁荣的王朝，创造了历史上著名的开元盛世，唐玄宗天宝末年，达到唐代人口的顶峰，据《旧唐书·玄宗纪》记载，天宝十三年全国人口"五千二百八十八万四百八十八"。公元755年"安史之乱"后，人口骤减，在不到十年的时间里，人口减少了2/3，公元764年，总人口不到1 700万，不及天宝十三年的1/3。从中国古代历史来看，唐代的繁荣程度远远高于西汉，但人口数量即使在人口顶峰也没有超过西汉，究其原因，这和唐代统治者崇尚佛教有很大的关系，在唐代，大量人口出家，直接影响到人口的繁衍。

宋代是中国古代人口发展史上的第二个生育高峰，北宋人口最盛时期出现在宋徽宗时期，据《宋史·地理志》记载，大观四年（公元1110年），全国总户数是2 088万户，历史上最高，人口总数约是4 700万。分摊到每户上面只有两个人，这明显和事实不符，经考证发现，主要是由于以下两个原因：一是宋代人口普查不严谨，登记编写户籍时，漏报瞒报现象普遍。元朝马端临编《文献通考·户口考》便称，宋代"天下户口数，类多不

---

① 班固：《汉书》卷二十八下《地理志第八下》。

实";二是宋代在统计人口时并不计入女性。因此,宋代人口存在着明显的低估现象,路遇、滕泽之在《中国人口通史》中分析,算上当时的辽、西夏、吐蕃(现中国西藏地区)、流求(现中国台湾地区)等少数民族地区,宋朝所在中国版图内的总人口约1.21亿人,普遍认为,即使这样,宋代人口还是存在偏低估算,葛剑雄所著《中国人口史》中估计为1.25亿人。虽然宋代统计人口的具体数量存在着很大争议,但普遍认为,这时的人口已经过亿,这是中国古代人口发展史上人口数量首次过亿。

明代,明太祖朱元璋对户口管理极为严格,于洪武十四年(公元1381年)进行全国人口大普查,并且以这次人口普查数据为基础,编制了全国《赋役黄册》。这次普查结果显示,全国人口户数共有106 000户,人口总数为6 000万,和宋代相比,人口数量减少将近一半。明世宗嘉靖年间,人口户数是"九百三十五万一千九百七",人口总数"五千八百五十五万七千七百三十八"。现代学术界对明代人口统计的准确性并不认可,明代陈全之在《蓬窗日录》中称,民间人口统计"十漏六七",按照此方法计算的话,明代人口和宋代相差不会太多,也是过亿人口。路遇、滕泽之在《中国人口通史》中认为,明代人口最盛时近1.7亿;葛剑雄主编的《中国人口史》同样认为,明代后期虽然由于战争、瘟疫导致人口大减,但仍维持在1.5亿的水平。以上可以看到,明代人口在相比宋代人口的基数上,有了一定的增长。

清朝是中国古代人口发展史上的第三个生育高峰期,从乾隆年间开始,中国人口数量开始一路攀升,有学者称之为古代的"人口大爆炸"。据《东华续录·乾隆》记载,乾隆六年,中国人口达到143 171 559人,超过1.4亿,这一统计数据在中国古代人口统计中具有特殊的意义,因为这是中国古代官府史料人口统计中第一次精确到9位数;乾隆二十七年,人口较21年前增长将近6 000多万,已达200 472 461人,这是中国人口统计历史上首次破2亿;中国人口增长的趋势并没有停滞下来,仍旧保持了高增长的趋势，乾隆五十五年，人口达 301 487 115 人，这是中国人口首次破 3 亿。清道光、咸丰年间是中国古代人口发展最旺盛期，道光十四年，据《清宣宗实录》记载，当年总人口数量为 401 008 574 人，中国人口首破 4 亿人；咸丰元年人口达到 4.3 亿人；到光绪年间，"四万万"已成为形容中国人口数量的惯用语。

（二）中国古代人口思想的演变

从人口数量的变化上可以看出，提倡和鼓励人口增殖的思想，一直在我国古代社会中居于主导、支配的地位，是古代人口意识的主流，形成了"人口增者国必强，户籍减时国即衰"的根深蒂固的核心观念。我国古代社会中，人口是最重要的生产要素，为了发展生产、增强国力，历朝都把增加人口作为最重要的施政方针。

恩格斯曾经说过，农业是整个古代世界的决定性的生产部门，因此，中国古代人口增殖的思想还是源于人口和土地关系，具体来讲，围绕着人口数量与土地数量、人口增长与耕地面积增长、人口增长速度与物资资料增长速度、人口与财富分配是否平衡展开。需要注意的是，如前文所说，人口增殖思想在古代社会发展中居于支配地位，但并不是始终贯穿在历代王朝更迭中。所以，我们阐述人口增殖思想是从一个更宏观的视角来考察，不仅仅介绍主流的增殖思想，同时也对其他人口思想加以阐释。

早在周朝的时候，就开始考察人口与土地之间的相互关系，早期书籍《易》《诗》《书》中就提到了人口与土地的关系。《尚书·洪范》"农用八政"[①] 最早提出"食为八政之首"的观点，食就是指的农业生产，首先要重视农业生产，特别是粮食生产。

---

① 农用八政：一曰食，二曰货，三曰祀，四曰司空，五曰司徒，六曰司寇，七曰宾，八曰师。

《夏书·禹贡》中"六府孔修，庶土交正，底慎财赋，咸则三壤，成赋中邦"①进一步阐述了粮食生产和人口数量的关系，并且提出要根据土地肥力和物产种类征收赋税，间接表明了人口的增加和赋税增长之间的关系。

春秋时期的管仲坚信人口众多是一个诸侯国强大的根本条件，《管子》中鲜明地表达了他的观点："地大国富，民众兵强，此盛满之国也""地大国富，人众兵强，此霸王之本也"②。管子对人口的看法比较深刻，认为人口数量并不是无限制的增加，而是要与土地的数量相适应，因此，他最早提出人口要和土地相平衡的主张："地大而不为，命曰土满。人众而不理，命曰人满"③，土地多而得不到开发利用被认为是土满，人口多而没有土地可开发，叫做人满。土满和人满都不是国家富强的标准，人口和土地平衡，人口数量和土地面积相适应才能保证一个国家的繁荣强大。战国时期的思想家和政治家商鞅进一步地论述了人口增长和土地数量相适应的问题，在代表商鞅基本思想的《商君书》中，商鞅指出"凡世主之患，用兵者不量力，治草莱者不度地。故有地狭而民众者，民胜其地；地广而民少者，地胜其民。民胜其地者，务开，地胜其民者，事徕"④。上述思想中，当人口多于土地时，要增加土地的供给量，开垦更多的土地；而人口少于土地时，要千方百计增加人口的供给量，商鞅提出通过招徕外面移民的对策来保证人口和土地的平衡，这种思想在《商君书·徕民》中得到了充分体现。他指出："今秦之地方千里者五，而谷土不能处二，田数不满百万，其薮泽、谿谷、名山、大川之材物货宝，又不尽为用，此人不称土也。秦之所与邻者，三晋也，所欲用兵者，韩、魏也。彼土狭而民众，其宅参居而并

---

① 取自《尚书》的《夏书·禹贡》。
② 选自《管子》中的重令篇。
③ 选自《管子》第二十三篇的霸言篇。
④ 选自《商君书》的《算地第六》。

处；其寡萌贾息，民上无通名，下无田宅，而恃奸务末作以处，人之复阴阳泽水者过半。此其土之不足以生其民也，似有过秦民之不足以实其土也"①。

战国末期，哲学家和法学家韩非继承了管仲、商鞅的人口与土地平衡思想的同时，也意识到人口本身的再生产与物质资料增长之间相适应的问题，是一种朴素的历史唯物主义观点，在当时来讲，确实是社会的一大进步。但在人口问题上，韩非持有和商鞅不同的观点，主张控制人口，提倡增加财富，认为人口增加和财富多寡的变化是社会历史变动的根本原因。《五蠹》一文中，他说："古者丈夫不耕，草木之实足食也；妇人不织，禽兽之皮足衣也。不事力而养足，人民少而财有余，故民不争。是以厚赏不行，重罚不用，而民自治。今人有五子不为多，子又有五子，大父未死而有二十五孙，是以人民众而货财寡，事力劳而供养薄，故民争，虽倍赏累罚而不免于乱"②，在这里，他认为社会动乱的原因在于人口多、货财寡。

韩非和商鞅在人口问题上的看法看似矛盾，一个主张控制人口，一个倡导增加人口，然而，在看似矛盾的背后实质上两者的观点是一致的，控制人口和倡导人口都是从人口与土地相适应的角度展开，韩非和商鞅所在诸侯国的人口与土地的比例相异，韩非生活在韩国，韩国是一个典型"地少人多"的国家，秦国则是"地多人少"的国家。韩非人口思想除了继承人口与土地要相适应外，他还对这一问题进行了更进一步的论述，提出了人口增长和生活资料相平衡的主张。

东汉哲学家王符也提出了人口与土地相适应的概念，土地是人类生存之本，因此，人口必须要和土地相适应。他提出"夫土地者，民之本也""土多人少，莫出其材，是谓虚土，可袭伐

---

① 选自《商君书·徕民第十五》。
② 选自《韩非子·五蠹》。

也。土少人众，民非其民，可遗竭也。是故土地人民，必相称也"①。人口布局上，王符继承了西汉政治家晁错"移民实边"的思想，主张通过向边疆偏远地区移民来达到人口的均衡分布，实现人口与土地相适应的比例关系。

北宋政治家和文学家苏轼提出在人口分配上，生产者与非生产者要保持一定比例的正确主张。他说："古者以民之多寡为国之贫富。故管仲以阴谋倾鲁梁之民，而商鞅亦招徕三晋之人以并诸侯。当周之盛时，其民物之数登于王府者，盖拜而受之……户口之众有过于隋，然以今之法观之，特便于徭役而已，国之贫富何与焉。非徒无益于富，又且以多为患。生之者寡，食之者众，是以公私枵然而百弊并生。夫立法创制，将以远迹三代，而曾隋氏之不及，此岂不可论其故哉！"②。从以上话语中可以看出，苏轼批判了管仲、商鞅用人口多寡来判定国家盛衰的观点。虽然管仲和商鞅用人口多少来判断国家富强与贫弱有一定的道理，因为那时的人口就是参加生产的人数，人口的多少决定了创造财富的大小，所以国家重视增加人口来强大自己。但到宋代后期，人口结构发生了变化，情况不同了。宋代的情况是，人口增多了，但生产者的数量并未随之增多，甚至是减少了，增多的只是非生产性人口，这只能使社会更穷，而不会使社会更富，人口已经成为社会的沉重负担。因此，他认为人口即使再多，如果生产性人口少，非生产性人口多，会造成食物的不足，甚至会导致人民饥寒交迫，百姓贫困，百弊滋生。所以，实质上还是生产者与非生产者保持合适比例的问题。古代思想家一般都认为人口多则财富多，人口是国力与财富的源泉，人口多寡是国家富强与否的标志。而苏轼提出的人口多寡与国家贫富无关的观点，在我国古代封建社会是独树一帜的。苏轼是想把传统的"人众国富论"修

---

① 选自《潜夫论·实边》。
② 选自《隋文帝户口之蕃仓廪府库之盛》。

正为"生产者众国富论",这里,苏轼已触及人口结构问题。苏轼认为,自唐代中叶开始,人口的结构已经严重失衡,非生产性人口大大超过生产性人口,从而使民贫国弱。他说:"及唐中叶,列三百州,为千四百县,而政益荒。是时宿兵八十余万,民去为商贾,度为佛老,杂入科役,率常十五。天下常以劳苦之人三,奉坐侍衣食之人七。流弊之极,至元和中,……今者骄兵冗官之费,宗室贵戚之奉,边鄙将吏之给,盖十倍于往日矣。安视而不恤欤?则有民穷无告之忧"①。由此可见,苏轼认为宋代军队、官吏、宗室贵戚人数的大量增加,使生产性人口与非生产性人口的结构比例失衡,这种情况比唐中叶以后更加严重,军饷、官员俸禄以及宗室供奉大幅度增加造成民穷国弱的困境。

井田制瓦解后,土地成为私人财产,可以自由买卖,造成人口流动,这种因人口迁徙而造成的人口和土地分布不均,使得"地无变迁,而民有聚散。聚则争于不足之中,而散则弃于有余之外,是故天下常有遗利,而民用不足"。除了井田制瓦解引致了人地冲突的因素外,苏轼认为这还和宋代统治者实施的政策相关,当时统治阶层"上之人贱农而贵末,忽故而重新,则民不均";"贱农而贵末,则农人释其耒耜而游于四方,择其所乐而居之"②,人口流动越加频繁;抱持"忽故而重新"的思想,苏轼认为对于"水旱之后,盗贼之余"的地区,朝廷为了安抚"逋逃之民",常常会采用"轻刑罚、薄税赋、省力役"的怀柔政策。与之相反,对于一般"久安而无变"的地区,则不肯"无故而加恤",这些地区的人们很难获得"轻徭薄赋"的好处,反而会把人口引向那些薄税赋的地区,"稍稍引去,聚于其所重之地,以至于众多而不能容",导致人口分布的不均衡。

人口流动以及人口分布不均衡造成人口分布和土地分布不适

---

① 《东坡全集》,49~54卷。
② 均选自《苏轼集》卷四十七《策别十七首》。

应，基于上述认识，苏轼提出了"安万民"的一项重要措施——"均户口"，通过实行移民政策调整人地之间的矛盾，实现人口的合理、均匀分布，从而使人口与土地资源有效配置。他对移民政策的探讨更加深入，移民政策实施不当的话，容易发生"今欲无故而迁徙安居之民，分多而益寡，则怨谤之门，盗贼之端，必起于此，未享其利，而先被其害"，针对上述现象，苏轼提出了具体主张，要"变必因人之情，故易为功。必因时之势，故易为力"。"因人之情"指的是根据人们的不同情况制定不同的迁移政策，要进行区别对待。对于百姓，按照"民之情，莫不怀土而重去"，百姓一般会留恋故土不肯迁徙，因此，在制定政策时要考虑到这一点；而对于官员来讲，士大夫一般"狃于迁徙之乐而忘其乡"，苏轼提出可以参照汉代的做法，将"天下之吏仕于某者"迁移至"荆、襄、唐、邓、许、汝、陈、蔡之间"人口比较稀松的地方。同时，苏轼还提出也要"因时之势"来迁移人口，实际上，"因时之势"在实际中相比"因人之情"更具有可操作性，"因时之势"是指乘灾荒之年当"民方其困急时"，招募移民。因为当饥饿流亡之时，"父子且不能相顾，又安知去乡之为戚哉"，只要"所过廪之，费不甚厚"①，百姓就会"乐行"迁移，这就变成一件"顺其自然"的事情。进而，苏轼又对移民的安顿问题提出了两点看法，第一，要给予移民一定的优惠政策，具体包括"皆授其田，贷其耕耘之具，而缓其租，然后可以固其意"②。第二，移民可以缓交、少交地租，因为刚开垦的土地收成较少，缓交和少交地租利于迁移人口扎下根来。总之，只有通过让移民在新居地生存下去，才能达到最终目的，使人口分布和土地分布趋于均匀，最终达到"天下之民其庶乎有息肩之渐也"。

对于人口的增长速度，尤其是人口的翻番问题，明朝末年的

————————
①② 均选自《苏轼集》卷四十七《策别十七首》。

徐光启是历史上第一个开始研究的学者,指出"生人之率,大抵三十年而加一倍。自非有大兵革,则不得减"①。他认为如果没有大的战争的话,人口会在30年左右增加一倍,他是历史上最早提出这个问题的人,这个结论比英国人口学家马尔萨斯在《人口原理》一书中提出的人口每隔25年增加一倍的观点,还早170年。清朝著名的思想家洪亮吉、汪士铎和薛福成都对这一问题有过类似的看法,并且对人口增长这一问题进行了深入探讨,把它同社会发展联系到一起。

清代文学家和经济学家洪亮吉认为,人口增长与生活资料的增长相适应是一条客观规律。他认为人口的增长比例和土地的增长比例并不一致,并且前者增长比例要远远大于后者,对于人口增长,他说:"然言其户口,则视三十年以前增五倍焉,视六十年以前增十倍焉。视百年、百数十年以前,不啻增二十倍焉"。②然而对于物资资料增长,他认为:"高、曾之时,隙地未尽辟,闲廛未尽居也。然亦不过增一倍而止矣,或增三倍、五倍而止矣,而户口则增至十倍、二十倍。是田与屋之数常处其不足,而户与口之数常处其有余也。又况有兼并之家,一人居百人之屋,一户占百户之田。何怪乎遭风雨、霜露、饥寒、颠踣而死者之比比乎!"③。人口可以增长五倍、十倍、二十倍,但生产资料的增长只有一倍、三倍、五倍,人口增长无法和生产资料的增长相匹配,必然会造成严重的社会后果,面对这一情况,洪亮吉认为不必干预,因为客观存在、不以人的意志为转移的客观规律会发挥作用而达到人口增长和生活资料增长的平衡,这种客观规律就是"天地调剂法"以及统治者应有所作为的"君相调剂法"。"天地调剂法",是指遇到"水旱、疾疫"时,这些天灾会自动地减少

---

① 《农政全书·田制》。
② 《洪北江诗文集·治平篇》。
③ 同上。

人口；"君相调剂法"就是统治者可以采用"使野无闲田，民无剩力。疆土之新辟者，移种民以居之。赋税之繁重者，酌今昔而减之。禁其浮靡，抑其兼并。遇有水旱、疾疫，则开仓廪、悉府库以赈之"。从洪亮吉对于"君相调剂法"的描述来看，核心思想还是上文提到过的增加开垦土地的面积、移民到偏远地区、减轻赋税负担、严禁奢靡、禁止土地兼并等。洪亮吉人口思想的一大特色表现在他提出人口增长与物质资料平衡之法的同时，又看到了两种方法的局限性，对于自然之法——"天地调剂法"来讲，"然民之遭水旱、疾疫而不幸者，不过十之一二矣"，自然之法发挥作用的范围毕竟有限，同时，对于统治者调剂之法——"君相调剂法"来说，"要之，治平之久，天地不能不生人；而天地之所以养人者，原不过此数也。治平之久，君相亦不能使人不生，而君相之所以为民计者，亦不过前此数法也。……一人之居，以供十人已不足，何况供百人乎！一人之食，以供十人已不足，何况供百人乎！此吾所以为治平之民虑也"①，土地的数量毕竟有限而且统治者也难以阻止人口增长，这两个因素的存在造成了人口增长与生活资料增长相平衡的效果大大地打折扣。

汪士铎和薛福成不仅发展了洪亮吉的上述观点，而且还更加极端化。汪士铎说"天下人丁三十年加一倍，故顺治元年（公元1644年）一人者，至今（公元1855）一百二十八人"，并且进一步对人口增长与生产资料生产所产生的矛盾问题进行了详细分析，指出人口增长太多，不仅使"国家人浮于地者数倍"，出现了"驱人归农，无田可耕；驱人归业，无技须人"的局面，甚至会造成"山顶已植黍稷，江中已有洲田，川中已辟老林，苗洞已开深菁，犹不足养，天地之力穷矣；种植之法既精，糠核亦所吝惜，蔬果尽以助食，草木几无孑遗，犹不足养，人事之权殚矣"的稀缺境地。薛福成在《庸庵文外编·许巴西、墨西哥立

---

① 选自清代学者洪亮吉所著《洪北江全集》中的《治平篇》。

约招工说》中列举了乾隆年间人口比康熙年间人口增长的数字，指出"谓中国地有遗利软！则已山之坡、水之浒、暨海中沙田、江中洲址，均已垦辟无余。抑谓人有遗力软？则中国人数众多，人工之廉，减于泰西诸国十倍，竭一人终岁勤动之力，往往不能仰事俯畜"。

（三）鼓励人口增长的具体措施

1. 人口登记与注册。

夏、商、周三代，统治者就十分注重人口的统计工作，宋镇豪在《夏商人口初探》中表明，夏、商、周都做过人口的统计工作。公元前8世纪末，周宣王曾"料民於太原"，目的是为了补充兵源而在陕陇地区登记人口，但这还不算是真正意义上的全国人口登记。战国时期吴起也坚持"料民之说"，认为"强国之君，必料其民"。

《周礼》一书对户口问题更为重视，较详细地记载了当时的人口登记与注册制度，为了贯彻人口政策，从上到下设置了一系列管理人口统计和人口政策的官吏，旨在鼓励生育、增加人口，招募兵丁、扩充兵源，征收赋税以及便于国家管理和人民教化。据《周礼》中的《地官司徒》和《秋官司寇》两篇记载，当时设置大司徒、乡大夫、闾师、县师、媒氏、司民等各级官吏的一项重要职责是"掌管人民之数""掌握人口婚姻""出生情况"等。

《地官司徒》对大小司徒任务做了阐述，大司徒总管全国"人民之数""令五家为比，使之相保；五比为闾，使之相受；四闾为族，使之相葬；五族为党，使之相救；五党为州，使之相赒；五州为乡，使之相宾"，他的另外一项职责以乡为单位对"万民"进行"六德，即知、仁、圣、义、忠、和""六行，即孝、友、睦、姻、任、恤""六艺，即礼、乐、射、御、书、数"的教化，小司徒是"稽国中及四郊都鄙之夫家九比之数，以辨其贵贱老幼废疾""乃均土地以稽其人民而周知其数"。《地官司徒》记载媒氏的主要职责是男女婚配事宜,"凡男女自成名以上,皆书年、月、日名焉。令男三十而娶,女二十而嫁。凡娶妻入子者,皆书之",媒氏主管事物包括:婴儿出生后三个月必须登记其姓名、年龄、性别;男女到结婚年龄要促其婚配;凡壮年鳏寡须于每年夏历二月再行婚娶。该篇也记载了乡大夫的职责之一就是要每年都进行一次人口登记清查,"乡大夫之职,……以岁时登其夫家之众寡,辨其可任者。国中自七尺以及六十,野自六尺及六十有五,皆征之。其舍者,国中贵者、贤者、能者、服公事者、老者、疾者皆舍。以岁时入其书",七尺指的是年纪在20岁,六尺则是10岁,并且还规定3年一"大比"的频率,要求乡大夫每3年进行一次人民户口及其财物的大检查。闾师的职责是"掌国中及四郊人民,六畜之数",为的是"以时征其赋",并详细规定"农者贡九谷、圃者贡草木、工者贡器物、商者贡货贿、牧者贡鸟兽、嫔者贡布帛、虞者、衡者各贡其所获"。司民归小司寇所管,其职务是"掌登万民之数,自生齿以上皆书于版,辨其国中,与其都鄙,及其郊野,异其男女,岁登下其生死",每年冬初就上述内容将全国户口数向国君报告。《周礼》对于人口登记和注册的记载成为东汉之后各封建朝代和人口思想家经常引用的经典依据,它为后世人口管理从官吏制度的设置上奠定了基础。

  先秦时期,人口统计的方式可以分为大比、书社和上计三种,在前面的行文中曾提到过大比,是指每3年进行一次的户口清查统计,不同官吏进行大比的目的是不同的;书社是以25家为社,籍书而致之,将每社的土地面积、户口多少登录于册。书社这种人口统计制度在《管子》《左传》《晏子春秋》《荀子》《吕氏春秋》等先秦典籍中有过记载,并且该制度被后世所继承;上计是指各国地方官吏必须于每年年底将下一年度的户口、税收数目做出预算,上呈国君,这种人口数目预算,主要目的在于刺激人口增长。

2. 政策上奖励与强制惩罚。

为鼓励人口增长,古代统治者采取一系列的奖励和惩罚手段,奖励早婚多育,惩罚晚婚、晚育和不婚者。周朝时,到结婚年龄就开始敦促其婚配,设立专门为未婚男女自由选择婚配的集会和场所,"于是时也,奔者不禁",并且安排中年的鳏寡孤独者在每年夏历二月再行婚娶。春秋时期,齐桓公为建立霸业,继续实施以增殖为目的人口政策,规定了男女结婚的年龄,"丈夫二十而室,妇人十五而嫁",除了规定结婚年龄,齐国的统治阶层还奖赏多生子女者。同时,责令掌媒"取鳏寡而合和之"并且免费提供"田宅家室""三年然后事之"的鼓励政策。越王勾践所推行的人口措施被认为是先秦时代最为突出的人口政策,细化了政策的实施步骤以及对奖惩做了详细规定,内容如下:"命壮者无娶老妇,令老者无娶壮妻。女子十七不嫁,或男子二十不娶,罪其父母";奖励生育,下令"将免者以告,公令医守之。生丈夫,二壶酒,一犬;生女子,二壶酒,一豚。生三人,公与之母;生二人,公与之饩。当室者死,三年释其政;支子死,三月释其政;必哭泣葬埋之如其子。令孤子、寡妇、疾疹、贫不必者,纳宦其子。"①,上述政策的实施表明,勾践为增加人口的数量,下令年轻力壮的男子不许娶老年妇女,老年男子不能娶年轻的妻子;女子到了十七岁还不出嫁,男子到了二十岁还不娶妻子,他们的父母也要判刑。鼓励生育包括官府照顾孕妇和奖励多生:孕妇到了临产时,向官府报告,官府就派医生去看护;生男孩就赏两壶酒和一条狗,生女孩就赏两壶酒一头猪;一胎生了三个孩子,由官家派给乳母,一胎生了两个孩子,由官家供给口粮;嫡子为国事而死免去他家三年徭役,庶子死免去他家三个月的徭役,并且也一定像埋葬嫡子一样埋葬他;那些孤老、寡妇、身患疾病、贫困无依无靠的人家,官府就教养他们的孩子。墨子

---

① 《国语·越语》。

就结婚年龄提及"丈夫年二十,不敢毋处家;女子年十五,毋敢不事人,此圣王之法也"①,可见当时国家对于婚育年龄重视的程度。

西汉时,汉高祖下诏:"民产子,复勿事二岁",即百姓生子,可以免去两年的赋税和兵役。汉惠帝诏令,如果女子十五岁至三十岁还没有嫁人,分五个等级处罚,最低一等,罚钱一算(120钱),每加一等加罚一算,对三十岁不嫁者,罚款最高一等,为五算(600钱)。东汉章帝元和二年下诏"人有产子者,复勿算三岁"外,又规定"今诸怀妊者,赐胎养谷三槲斛,复其夫,勿算一岁"②,可以看出,东汉时加大了生孩子的鼓励力度,百姓生子者在免除三年徭役外,还供给赡养孩子所需的粮食。

政府在采取奖励生育的"怀柔政策"同时,也采取强制婚配的"铁血政策",双管齐下。西晋时,为使更多的女性更早地加入到生育行列,武帝曾下令"制女年十七父母不嫁者,使长吏配之"。南北朝时,为扩大生育范围,周良曾建议统治者,可以从两方面来实施,一方面,宫女不再选择那些有生育能力的年轻女子,而是要从丧失生育能力的妇女中挑选;另一方面,男女仆也要适时地进行婚配。另外,南朝高宁政权明令规定,"女子十五不嫁,家人坐之"。北魏孝文帝诏令"以宫人赐贫民无妻者"。

唐朝时,"务在生聚"是人口思想的核心,也是最基本的人口政策。唐朝鼓励早婚和多婚,唐太宗贞观元年正月发布《令有司劝勉庶人婚聘及时诏》,规定男年二十、女年十五以上的未婚者将由政府出面干预其婚配。开元年间,统治者进一步降低男女结婚的年龄,开元令规定男子十五、女子十三以上就应该结婚,这是中国历史上有记载最低的法定婚龄。一般认为男子十六岁、

---

① 选自《墨子卷之六》。
② 《东汉会要》,卷28。

女子十四岁以后方有生育能力，可是为了使人们早婚早育，唐朝不惜借助行政力量把婚龄提前到尚未完全具备生育能力的年纪。唐朝人口增殖思想中的一大特色是鼓励多婚，提倡再婚再嫁。唐初妇女再嫁已是一个较为普遍的社会现象，上至皇族公主，下到普通民妇，据《新唐书》《旧唐书》统计，唐代公主再嫁、甚至三嫁者，人数颇多。例如唐太宗21女中，再嫁者有襄城、南平、遂安、晋安、城阳、新城六位公主。唐朝统治者积极鼓励妇女再嫁，唐太宗曾下令男人未满六十岁、女人未满五十岁的人，若失去配偶都须再婚。设置这个年龄界限的原因在于"女人年五十以上不复乳育"，且男人超过六十岁生育能力基本衰退。诏令的实质无非是强制人们在尚未完全丧失生育能力之前都要结婚生育，要最大限度地繁衍人口。在这个年龄阶段丧偶的男女，鳏夫丧妻达制之后即当续娶，寡妇孀居服纪已除，即当改嫁，以期"勿使外有旷夫，内有寡女"，通过再嫁提高结婚率，进而达到人口增殖的目的。

此外，还有唐朝公主、贵族的和蕃现象。和蕃除了政治目的上的考量之外，也有人口政策上的思量。异族通婚不只限于皇室和贵族，民间亦很多。历史上著名的长孙皇后是胡人，唐高祖19女招胡为婿者将近半数，公主嫁胡人者代皆有之，和异族通婚已经成为统治阶层的一种普遍现象。民间的这种现象则更加普遍，早在贞观二年唐太宗就下诏"诸蕃使人所娶汉妇女为妾者并不得将还蕃"，允许蕃人与汉妇女通婚，但是当蕃人归去时不能将汉族妻妾带走。开成元年虽规定，"中国不合私与外国人交通买卖婚娶来往"，不允许私自婚娶，但并没有禁止其他形式的婚娶，实际上，唐朝统治者无论是从贵族还是平民，对于和番邦的通婚还是持有一种非常开明、鼓励的态度。到唐德宗时期，"长安胡人旅居长达四十年之久皆有妻子买田宅举质取利安不归"，可见唐代通过和异族通婚增加了人口的数量，并且也促进了民族间的认同感。汉人和异族通婚能繁衍出更加健壮的后代，有利提高后进民族的文化素质和生产技术水平，加速先进民族对后进民族的同化。长期的接触和相处直接影响共同的民族心理的形成，所以说异族通婚既有利于提高人口质量、优化人种、保卫开发边疆、发展经济文化，同时也促进了民族大融合。唐朝鼓励多婚的又一措施是"出宫人"，该措施不仅增加了人口，而且符合"人道"，据《唐会要》卷三《出宫人》记载，唐代在武德、贞观、开元、大历、元和、长庆、宝历和开成年间，出宫人动辄数千，任其婚配。

明清时期，为维护封建统治，采用改革赋税的方式来加强人口统治。为革除按人口纳税的弊端，防止人口、户数逃漏，进行税制改革，赋税制度发生了很大的变化，明朝万历九年（公元1581年）张居正推行了"一条鞭法"（也称"条编法"），"一条鞭法"将原来用不同方式征收的田赋、徭役和其他杂税合并，统一按田亩计算，折收白银。清朝康熙五十一年（公元1712年）推行了"滋生人丁，永不加赋"的政策，把全国的人头税总额固定在康熙五十年的基础上，以后再添丁口，不再多征。清朝雍正元年（公元1723年）又采取了"地丁合一"（也称摊丁入亩）的政策，把原来的人头税全部摊入土地亩数中，每户赋税的多少随田亩而定，不再受人口多少的影响。"地丁合一"的推行，不但根本改变了我国自秦汉以来一直以人头税为主的赋税制度，同时还促进我国人口数量自然增长、减少过去因人口税征收的人口隐漏，使得人口大幅度增殖。

3. 招徕民众和人口迁移。

春秋战国时期，各诸侯国为富国强兵，增强自身的实力，建立霸业，都把人口的增加作为自己争霸的重要筹码，除鼓励人口自然增长外，把招徕邻国人口作为当时普遍采用的手段。正如南宋著名思想家叶适总结所说："为国之要，在于得民。民多则田垦而税增，役众而兵强。田垦税增，役众兵强，则所为而必从，所欲而必遂。……是故昔者战国相倾，莫急于致民"，从阐述中可以看到，春秋时期"得民"和"致民"的手段之一就是要招徕民众。管仲在齐国就开始实行招徕民众政策、鼓励外来人口迁入、杜绝人口迁出的施政方略。首先，他认为要想招徕外来民众的话，国家的富强是先决条件，"故欲徕民者，先起其利，虽不招而民至"。其次，在国家富强的基础上，还要实行优惠的引民政策，例如把公田长期贷给那些无正式户籍的外来人口，"国多财则远者来，地辟举则民留处"，使"饥者得食，寒者得衣，死者得葬"，结果引致"天下之归我者若流水"。战国的商鞅通过供给田宅，免三代徭役达到"徕三晋之民，而使之事本"。

三国鼎立时期，吴国和蜀国通过徕民加紧对人口的争夺，"孙权搜取山越之众以为民，至于帆海绝徼，俘执岛居之夷而用之。诸葛亮行师号为秉义，不妄虏获，亦拔陇上家属以还汉中"。唐朝与高丽、突厥两国通过交换、招抚以及金钱赎买等办法，先后收抚了战争期间为避乱流到国外以及为外族俘掠而去的人口，再加上收招降突厥、党项、薛延陀等少数民族人口近乎200万人。为使收降和招降来的少数民族人口变为唐朝统治下的臣民，统治者对其采取"蕃户内附虽也定户等但赋役从轻"的宽容优待政策，使其能够尽快融入社会中去。

人口迁移方面，统治者追求流动人口的稳定。实际上，流动人口是封建社会不稳定的因素，和占据古代大多数时期的人口增殖的主要思想是格格不入的，同时也不利于扩大农业人口比例。因此，除了因巩固政权朝边疆偏远地区的人口迁移需要外（前文已经论述），实际上，历代对待人口迁移还是抱持着否定的态度。因此，控制人口迁移、减少人口流动构成人口政策的重要内容。统治阶层采用经济安抚、法律制裁以及根除流动之源三种方式来控制人口流动。在经济安抚上，规定如果按期返乡之民，其田宅如数归还；无田宅者，国家负责分配土地。而且，还提供税收上的优惠，旧欠不追，新税迟交。已在异地安家落户者，生活确有保证的话，"每丁种有成熟田地各五十亩以上"的，经当地官府批准，也可以就地安置；在法律制裁上，古代统治者制定了严格的措施。魏晋南北朝曾宣布："举家逃亡，家长斩""一人亡逃，举家质作"①。随后，各朝代贯彻了这个思想，但政令大为缓和，主要规定了返乡时间。如果超过时限，将不再保留田宅。如宋代，"限百日许令归复，违者其桑土并许他人承佃，便为永业"。在根除流动之源上，消除人口流动之因。中国农民趋向安土重乡，有一种故土难离的情怀，这种情怀深刻地镌刻在中国人的骨子里面，只不得已、面临生死存亡的时候，才携家外逃。究其原因，不外乎两个，一是自然原因，主要是天灾、如洪水、人多地少等；二是社会原因，主要是人祸，如地方官吏勒索过重等。为巩固封建政权，控制人口流动，保持社会的稳定，各朝统治者也曾采取措施消除人口流动之因。对于天灾，封建统治者因势利导，主动将狭乡之民迁徙至宽乡或在灾荒年月放宽人口迁徙的限制，实行相对宽松的人口政策，下令"民欲徙宽大地者，听之"②。而对于社会原因，对官员职能的发挥设定界限，重申"不得扰民""不得辄差科徭役"的诏令，并且惩办贪官污吏。明朝时期，为强化对流动人口的管理，正统年间编造了《逃户周知册》，这是我国首次对流动人口登记造册，而到清朝的时候，已经开始实行了省际间官方移送人口之法。

二、中国近代人口政策的思想演变

近代中国是一个动荡的年代，这时，中国人口的变化呈现出一些新的特征。无论是被迫打开国门还是主动学习西方，同外国的联系相较于古代都增多起来，尤其是外来人口理论和思想的传

---

① 选自《晋书·刑法志》。
② 选自《汉书·景纪》。

播对中国学者关于人口看法产生极大影响。

(一) 中国近代人口的变化

1840年鸦片战争揭开了中国近代历史的帷幕,近代中国在帝国主义和封建主义的压迫下,中国人口的数量、分布与流迁、比例结构、性别结构方面都发生了深刻变化。

1. 人口数量变化。

鸦片战争爆发的1840年,全国人口总数达到41 280万,鸦片战争以前的100年间,清代乾隆六年(1741年)的人口为143 411 599人,我国人口突破1亿大关,接着突破2亿、3亿。鸦片战争爆发时,道光二十年(1840年),中国人口总数达到412 814 828人。[1] 鸦片战争后,中国的人口继续缓慢增长。咸丰元年(1851年),太平天国运动爆发,中国人口已经达到431 896 000,这是中国近代人口数量的最高点。虽然鸦片战争后人口增长的速度并不是很快,但是仍然呈现缓慢增长的趋势。出现这种情况的原因主要是,前期人口增长势头良好,所产生的基数比较大,即使速度并不是很快,但是由于有庞大基数基础,而且清朝中叶刺激人口增长的一系列经济政策仍在起着作用,资本主义侵略势力尚未深入,全国人口增长速度虽有所变缓,但全国人口仍然基本上按照原来的节奏不断增加。

随后农民起义活动大规模的爆发,1851年,洪秀全领导的中国历史上规模最大的太平天国农民起义爆发,同时,淮北大地捻军起义、西北地区的回民起义以及边疆各地的少数民族起义,同太平天国运动遥相呼应,连成一片,农民运动狂潮开始席卷整个神州大地,造成了人口数量的减少,尤其是在太平天国战争的主要地区,人口的耗减更是惊人。毫无疑问,这是近代中国人口

---

[1] 姜涛:《清代人口统计制度与1741~1851年间的中国人口》,载于《近代史研究》1990年第5期。

数下降的转折点。由于南方七八个省份人口数字无以统计，造成了全国人口总数的缺失。然而，可以从历史资料窥见一斑，据《清史稿》记载："咸、同之际，兵革四起，册报每缺数省，其可稽者，只二万数千万口不等"[①]。从太平天国起义的地区来看，据统计，1851年江苏人口为44 303 000人，浙江为30 107 000人，而到1865年太平天国起义结束时，浙江人口仅剩6 378 000人，江苏人口下降更甚，曾国藩占领南京3天的屠城杀死了10万余人，到1874年，江苏人口仅剩19 823 000人，减损超过了2 448万人，基本上是死于战乱。而边疆地区，贵州"存者不及从前十分之一"、云南也不过"十夺之五"。中部和西部地区的安徽、江西、福建、湖北、陕西等地人口总数均有下降。对于太平天国战争损失人口的具体数目学界还没有一致的看法，但是大部分学者都同意太平天国期间人口的伤亡总数大约在7 000万人以上。

　　清朝最后统治的30余年以及北洋军阀最初统治的10余年是中国人口数量动荡起伏时期。同治末年，清王朝开始了"同光新政"，其中一项重要事务就是招集流亡民众，恢复经济。经过广大人民的长期艰苦劳动，破败的社会经济又逐渐开始复苏，人口总数也在慢慢地回升，到光绪初年，全国人口数量恢复到320 000 000多，在20世纪初又开始恢复到420 000 000多，人口增加了将近一亿。但是，中国两千多年的封建专制统治已经走到了瓦解的阶段，社会经济的破败凋零、军阀混战、侵略势力步步深入、遍地四起的农民暴动、频发不断的自然灾害，这些因素影响着人口的数量的增加，民国元年（1912年）之际，人口数量已经减至355 720 000，直到民国十一年（1922年）才又回增至447 150 000，而从1840～1949年中华人民共和国成立前夕，这段时间人口出生率比较高，约为30‰～35‰，但是与此相反

---

① 选自《清史稿》卷120志九十五。

的是死亡率也很高，一直是在27‰~55‰上下波动，有些地区，婴儿死亡率甚至高达150‰~200‰。高出生率、高死亡率、低增长率，构成了近代中国人口数量的基本特点之一。

造成高死亡率的原因主要有两方面：一是战乱，中国的近代史是反对帝国主义侵略史，也是反对封建主义的斗争史，充斥着连绵不断的大小战乱；二是灾荒，晚清时期各种自然灾害频率不断、波及范围极广，出现大面积的饥荒与死亡，导致了人口大量的死亡。据统计，1846~1910年长江流域江苏、浙江等6省共有842个州县受灾，平均每年受灾州县达132处，黄河流域直隶、山东等6省1846~1911年共9 682州县受灾，每年受灾州县平均达146处。[①] 有人保守估计认为晚清三次自然灾害中死亡人口将近300万；除此之外，影响人口死亡率的还有社会生产力水平的低下，科技医疗条件的限制等其他因素。

造成高出生率的原因主要是出于现实考虑。"民众国强"说在近代中国的历史进程中一直占主导地位，也导致无论政府还是民间对于人口增长都持支持态度。而随着20世纪二三十年代，民族危机逐步加深，对于人口增长的需要也就更为迫切，加上极高的死亡率，必须要有较高出生率才能保持人口增长、实现"民众"目标，因此高出生率也就不奇怪了。受民众多子多福的传统习惯的影响，于是截止到1949年中华人民共和国成立之前，我国人口总数达到54 167万人，经历100多年的战乱和抗日战争之后，我国总人口不仅没有下降，反而增长了31%。

2. 人口分布和流迁。

鸦片战争前，人口分布的重心明显偏于东南，东西部之间的地区差异已经成为全国人口分布的突出特点。据统计，当时全国人口平均密度为每平方公里81人，江苏省以每平方公里448人的高密度居于全国之首，周围省份浙江、安徽、山东人口密度分

[①] 行龙：《中国近代人口卑论纲》，载于《中国人口科学》1989年第2期。

别为 310、232、225。以山东为界，山东以南的各沿海省份，人口密度均超过每平方公里 100 人或接近此数，而在吉林、陕西、甘肃、新疆、广西、云南、贵州等省每平方公里均未超出 10 人，更甚的是，吉林、新疆两省每平方公里不到 1 人。如果以东经 111°为界，以西的国土面积约占全国面积的 60%，然而人口却只占当时人口总数的 22%；相反，以东的国土面积约占全国面积的 40%，人口却占当时人口的 78%。

鸦片战争后，人口分布在不同程度上都发生了一些变化，最突出的表现就是东西两部地区人口之间悬殊的差距逐渐缩小，这主要归咎于受到太平天国运动影响和广东、福建等沿海地区人们开始外迁，导致东部人口增长速度放慢。西部并没有受到像东部那样的战乱影响，而且内地人民开始向西部迁移、开垦定居，再加上清朝统治者咸丰、光绪都支持内地人口迁往边疆，清末的时候，这种西快东慢的人口发展态势就逐渐显现出来。实际上，正如学者行龙对这种现象所做出的深刻阐述：值得指出的是，近代中国人口的流迁及其分布的变动，不仅改变了数千年来形成的人口布局，同时缓和了当时土地与人口之间存在的严重矛盾。大量人口向边疆地区流迁，对巩固边防及防止帝国主义侵略。促进边疆地区经济的发展以及加强汉族和少数民族之间的互相了解和民族融合，都起到了一定的积极作用。同时，中国人民的流迁海外，使中国海外移民遍及世界的，对居住国经济的开发和加强中国同各国人民的联系，做出了重要的贡献。

近代中国人口分布的变化还体现在，城市的发展出现了明显的分水岭。一类是那些在长期的封建社会中，由于政治中心、交通要道或因商业、手工业的发展而繁荣的城市，被新资本主义工商业或位于新交通沿线上的城市所取代，这些城市的发展开始缓慢，有些甚至落后于以前的发展，失去了曾经的地位，成为相对衰落的城市，例如曾经的统治中心西安、太原、成都、南昌、长沙、兰州及大运河沿岸淮阴、淮安、扬州、德州等地都很典型。

另一类是城市化发展迅速的城市，这类城市或由于帝国主义开辟租界、开埠通商，或由于新的交通运输要塞而兴起，工商业迅速繁荣发展起来，比如上海、广州、天津、汉口、北京、宁波、镇江、胶州湾、芜湖、厦门、九江等地均属此类，大多数的这些城市都带有浓厚的殖民色彩。

3. 人口比例结构。

士农工商是中国封建社会中长期形成的基本职业结构，历代以来在人口比例的分配中，都是以农业为主，商业和手工业次之，出仕和以文为生的又次之。但是进入近代以后，这种传统的人口分配比例结构则发生了明显的变化，一是工商业人口明显增长。面对外国资本主义的经济侵略，无论是从统治阶级，还是民间，都积极发展本国工商业以抵御列强的侵略，这种"振兴实业"的思潮一直贯穿于整个近代的社会。面对这样的社会现实，农民开始"视田为累"，士绅阶层也"弃仕从商"，商人的地位得到了质的提升，"工商为末"的传统观念失去了现实的效应。二是近代新生事物层出不穷，出现新的人口职业结构，例如编辑、记者、作家、翻译家、新式学堂教师、技师、医生、律师等新的职业逐渐专门化和社会化，从业人员数量日益增长。

4. 性别结构。

一般来讲，人口性别结构基本平衡，或者几乎是相等的。但在中国近代社会，男女两性比例严重失调，男多于女的现象十分突出。从清末人口统计资料来看，全国性别比平均为121.7，最高的山西省为135.5，最低的甘肃省最低比例也达109.8。男女性别比例的失调，会带来严重的社会后果，影响到人口的出生率和社会风气。

（二）近代的人口思想

进入近代，"民之众寡为国之强弱"的人口增殖政策和近代的"人满为患"，两种观点产生了强烈的思想碰撞，保守派如包世臣、龚自珍等人坚决反对"人满为患",他们强调人具备生产者的职能,人多就能更多地发展生产,社会就会更加富足;人口增长不是贫困的根源,"人多则生产者愈众,庶为富基,岂有反以致贫者哉!",实际上他们的这种人口思想是古代人口思想的延续。陈长蘅、许仕廉等人运用马尔萨斯的"人口论"观点来阐述旧中国的人口问题和社会问题,指出中国内外交困的现状是由于人口过剩造成的。陈长蘅认为"中国今日民贫之一最大原因,厥为人民孳生太繁,地力有限,生育无限,以有限供无限则殆,生计岂憔悴偶然哉!"①。许仕廉则断言:"今日的政治不良、社会腐败、战争、盗匪、失业、瘟疫、饥荒、水灾等,确是人口过密、生存竞争过烈的现象"。

在这种冲突争论中,中国诞生了近代首批研究人口的学者。特别是薛福成、严复和梁启超三人,堪称是19世纪末中国人口思想的启蒙家。三人都有国外的游学经历,学到了国外较为丰富的人口学知识,他们的思想,可以说是中国人口思想史上第一批具备显著近代科学知识的人口思想。自从春秋战国以来,封建的统治者和思想家大都是从治国安邦的全局来考虑人口问题,而不是单纯地就人口论人口,薛福成、严复和梁启超三人把人口问题的研究同挽救民族危亡的全局问题紧密地联系在一起,发展了中国的优良传统,也丰富了研究的范畴和内容,开启了研究近代中国人口问题的新风气。五四运动前后,随着对西方人口思想研究的加深和妇女运动的兴起,孙中山、廖仲恺、陈独秀、李大钊等人纷纷提出自己对人口政策的有关看法,对近代中国社会的发展产生了一定的影响。

太平天国运动发生后,以汪士铎、薛福成为代表的官僚政府指出太平天国等农民暴乱发生的唯一原因就是人口太多,汪士铎认为:"世乱之由,人多,人多则穷"。但是,薛福成在出使英、

---

① 陈长蘅著:《中国人口论》,商务印书馆1932年版,第98页。

法等国后，将中国人口问题放在世界人口的大环境中加以分析，改变了原有的"人多致贫"的观点，认为西欧人口密度虽大于中国，但因能开辟生财之源，所以无人满之患，驳斥了所谓"西洋富而中国贫，以中国人满"的论点，认为人民生计艰难的根本原因是由于清政府镇压太平天国运动以后的赋税空前加重，列举出江苏省"幅员不广于他省，而财赋倍蓰过之，民力之竭亦可知矣。以臣所见，闾阎十室九空而百物昂贵小民……其颠沛饥羸之况，不可惮述也"；四川省"综计民力所出，逾于正赋之额，几有十倍不止者"，对于中国的人口问题，他提出了两点建议：一是"导民生财"，即大力发展资本主义机器工业、采矿业和铁路运输。二是向外移民，缓解人口众多的压力。

五四运动之前，由于西方国家传教士的宣扬和一些翻译学家的宣传，西方马尔萨斯和新马尔萨斯主义人口学说开始逐步在我国流传起来，进步青年和学者从不同侧面批判吸收国外的人口思想，用新的立场、观点来看待我国人口发展的实际。近代著名的启蒙思想家和翻译家严复在其翻译的《天演论》中，引用了英国经济学家马尔萨斯的观点，指出"万类生生，各用几何级数，使灭亡之数，不远过于所存，则瞬息之间，地球乃无隙地。人类慈乳较迟，然使衣食裁足，则廿五年其数自倍，不及千年，一男女所生，当遍大陆也"[①]。同时，他把马尔萨斯的这种观点运用到解释我国历代治乱兴亡的根源，从而得出"人口消长的治乱循环论"。严复说："今日之积弱，由于外患者十之三，由于内治者十之七。其内治云何？法既敝而不知变也""天下理之最明而势所必至者，如今日中国不变法则必亡也"。严复主张中国只有通过变法才能图存，人口问题也并不是人类生存的唯一障碍，正如他所说"宇宙妨生之物至多，不仅过庶一端而已。"梁启超认为中国还没有到达人口为患的地步，并且给出了这种看法的理

---

① 《严氏名著丛刊·天演论》，第9页。

由，指出"中国今日，动忧人满。然以地方之积，计其每里所有人数，与欧洲英、法、德、意诸国相比例，其繁盛未若彼也"①，因此，同西方相比，中国不存在人口为患的问题，主要的问题还是在于并没有对自然进行完全的开发，一些边疆腹地人们还没有开垦，"以余所见闻，其荒而不治之地，所在皆是，乌在其为人满也！""大地百物之产，可供生人利乐之用者，其界未有极，其力皆藏于地，待人然后发之"②。他也认为中国"日剥月蹙，风景全非"的主要原因是官吏的剥削以及清朝对外的赔偿款，如果要救中国，无他术焉，只有建设民族主义国家。另外，他根据"物竞天择"的原理，提出了把人口过多的消极思想转变为积极影响的思想，主张把人口压力转变为促进人类更加努力发展以求生存的动力，"人欲图存，必用其才力心思，以与是妨生者斗"③。严复等人的这些新思想的积极意义在于从辩证的观点来看待人口过多的问题，帮助人们从认识上清除对中国人口问题的悲观论调，鼓励国人奋发图强的意志和决心。

严复和梁启超都排斥"人口决定论"，明确主张中国当时的困境应主要归结为人口问题以外的政治经济原因，中国之弱的根本原因，既由于外患，更由于内政。此外，他们还把中国人口状况同世界各国人口状况联系起来，进行比较研究，这是他们能够对中国人口问题具有前人所未有的清醒认识的一个重要原因。他们不但了解到中国人口数量已居世界各国之首位，更主要的是了解到中国人口密度与当时各国相比还是较低的这个客观现实，这是他们考虑和提出解决中国人口问题新方案时的一个重要启发和依据。通过对西方人口问题的比较分析，提出了"浚其生财之源"的方案来解决中国面临的人口问题，他们同薛福成一样，提倡中国要大力发展采用新技术的工矿、运输等事业，发展这些产

---

①② 梁启超：《饮冰室合集》，中华书局1989年版。
③ 选自严复《天演论》导言十五最旨。

业首先是为了对抗外国侵略、振兴中华，同时也是解决中国人口问题的主要途径。梁启超阐明"即使无外界之侵入，而生齿日繁，人满为患，犹且非兴新业，不足以相周相救"①。同时，他相信自然界的物质资源是无限的，全面发展工农业生产的前景是广阔的，只要采用新技术发展生产，就不难做到"人耕能养百人""一日所作，能给百人食"。薛福成主张中国应该效法西方国家实行大规模的海外移民，这样有助于解决中国的人口问题，并且他还认为这是振兴国家最切要的措施。然而严复对薛福成的观点持否定态度，指出"转徙垦屯，举不外一时挹注之事"并不是解决问题的长远之策，海外移民会因国势不同效果迥异。国家的性质对移民海外的效果有决定性的影响，中国长期处于封建君主专制制度之下，已经沦为半殖民地半封建的地位，在海外的移民的境遇会比较凄惨，"吾闽粤民走南洋非洲者，所在以亿计，然终不免为人臧获，被驱斥也。悲夫！"②。显而易见，严复的见解明显比薛福成更为深刻。虽然我国最早接触马尔萨斯理论的严复和梁启超都对他的观点持批评的态度，也还有不自觉受到影响之处，但足以表明，饱受帝国主义侵略的中国近代人口思想，同作为帝国主义侵略支柱的马尔萨斯人口理论，一开始就形成了界线分明的对立。这是中国近代人口思想史上一个值得注意的特点。

严复和梁启超深受达尔文进化论思想的影响，且着眼于振兴中华的强烈愿望，他们对提高中国人口质量问题表现出重视，提出了崭新的观点并且做了深刻的论证。严复认为按照达尔文进化论的原理，世界是遵循优胜劣汰的规律向前发展。处在人类种族竞争日益激烈的当今，中国人口虽多而质量不高的状况是比较忧虑的。虽然从种族保全方面来看，中国人口多似乎暂时有好处，然而从前景看，种族竞争主要是质量而非数量的竞争。同时，他

---

①② 梁启超：《饮冰室合集》，中华书局1989年版。

指出我们国人往往不理解所谓质量的确切内容，往往犯下"徒以华夏胄裔盲目自大，以夷狄轻视外国"的认知错位。因此，严复主张把重视提高人口质量的内容确切地概括为智、德、力三项。认为在生存竞争中，"负者日退，而胜者日昌，胜者非他，智、德、力三者皆大是耳"①。就是从现在看来，他提出的提高人口质量的内容也是非常具有启发性的。此外，他还提出了关于人口的质量和数量之间相互紧密联系并且互为因果的重要思想，他说只是努力提高人口的质量，就自然会出现人口增长率下降的连锁反应。当时的中国人口已经形成了恶性循环，在生产资料极其有限的时候还继续增加生育，孩子的生活水平就会相应下降，也得不到更好的教育，因此，人口质量也得不到更好的提高。为了有效地提高人口质量，严复主张采纳以限制婚姻为手段的西方优生学说，他说"欧人近创择种留良之说，其入手之次，在于限制婚姻。其说也，白人尚欲自行之，况于支那乎？"②。同严复一样，梁启超也主张从禁止早婚入手以提高人口的质量，列举出早婚的五个危害："害于养生""害于传种""害于养蒙""害于修学""害于国计"。他认为"凡愈野蛮之人，其婚姻愈早；愈文明之人，其婚姻愈迟""优劣之数，常与婚媾之迟早成比例"③。晚婚、优生政策实施，不仅有利于直接提高人口质量，降低人口增长率，有利于"国计"，还有利于转化现有的人口众多的劣势为优势。梁启超还探索了中国人口发展规律，提出了循环论的观点，提出中国历代治乱循环是引起人口增减循环原因，把这个观点同整个中国历史的循环论统一起来，发现"如东汉初视西汉全盛得三之一，三国视东汉全盛得七之一，唐初视隋全盛得三之一，宋初视唐全盛得四之一，清初视明全盛得三之一"都是由于

---

① 选自严复《天演论》导言十五最旨。
② 《严侯官文集·保种余义》。
③ 梁启超：《饮冰室合集》，中华书局1989年版。

"每一次革命（按指王朝更替）后，则当代之人，未能存其半者也"。实际上，严复和梁启超二人都提出了人口循环理论，有类似的看法，但两个对于因果的看法则是颠倒的。梁启超认为历代治乱循环是引起人口增减循环的原因，而严复则认为，中国人口增减循环是引起历代治乱循环的原因而不是结果，他说"积数百年，地不足养，循至大乱，积骸如莽，流血成渠，时暂者十余年，久者几百年。直杀至人数大减，其乱渐定。乃并百人之产以养一人。衣食既足，自然不为盗贼，而天下粗安，生于民满之日而遭乱者，号为暴君污吏；生于民少之日获安者，号为圣君贤相，二十四史之兴亡治乱，以此券矣。"①两人的人口循环论的思想都对以后中国人口史研究产生了重要影响，但是由于他们自身的阶级局限性和认知上的局限，不能够从封建社会生产方式的内部矛盾和阶级斗争的规律去解释历代治乱的根本原因，正如马克思所说，不懂得"每一种特殊的、历史的生产方式都有其特殊的历史地起作用的人口规律"，因此，他们的观点都难免带有阶级的片面性。但我们应该承认，他们初步探索中国人口发展规律的思想是有意义的；他们从不同的角度互相补充地说明了中国历代人口增减同政治上的治乱有密切的关系，在一定程度上也是符合中国历史实际的。薛福成、严复和梁启超作为中国第一批具有近代科学知识的著名思想家，他们的人口思想在当时是比较新颖的。他们算得上是中国近代人口思想的启蒙家，其观点在一定时期内产生过明显的影响，即使在今天也还有不少可以启发人们思考的地方。

在五四时期掀起了人口问题的讨论热潮。1922年6月，《妇女杂志》第八卷第六号刊登了署名瑟庐的文章《产儿限制与中国》，讨论在我国实行计划生育的必要性问题，这在当时引起了巨大轰动。文章强调中国人口确实存在着人满为患的现象，同

---

① 《饮冰室合集论民族竞争之大势》。

第一章　改革开放前中国人口政策演变

时，他批判中国社会多妻早婚的陋习及"不孝有三，无后为大""多子多福"的传统陈腐观念，转而传播国外关于人口的新思想，他吸收国外倡导晚婚晚育、少生优生、采用药物避孕或绝育的人口思想，提出提高人们的文化素质，"要谋增高中国的文化程度，救济目前的饥馑、灾荒、战争、疾病、疠疫等苦痛""实在不可不提倡产儿制限"的主张。强调采用新马尔萨斯主义的做法，在妇女解放的前提下，用避孕的方法免产多儿，并提出种族的强盛"不在乎数量的多寡，而在乎质地的优良"。

孙中山关于中国人口思想的论述非常丰富，为谋求祖国繁荣，他从民族主义出发，明确阐明人口的增减关系到我国的兴亡。孙中山对马尔萨斯"人口论"完全持反对态度，1912年，他在一次演讲中，批判了马尔萨斯的观点，提出"英格物家马耳国者，著有《人类物产统计表》一书，其主脑谓物产之产额，有一定之限制，而人类之蕃息，为级数之增加，据二十五年一倍之说，推之将来，必有人多地少之患。生众食寡，天降疫厉，国际战争，皆所以减少人口之众，防止蘖生之害，而合于世界演进之原理。于是乎国家殖民政策缘此发生，弱肉强食，劣败优胜，死于刀兵者，固属甚多，其受强族之蹂躏，沦落而至于种族灭绝者，又比比皆是也"[①]。他认为在当时的历史条件下，如果中国人口日益减少，将会对国家和民族带来严重危机。随后，他又对马尔萨斯的人口论进行了更严厉的批判，把这种思想痛斥为一种亡国灭种的学说，并强烈的抨击。在1924年的《民族主义》演讲中，他说"百年前有一个英国学者，叫做马尔赛斯，他因为忧世界上的人口太多，供给的物产有限，主张减少人口。曾创立一种学说，谓：'人口增加是几何级数，物产增加是数学级数'。……法国在百年以前的人口比各国都要多，因为马尔赛斯的学说宣传到法国之后很被人欢迎，人民都实行减少人口。所以弄到今日，

---

① 《孙中山全集》第2卷，中华书局1982年版，第513页。

受不少的痛苦，都是因为中了马尔赛斯学说的毒"①。而对那些受马尔萨斯影响的一些青年学者，他提出了告诫，以前可以解释为"各国人所以一时不能来吞并的原因，是由于他们的人口和中国的人口比较还是太少"，但是，如果中国要照马尔萨斯的学说去行事的话，虽然人口是减少了，但是在"列强将来征服中国"时，势单力孤，甚至还会造成"亡国""灭种"的危险。

孙中山将人口数量的增减视为决定国家和民族盛衰兴亡的重要因素之一，同时，面对中国人口在近百年内一直呈减少之势的客观现实，提出了一系列解决中国人口问题的相应对策。在他看来，解决中国人口问题的关键，就是要实行他所倡导的民生主义，民生就是人民的生活，也就是社会的生存，国民的生计，群众的生命。解决好民生，要做好以下几个方面的问题：首先，发展农业生产，解决吃饭问题。孙中山认为民生最重要的任务之一就是要切实解决好人民吃饭问题。中国的客观现实就是存在着"现在中国有很多人没有饭吃，因为没有饭吃，所以已生的人民要死亡，未生的人民要减少。全国人口逐渐减少，由四万万减到三万万一千万，就是由于吃饭问题没有解决"，造成这样一种局面的原因在于"民生主义没有实行"。自古以来中国都是以农业立国的东方大国，农民是占全国人口中的大多数，然而还是存在着吃不饱饭的问题，原因可以从以下几个因素来寻找：（1）农民还没有获得解放。"农民所耕的田，大都是属于地主的""所以许多农民便不高兴去耕田，许多田地便渐成荒芜，不能生产了"，要想解决土地占有不平等的问题，孙中山建议必须实行民生主义的平均地权方案，按照孙中山给出的解释不是要按人头来平均分配土地的数量，而是规定"私人所有土地，由地主估价呈报政府，国家就价征税，并于必要时依报价收买之，此则平均地权之要旨也"，后来他的思想发生变化，主张废除地主土地所有

---

① 《孙中山全集》第2卷，中华书局1982年版，第473页。

制，旗帜鲜明地把"耕者有其田"的口号作为民生主义的一项中心内容，正如他所说"至于将来民生主义真正达到目的，农民问题真是完全解决，是要耕者有其田，那才算是我们对于农民问题的最终结果"。（2）生产方法落后，他认为"中国十八省之土地，现乃无以养四万万人。如将废地耕种，且将已耕之地依近世机器及科学方法改良，则此同面积之土地，可使其出产更多，故尽有发达之余地"，为改变生产方式落后的局面，采用机器和科学方法进行改良，他提出了七个增加生产的方法：一是用机器生产代替人工生产；二是用化学方法制造肥料；三是轮换种子；四是消除害虫；五是对粮食加工储运；六是开辟水陆交通，缓解粮食运输困难；七是防止水旱灾害。（3）分配方法不公平，孙中山指出"我们要完全解决民生问题，不但是要解决生产的问题，就是分配的问题也是要同时注重的"。孙中山不同意古典经济学家亚当·斯密提出三分法的分配理论，他表示"按斯密亚当经济学生产之分配，地主占一部分，资本家占一部分，工人占一部分，遂谓其深合于经济学之原理。殊不知此全额之生产，皆为工人血汗所成。地主与资本家坐享其全额三分之二之利，而工人所享三分之一之利，又析与多数之工人，则每一工人所得，较地主、资本家所得者，其相去不亦远乎！"①，他认为这种分配方式是不公平的，公平的分配方式应是工人占有分配大部分，所以，"人工宜得多数生产之余利，地主、资本家则按其土地、资本生产之应得之利息可矣"。上文可以看出，在分配政策上，孙中山同情被地主阶级和资产阶级剥削的工人，主张多劳多得，具有一定的进步性，但由于自身所处阶级地位的局限性，还是没有跳出资产阶级庸俗经济学派的所谓"生产三要素"。

其次，除了前面提到的发展农业生产，解决吃饭问题外，孙

---

① 孙中山著、胡汉民编：《总理全集》第2集，上海书店出版社1990年版，第280页。

中山提出还要用全国的大力量统筹计划，解决人们的穿衣问题。针对当时中国的现实，他提出了解决人们穿衣问题的具体做法："我们要解决穿衣问题，便要用全国的大力量统筹计划，先恢复政治的主权，用国家的力量来经营丝、麻、棉、毛的农业和工业；更要收回海关来保护这四种农业和工业，加重原料之出口税及加重洋货之入口税。我国之纺织工业必可立时发达，而穿衣材料之问题方能解决"。

再次，解决中国人的民生问题，要节制资本和创造国家资本，孙中山对节制资本解释为"凡本国人及外国人之企业，或有独占的性质，或规模过大为私人之力所不能办者，如银行、铁道、航路之属，由国家经营管理之，使私有资本制度不能操纵国民之生计，此则节制资本之要旨也。"但是仅仅依靠节制资本还不足以解决民生问题，此后，他又提出了制造国家资本，实际上就是发展国家实业，其计划在《实业计划》中做了具体的阐述，这本书已言制造国家资本之大要，对中国发展国家实业做了具体的规划，以国家工业化为中心，实现中国国民经济全面现代化，把贫穷落后的中国，改造成为资本主义强国，与欧美各国并驾齐驱。发展国家实业，因国人的力量有限，必须引进外资和利用外才，"此类国家经营之事业，必待外资之吸集、外人之熟练而有组织才具者之雇佣，宏大计划之建设，然后能举"。他还特别指出，发展实业关系到整个国家的存亡命运，绝不能因引进外资和利用外才而使主权旁落。"只可利用其资本人才，而主权万不可授之于外人"。

最后，孙中山还提出要殖边移民，调节人口密度，这是开拓人民生计的一个重要途径。他计划移民之处甚多，要和某些地区改变省制和兴建铁路的方案结合在一起进行。"国内移民殖民政策，琼州宜改设行省也。……倘改琼州为行省，则人口过多之地，必源源而来，资本亦因之而流入，不久必变为富庶之区""北路乃固圉之要道，亦破荒之急务，殖边移民，开源浚利，皆为天然之尾闾"。

此外，他在《实业计划》中还提到了通过扩张铁路系统的人口西移计划，包括蒙古、新疆与甘肃的一部分地区，"敷设铁路七千英里于此境域，以为建筑北方大港之目的，而复可以将中国东南部过密之人民逐渐迁移"。除了计划铁路系统的人口西移的设想，他还制定了一系列具体的政策措施，包括：国家机关之下遴选人才"用系统的方法指导其事"；边区土地"由国家买收"，成立"农庄"，长期贷给移民耕种，其创业之"资本、种子、器具、屋宇应由国家供给"，按值"现款取偿，或分年摊还"；在移民集中区域，"应授以自治特权"；人满之省假定在10年之内有移民1 000万者，即有组织地"徙于西北，垦发自然之富源"；"中国现实应裁之兵，数过百万"，每因"无以安之，非流为饿莩，则化为盗贼"莫如"移民实荒，此其至善者矣"[①]。

廖仲恺继承吸收了部分孙中山的人口思想，同孙中山一样，他严厉批评了"人满为患"的思想。认为在一个独立、文明、进步的国家里，不会因为人口数量增多，而土地资源稀缺性就到了养不起人的地步。因为随着科学技术的发展和文化水平的进步，"人类使用这土地的本领，就大了许多"，而且人口增长不会是一个没有限度的过程，在文明社会里，男女的生育观念会发生变化，会晚育少育甚至不育，这样，人口出生率自然就会下降。所以，中国"人口增加，是有个自然的限度的"，人满为患的观点在中国也是站不住脚的，不必纠结于此。

陈独秀、李大钊在传播马克思主义思想的过程中，初步尝试用马克思主义的基本观点来观察和分析中国的人口问题，并且批判马尔萨斯的人口学说。陈独秀1920年3月在《新青年》上发表《马尔萨斯人口论与中国人口问题》一文，批评马尔萨斯把人口按几何级数增加，而食物则是以算术级数增长，所以二者的

---

① 《孙中山选集》，人民出版社1981年版，第227~228页。

增长是不成比例的，这种看法是违背科学的，不能把二者混为一谈。他指出"人类的人口递增固然是实事，食物随着递增也不是空想"，人口出现过剩现象并不是什么普遍规律，是一定社会条件下的产物。贫困的原因并不是因为人口的增多，原因在以下几个方面：首先是财产私有、分配不均等因素所致。某个阶级占有有余，而另一个阶级拥有则不足。其次，陈独秀指出"科学不发达，生产技术不精，劳动的数量不充分，交通不便，也都是造成生活资料不足的一种原因"。在以上原因的基础上，陈独秀指出解决中国人口问题单单依靠限制人口增长是无法办到的，解决的措施还是必须要发展生产和交通事业；发展教育和科学技术，在社会制度上、经济组织上实行彻底改造，实行平均分配。事实上是要求消灭剥削阶级，实现社会主义公有制，他认为这才是彻底解决人口问题的根本前提[①]。但同时他又不赞同无限增长人口的主张，当科学知识和生产还不发达的情况下，用限制人口来减轻人口问题也是具有可行性的。

同时期，李大钊也发表《战争与人口问题》《新世纪》等文章，集中揭露批判了马尔萨斯人口理论中所谓人口过剩、饥饿、疾病、战争、掠夺等都是不可避免的错误观点，指出人口问题主要根源于社会制度，他不同意马尔萨斯把人口问题视为是一种自然规律的观点，他相信人类的主观能动性，人类的能力是无限的，自然界的物力也是无限的，人口问题的合理解决，战争的真正消弭，都有赖于社会制度的彻底改造。反倒是马尔萨斯的理论"授近世侵略家以口实"，往往"以解决己国之人口问题"作为侵略别国的理由。虽然李大钊不同意马尔萨斯人口理论，但他仍宣布"并不抹杀其经济学上之价值""人口过庶，固当求解决之道"，用节制生育来限制人口出生率，"虽不敢信其……之说有

---

① 陈独秀：《马尔萨斯人口论与中国人口问题》，载于《新青年》第7卷（4）。

显著之效果，但亦绝不否认其说之本旨"①。

实际上，陈独秀和李大钊都提出了在私有制条件下不可能解决中国的人口过剩问题，只有实现社会公有制，才能根除人口增殖产生的种种问题，这代表了同时期人口思想的最高成就。

三、中华人民共和国成立到1970年的人口政策

（一）解放初期的人口变化和人口政策

中华人民共和国成立后，人民翻身解放做主人，国家没收官僚资本归国有，实行了土地改革，城乡生产逐渐恢复和发展，人民安居乐业，生活基本有了保障，我国的社会、经济、政治等各方面的秩序逐渐趋向稳定。1950年4月30日，中华人民共和国中央人民政府公布了《中华人民共和国婚姻法》，这是新中国颁布的第一部婚姻法，自1950年5月1日起施行，婚姻法废除封建包办买卖婚姻，不准重婚纳妾，改变了地主老爷妻妾成群、穷汉光棍一生不婚的不合理现象。过去因生活无着落而不能结婚的人可以结婚了，过去受封建礼教束缚的寡妇也可以改嫁了，再加上对娼妓和宗教迷信的改造，无疑增加了结婚的人数，扩大了育龄人口的范围。

1. 人口变化。

在放任生育这段时期，人口变化主要体现在以下几个方面：首先，人口数量的变化，1949年，中国的人口总计5.4亿，在1953年中华人民共和国成立后的第一次人口普查数据显示，我国人口总数为580 603 417人，在不到4年的时间里，人口增加

---

① 李大钊：《李大钊文集》，人民出版社1984年版，第85～121页。

了将近4 000万。其次,高出生率,我国经济恢复时期和实行第一个五年计划期间,城市工商业改造和农村合作化的实现,使生产得到了迅速的恢复和发展。生产对劳动力的迫切需求,以及按劳分配原则的贯彻,使劳动就业越多的家庭生活就越富裕,大大刺激了生育的积极性,造成了这段时间内的高出生率并且一直维持在一个较高的水平。统计显示,1950~1957年,我国人口出生率一直保持在30‰以上的高水平,其中1950~1954年人口出生率更高达37‰,人口自然增长率由9‰上升到25‰。最后,低死亡率。新中国成立前,我国人口死亡率常常高达30‰以上,婴儿死亡率更高。1936年,全国婴儿死亡率为156‰,而在四川、云南境内婴儿的死亡率竟达200‰多。新中国成立后,人民基本生活得到保障,医疗卫生事业有所发展和社会稳定等多种因素促使我国的人口死亡率短期内迅速地大幅度地下降。

2. 人口政策。

中华人民共和国成立后,人口政策主要受到两方面的影响:一方面是中华人民共和国的建设需要大量的人力准备,毛泽东的"世间一切事物中,人是第一个可宝贵的。在共产党领导下,只要有了人,什么人间奇迹也可以造出来"的思想,成为该时期关于人口的主流思想;另一方面,在当时特定的国内国际背景下,苏联鼓励人口增长、奖励多子女母亲的政策和做法,也得到中国政府的支持并广为舆论所传播。我国人口政策制定上,城市居民住房和农村自留地是按城市和农村家庭人口多少进行分配的。补助政策主要是针对人口多,尤其是子女多的困难家庭,各方面的优惠政策都对其都有所倾斜。解放后至1957年是我国经济恢复时期以及第一个五年计划时期,城市工商业改造和农村合作化的实现使生产得到了迅速的恢复和发展。生产对劳动力的迫切需求以及按劳分配原则的贯彻,使劳动就业越多的家庭生活就越富裕,大大刺激了生育的积极性。所以,1949~1953年,我国政府对生育及人口增长采取了完全放任自流的态度,没有限制人口增长和节制生育的决策意识，相反，鼓励生育。有关部门从维护妇女健康的角度出发，颁布的限制打胎、节育及人工流产等规定，在理论和实践上执行着一条不成文的鼓励人口增长的政策。

1950年4月20日，中央人民政府卫生部和中国人民革命军事委员会卫生部联合发布《机关部队妇女干部打胎限制的办法》（以下简称《办法》）。按照这一规定，除了《办法》中所列6种情况以外，任何情况的打胎一律属于非法打胎。不仅打胎的条件苛刻，申请打胎的手续也极为严格烦琐。除非关系到孕妇生命健康和儿童抚育，否则禁止非法打胎。在打胎以前必须经孕妇丈夫同意并签字。打胎者，或经公立医院妇产科医生证明，申请批准，或由机关首长批准。属中央所属单位的，须经卫生部部长李德全审核批准；军事范围的由军委卫生部副部长傅连暲审核批准。在此基础上，1952年12月31日，卫生部又制定颁布了面向全体公民的《限制节育及人工流产暂行办法》，补充规定，除了医学上需要外，已婚妇女年逾35岁，有亲生子女6个以上，其中至少1个年逾10岁，如果再次生育将严重影响其健康以至危及生命可以实施绝育手术。在发布的《暂行办法》中，还将私自实施绝育手术和人工流产手术的行为上升到犯罪的严重程度，严厉申明凡是违法该《办法》这两种情形的，均由人民法院对手术的被实施者和手术的实施者以非法堕胎罪依法惩处。对虽然符合《办法》规定情形但是尚未经过审核批准就进行手术的，对实施手术的医师给予行政处分。另外，《办法》还对避孕药具的出售做出了规定，要求避孕药具的出售者须先向当地的卫生主管机关报告并获批准后才能经营，凡是未经过批准的，一律禁止出售避孕药具；对于购买节育药具者须将医师开具的证明交由药房，由药房按规定的限量进行出售。1953年1月12日，卫生部以"与国家政策不符"的理由向国家海关做出了禁止对避孕用具和药物进口的通告。这些以国家强制力为依托的各种苛刻的规定，在对违反者形成强大惩处力和威慑力的同时，对有正常节育要求的群众也造成了极大的不便，使有着健康节育需求的广大群众也失去了节制生育的可能性。所以，这段时期放任生育、不限制节育的规定直接导致了人口的快速增长，在为社会建设储备人力资本的同时，人口的急剧扩大也影响了人民生活的改善和社会经济的迅速发展。

（二）早期限制生育政策的推出

事实上，限制生育的主张在中华人民共和国成立初期就已经存在，但当时未被重视，而随着人口的爆发式增长，政府很快转变了人口观念，推出限制生育的政策，虽然政策执行多有波折，但也为日后奠定了政策基础。

1. 人口变化。

1953年6月30日，我国进行了新中国成立后的第一次人口普查。当时进行普查时，毛泽东和其他领导人还没有意识到我国人口过多的问题，然而，普查结果的数据显示1953年6月30日24时的全国人口总数为601 938 035人，平均年龄为26.5岁，其中男、女、15~49岁育龄妇女人数分别为30 179万人、28 081万人和13 314万人，人口出生率为37‰，死亡率为17‰，人口自然增长率为20‰。此次人口普查的数据表明，中国人口已远远超过毛泽东在1949年新政协会议上所说的"四万万七千五百万的人口"。庞大而激增的人口与自然资源、环境资源、社会资源等形成了尖锐的矛盾。此时，人们在日常生活中感到住房日益紧张，青少年升学受到校舍的限制，育龄妇女的避孕要求变得强烈起来。政府领导人也感受到了人口增长过快带来的挑战和压力。

1954年，中国人口增至6.03亿，1957年更增至6.47亿，在不到8年的时间我国人口增加了进1.05亿，增加了总人口的20%。从1950~1957年，我国人口出生率一直保持在30‰以上的高水平，其中1950~1954年人口出生率更高达37‰，人口自然增长率由9‰上升到25‰，1957年又增至29‰。随着现代医疗技术和公共卫生的普及和提高，从1962年开始，我国开始进入了出生率居高不下且死亡率下降、人口自然增长大大加快的人口高增长惯性时期。按照联合国教科文组织统计，20世纪60年代我国妇女平均生育率为5.96，明显高于亚洲和拉美的水平，同非洲等国家的妇女平均生育率水平不相上下。这种人口增长率甚至高于出生率极高的非洲和南亚，只略低于西亚。而到1964年第二次全国人口普查显示，我国总人口已超过7亿人，达到7.05亿人。

这段时间里，我国出现了两个人口增长的高峰期，第一个高峰期为1950~1957年，共增加人口1.1亿多，增长幅度达21.2%，平均每年增加1 400多万人，年平均增长率高达24.3‰；第二个高峰期为1962~1971年，共增加人口2亿多，增长幅度达9.9%，平均每年增加2 000多万，年平均增长率高达26.5‰。两个高峰期所增加的人口占32年来人口增长总数的68.4%，平均每年增加1 700多万。而非高峰期所增加的人口只占31.6%，平均每年增加1 000万多一点。其中，1958~1961年，共增加1 750多万，平均每年仅增加40多万，年平均增长率只有5.3‰。快速增长的人口和有限的自然资源形成尖锐的矛盾。根据当时人口社会学环境的人口载量所涵盖的要素推测，我国适度人口为6亿~7亿人左右。1949年新中国刚成立时，全国有耕地15亿亩，人均2.7亩，当时已低于世界平均水平。从1957~1970年，耕地从人均2.59亩降至1.83亩；与此同时，人均粮食产量则从人均306千克降到293千克。这样导致农业人口的大量过剩和相当一部分人生活水平和生活质量的下降。不仅如此，日渐沉重的就业压力也困扰着各级政府，一方面农村地区的隐性过剩劳动力有增无减；另一方面，城镇地区所能提供的就业机会难以满足不断增长的就业需求。人口过多带来的弊端开始愈加显现，育龄人群的避孕要求变得强烈起来。

2. 限制生育政策。

1953年第一次人口普查的数据表明，我国总人口突破6亿大关，人口自然增长率高达20‰以上。农村耕地资源稀缺而农业人口数量日益庞大，工业设备非常有限而城市人口迅速增加，日益增加的人口数量同稀缺资源之间的矛盾越发尖锐起来，人们直接感受到人口数量扩张带来的诸多问题，这威胁到国家的可持续发展，中央领导人也意识到了人口增长过快所引发的诸多社会问题。1953年9月29日，人口普查3个月后周恩来在《第一个五年建设计划的基本任务》中不无忧虑地指出："我们大致算了一下，我国人口大概每年平均要增加1千万，那么10年就是1万万。中国农民对生儿育女的事情是很高兴的，喜欢多生几个孩子。但是，这样一个增长率的供应问题，却是我们的一个大负担。人多，这是我们的一个优点。但是，优点中也带有困难，这么多的人口，要满足他们的需要，就是一个很大的负担。"虽然周恩来是在肯定人多是优点的前提下说这番话的，但这也表明了中央高层开始意识到人口过多问题的严重性。

邓小平是最早支持群众进行节育的一位国家领导人。1953年1月12日卫生部曾通知海关"查避孕药和用具与国家政策不符，应禁止进口"，但邓小平于同年8月对卫生部采取反对节育的政策提出质疑，对卫生部通知海关查禁避孕药具进口表示反对，并敦促抓紧下发《避孕及人工流产办法》。1953年12月，鉴于社会上关于节育问题议论较多，为了表明党中央的态度，刘少奇主持召开节育工作座谈会并明确宣布"现在我们要肯定一点，党是赞成节育的""中国搞节育不会闹人口恐慌，人口增长太快困难很多，而且一下子解决不了"。以上可以看到，在党中央层面，普遍认为应采取相应的措施来控制人口增长过快的问题。

在中央的敦促下，1954年11月10日发出通知，对此前的限制节育的规定做出重大调整，取消了避孕节育的一切限制，一切

第一章 改革开放前中国人口政策演变

避孕用具和药品均可以在市场销售，不加限制，并要求医疗卫生机关对提出避孕请求的群众予以正确指导，不再对避孕药具进入市场销售加以限制。1955年2月，卫生部起草了一份给中央的报告，检讨了过去草率反对节育的态度，提出"在中国今天的历史条件下，是应当适当地节制生育的；在将来，也不应反对人民群众自愿节育的行为"；"对于人工流产、绝育与一般的节育应分别处理。节育应该一律不加限制，并应适当地加以提倡，给予指导。人工流产或绝育应加以限制。溺婴则应禁止"。随后，党中央对这一报告做出了重要批示。这个报告是节育政策上一个极为重要的转折点，不仅标志着我党在思想认识上发生了根本的转变，还首次将节制生育政策提高到党的重大政策的高度，从此开创了20世纪50年代中期提倡节育的新环境。

1956年9月，周恩来在中共八大所做的《关于发展国民经济的第二个五年计划的建议的报告》中两处讲到节制生育，重申了"提倡节制生育"的方针，提出卫生部门要在有关方面的协助下，对节育问题开展一定的宣传，并且对节育工作拿出有效措施来。同年公布的《1956年到1967年全国农业发展纲要》，将节制生育的政策扩展到广大农村，明确提出在除少数民族地区之外的所有高密度人口地区，对限制生育开展宣传，提倡和推行有计划地生育子女。同一时期，毛泽东在不同场合反复强调"要提倡生育，要有计划地节育"，进一步强化了节制生育的社会舆论环境。1957年2月11日，刘少奇、邓小平分别发表关于节育人口问题的谈话，刘少奇说："避孕问题，我们要无所顾虑地搞"，邓小平也说："节育问题，不是个小问题，这涉及我国人民长远生活的改善问题。现在我国每年净增人口1 500万，长期下去，就没有办法改善生活了"，并且要求相关部门行动起来，想尽一切办法实行节育。

1957年5月，中华全国总工会在给国务院《关于职工施行人工流产或结扎输卵管、输精管需要休息期间的工资和所需的手术医药费是否从劳动保险金给予照顾的请示》中，提议对因节育施行人工流产或绝育手术的职工按劳保条例给予经济照顾。国务院在1957年10月12日发出的《关于职工绝育、因病施行人工流产的医药费和休息期间工资待遇问题的通知》中对上述提议予以了确认，这说明节制生育的人口政策在这一时期大方向已经确定。

1956年粮食产量比1949年增加了7 900多万吨，几乎翻了一番，但因为人口增加了8 000多万人，人均粮食产量虽然也有较大增长，但相对来讲就慢得多。面对这一情况，毛泽东意识到了人口"增长过快"的弊端。他深有感慨地说："我们这个国家的好处就是人多，缺点也是人多，人多就嘴巴多，嘴巴多就要粮食多，增加这一千四百亿斤粮食就不见了，有时还觉得没有粮食。一九四九年缺少粮食，现在还是不够"。于是，毛泽东关于人口的思想渐渐从"人多是好事"向"节制人口"的思想转变，并一度提出了"计划生育"的观点。1957年10月，在党的八届三中全会上他说："计划生育，要公开教育，无非也是来个大鸣大放、大辩论。人类在生育上完全是无政府状态，自己不能控制自己。将来要做到完全有计划的生育"。同时，他又具体指出对计划生育问题要开展十年规划，前三年开展试点，再用三年进行推广，最后四年实现普遍实行。他还要求，在人口稠密地区先试点、后推广，逐步实现普遍计划生育；在少数民族地区、人口稀少地区不能推广计划生育。

1962年10月6日，三年困难时期刚刚结束，中共中央、国务院就在《关于当前城市工作者若干问题的指示》中指出："今后一个长时期内，对于城市，特别是大城市人口的增长，应当严格加以控制。"1962年12月13日，中共中央、国务院发布《关于认真提倡计划生育的指示》的正式文件，其中明确指出提倡计划生育是我国社会主义建设中的基本政策，要通过在农村人口稠密的地区和城市倡导节制生育达到适度控制人口增长的目标，从而使毫无计划的生育状态逐步过渡为有计划的生育状态；《指示》还对各地党委和政府的责任进行了特别强调，要求把提倡计划生育工作列为一项重要的议事日程，定期进行讨论并开展检查。这一专门针对计划生育工作做出的最高层次指示，对以后人口控制意义重大、影响深远，是计划生育工作的一个里程碑。在经历20世纪50年代人口理论分歧与争议，以及三年困难时期的实践检验后，中央第一次以正式文件的方式表明了对计划生育问题的鲜明立场，这份文件成为我国进一步开展计划生育工作的动员令，也是党中央第一次明确确定推行限制生育的政策。

随着《关于认真提倡计划生育的指示》政策的推行，从1962~1966年，我国相继建立了计划生育的专门机构并广泛开展节育技术指导，计划生育工作有了重大进展。为了使节制生育的人口政策落到实处，从中央到地方来看，国务院成立了由国务院秘书长任主任的计划生育委员会，同期各省、地市两级以及部分较大的县相应的计划生育工作机构开始组建并配备了专职工作人员，计划生育专门机构的设立，活跃和推动了计划生育工作的开展。在卫生部的指导和督促下，省、市、县三级医疗卫生和妇幼保健机构都开办了避孕指导门诊，为解决农村缺少节育技术力量问题，还组织节育手术队伍开展巡回下乡活动；与此同时，各地医疗机构对于节育技术开展了大规模教育培训工作。国家和各省、直辖市、自治区加强了避孕宣传，请医学专家编写并出版通俗读物，普及有关避孕的知识，报纸杂志又重新对避孕工作和避孕知识开展大量宣传；卫生部门通过组织生产改善了避孕药具供应，市场上各种避孕药具供应充足，而且避孕药具的价格也大幅度下调。从全国到地方都提出了生育计划、生育胎次政策和生育规定的一些初步方案。在党中央、国务院的督促下，1963年10月，卫生部对不利于节制生育的职工生活福利、劳动保险、公费医疗等规定进行了修改："今后职工做节育和结扎手术，一律免费，并且给予短期休养时间，工资照发；居民做节育和结扎手术的费用，可以酌情减免。"同时政府还大力提倡晚婚，并做出限制早婚的全国性统一规定。此时的"计划生育"并非真正意义上的计划生育，而是一种带有自愿性质的提倡节育的工作。

但是由于当时的政策缺乏刚性，1962～1970年中国平均总和生育率仍高达6.1，1970年也还有5.81。中国人口由1950年的5.5亿快速增加到1960年的6.7亿、1970年的8.2亿，而人均GDP却增长非常缓慢。以1990年的美元为基准，中国人均GDP从1950年的448美元（1936年为596美元）仅仅增加到1970年的778美元，但当时发达国家已经超过1万美元，中国台湾地区为2 537美元，非洲平均为1 335美元。也就是说，1970年中国大陆是当时世界上最穷的国家之一，生活水平与两千年前的先祖们没有多大差别。很多人想当然地认为人口多是贫穷的原因。在实践中，20世纪60年代以来各地在计划生育上做了很多探索，积累了很多经验，避孕措施也进一步改善和普及；尤其是20世纪60年代中期以来中学教育的跨越性发展，导致70年代初的生育率快速下降，从1970年的5.8下降到1973年的4.54。

四、全面推行"晚稀少"

20世纪60年代初期到中期，中国确定了限制生育的政策并开展工作，但随着"文化大革命"的爆发，丧失了政策实施的环境。1970年至1980年初，我国全面推行"晚稀少"的计划生育政策，很多学者认为1970年推行的"晚稀少"政策才是全国普遍实行计划生育的开端，生育政策的作用大小、强弱与方向，始终在影响人口发展的诸多因素中居于主导地位。

（一）"晚稀少"人口政策的推行与人口形势变化

20世纪60年代中国人口政策的主调是提倡限制生育、抑制

第一章 改革开放前中国人口政策演变

人口过快增长。这一时期虽然国家重视人口增长过快问题，并制定了以节制生育、适当控制人口自然增长率为主要内容的人口政策，也取得了一定的成效。然而，"文化大革命"的爆发打断了60年代限制生育政策的正常运行，"文化大革命"期间我国经济严重滑坡，人口大幅增长，始终保持着较高的出生率，同时伴随着死亡率的下降，人口增长率在这一段时间内居高不下，导致人口总数大幅增长。人口从1960年的6.62亿上升到1969年的8.07亿，总人口突破了8亿大关，净增人口1.45亿，增长比例高达45%，尤其在1965~1970年的5年时间，净人口增加超过了1亿，平均每年出生的人口在250万~270万。实际上，经济严重下滑而人口大幅度上升，人口与经济呈现出逆向发展趋势，两者之间的矛盾更加突出，引致了日益尖锐化的社会矛盾。严峻的形势致使党和国家领导人多次在不同场合重申控制人口增长的重要性和必要性。

在这种背景下，1970年2月，周恩来在全国计划会议上强调："70年代人口要注意计划生育"。同年6月，他又重申："计划生育属于国家计划范围，不是卫生问题，而是计划问题。你连人口增加都计划不了，还搞什么国家计划"。与此同时，毛泽东也向全国人民发出"人口非控制不行"的号召和决心。在中央领导层的大力强调下，国务院便把人口计划正式纳入国民经济与社会发展第四个五年计划，城乡人口自然增长率被规定为人口控制的目标。1971年，由周恩来布置，国务院批转卫生部、商业部、燃化部《关于做好计划生育工作的报告》，规定在第四个五年计划期间，一般城市人口增长率要降到10‰以下，农村要降到15‰以下。这是中国历史上第一次由政府提出制定人口规划，改变了此前计划生育无计划的状态。于是，人口计划作为一个重要的组成部分列入了第四个五年国民经济发展计划。1971年7月，国务院红头文件《关于做好计划生育工作的报告》中明确指出："除人口稀少的少数民族地区和其他地区之外，都要加强对这项工作的领导，深入开展宣传教育，使晚婚和计划生育变成城乡群众的自觉行为"。同时，中共中央发出通知对实行计划生育进行了再部署，指出这是一场破旧立新、移风易俗的深刻的思想革命，要求"要充分发动和依靠群众，做好深入细致的思想工作，在群众自觉的基础上，把生育计划落实到人"。为将政策落到实处，1973年7月16日国务院成立计划生育领导小组，华国锋兼任国务院计划生育领导小组组长，下设办公室，各省、市、县也相继恢复成立了计划生育工作机构，涉及到城乡亿万家庭的计划生育工作在全国范围内广泛开展起来。计划经济时代实行计划生育是为了使人口发展计划与经济发展计划相适应，"有计划地增长人口"自然地被确定为我国既定的人口政策，这时，我国人口政策的核心问题是要降低人口自然增长率、控制人口的过快增长，这就必然要牵涉影响和制约人口再生产过程中诸如结婚、生育的年龄，生育的间隔、数量等具体的政策性问题。

1973年12月，国务院计划生育领导小组办公室召开了全国第一次计划生育工作汇报会，会上提出"晚（晚婚晚育）、稀（两胎间需要有间隔）、少（少生）"的生育政策，开始全面推行计划生育。1974年中央在转发上海、河北等地关于开展计划生育工作会议的报告中，肯定了按"晚、稀、少"方针要求结婚和生育的政策。1978年6月，《国务院批转卫生部关于全国卫生工作会议的报告》，进一步明确了"晚、稀、少"的内涵，并提出了一对夫妇生育子女数"最好一个、最多两个"的新要求。1978年10月，中央批转的《国务院计划生育领导小组第一次会议的报告》进一步明确了"晚、稀、少"方针的内涵，其中，"晚"是指男25周岁、女23周岁才结婚；"稀"指拉长生育间隔，两胎要间隔3年左右；"少"是指只生两个孩子。同时，还规定了对于实施节育手术的职工和农民给予一定福利补助的相关问题，指出要坚持有利于计划生育工作开展的原则，来制定关于城市住房、农村口粮、自留地分配及其他一些社会经济政策。至

第一章 改革开放前中国人口政策演变

此，基本形成了限制人口增长的以"晚、稀、少"为主要内容的生育政策。关于"晚、稀、少"这一政策提法，后来又改进为"晚、晚、少、优"，即晚婚、晚育、少生、优生，增加了优生优育的内容，其中心都是降低妇女生育率和人口出生率。1979年6月，全国人大五届二次会议通过的《政府工作报告》第一次提出"要制订出切实可行的办法，奖励只生育一个孩子的夫妇"。

此后在各地的执行宣传中出现了"一个不少、两个正好、三个多了"的口号；随之发觉这样力度仍不够大，于是又调整为"最好一个，最多两个"。但一般是把两个孩子作为控制目标。并且规定，对于只生一胎、不生二胎的育龄夫妇，发放独生子女补贴，作为鼓励；对于生第二胎和二胎以上的，应从经济上加以必要的限制，给予罚款。还规定，知识青年上山下乡、职工福利、劳动保险、城市住房分配、农村住宅基地、自留地以及社员口粮分配等有关政策，都向计划生育倾斜。

除了大力宣传国家政策，也从观念上转变旧的观念思想，宣传新的生育思想，强调人口增长要适应国民经济的发展，有利于抓革命、促生产，有利于保护妇女、儿童的健康，增进民族繁荣，并且对"男尊女卑""不孝有三、无后为大"等旧思想、旧观念进行批判，要求树立"时代不同了，男女都一样"的新思想。因单位控制开具办理结婚登记手续所需介绍信的年龄底线，有效推动了晚婚的实现。并大力提倡避孕、发展绝育技术，广泛实施人工流产术。

1970~1979年的整个70年代，全国城乡推行的"晚、稀、少"政策，允许有计划地生育子女数最多两个。从政策实施上是以更替水平为界，从政策时间上是以有利于妇女生殖健康与优生的第一孩晚育、第二孩生育间隔够3年为条件，不管是数量还是时间上来看，"晚、稀、少"是属于相当从紧从严的政策。然而，由于其"从紧"，紧的合情，"从严"，严的有理有度，所以经过宣传教育与计划生育机构的服务，还是受到大多数群众的普遍理解与拥护。另外，通过适宜的奖罚措施，使"早、密、多"的传统落后的生育模式遭到摒弃，转向"晚、稀、少"的生育控制模式，最终使我国跻身到世界低生育水平国家行列。

（二）"晚稀少"人口政策实施成效评估

20世纪70年代，全国计划生育以号召"晚婚晚育"为起点逐步向"晚、稀、少"人口政策转变，再发展为"晚婚、晚育、少生、优生"计划生育政策，这项政策在国家强有力的行政控制、宣传舆论和骨干带头的推动下，有效地控制了中华人民共和国成立后第二次人口高峰的增长势头，实现了控制人口激增和调整人口结构的基本目标。"晚、稀、少"人口政策的成效可以表现为以下三个方面：

1. 总和生育率降至新中国成立以来的历史最低水平。

在晚稀少人口政策的推动下，我国创造了生育率下降奇迹的第一个十年，当时先进单位的计划生育达标率都在90%以上。由于这一政策的实行，总和生育率显著性下降，总和生育率是粗略反映育龄妇女一生平均生育子女数的指标。1949年中华人民共和国成立后，我国妇女总和生育率的峰值出现在1963年，当时的总和生育率为7.502，第二次的峰值是1968年的6.329。1970年的总和生育率是5.8，在政策运行的这十年里，到1980年，人口总和生育率已经降至2.24，下降幅高达60.7%，接近世代平均更替水平，抑制了人口增长率，少生了7 000万人。从城乡分布来看，城镇的总和生育率由1970年的3.27下降到1974年1.93，此后，连年下降，到1980年已经降至1.13，表明在提倡生育一胎、允许生育二胎的生育政策下，城市地区做到了基本只生一胎；而农村的总和生育率从1970年的6.38急剧降至1980年的2.49，这样的结果也否定了对于所谓"政策允许生二，必酿成生三之果"的简单主观认识。人口出生率由1970年的

33.43‰降到1980年的18.21‰，平均每年净增人口由2 321万减少为1 161万。同期的自然增长率从1970年的25.95‰降至1980年的11.87‰，降幅也超过一半。

然而，由于已有的巨大人口基数，医疗卫生等方面得到长足发展（同期在发展中国家名列前茅），死亡率（包括婴幼儿死亡率、孕产妇死亡率）急剧下降，寿命显著延长，人均预期寿命增加，从1949年的35岁延长到1976年的65岁、1980年的68岁，我们的人口总数仍然从1970年的8.5亿增长到1980年的10亿。严峻的人口形势，为20世纪80年代强制推行的独生子女政策埋下了伏笔。

2. 晚育加间隔压缩和限制了部分生育量。

20世纪70年代后期，晚婚的年龄口径一般在男性25～27岁、女性23～25岁，同1950年婚姻法的法定婚龄比分别高出5～7岁，这意味着15～18岁和19～23岁组的生育数量会大大压缩，在这个年龄段内妇女旺盛生育率将会受到明显限制，与此同时，再加上二胎间隔的政策背景下，最少也能使其中4～5个年龄组妇女二胎生育期后移，生育的数量会逐渐减少。1973年以后二胎生育率平均下降在30%左右。

3. 调整了婚育群的分布结构。

"晚稀少"计划生育政策产生的深远影响仍在于对我国传统高生育群梯度结构的调整和改造。据高元祥统计，1964～1972年，19～23岁、24～30岁、31岁以上出生的梯度结构比例为22.91%、37.47%、37.8%，其中在年平均出生2 792.4万人的人口高潮中，31岁以上这组的出生人数为1 056.1万人，在1969年，该组出生高达1 238.3万人，由此可以看出，显然高育龄组的多胎生育是总出生量居高不下的根本原因。"晚稀少"政策实施的这段时间内，传统高生育梯度结构的比例发生了变化，统计得出1973～1981年，同样按照上述年龄进行分组的这一梯度结构的比例已经演变为23.08%、53.31%、23.46%，1981年已经变成19.74%、62.81%、16.45%。此期间每年平均出生量在2 183.5万人左右，到1980年的时候跌至1 891万人，同前9年相比，平均减少21.81%，相当于少出生608.9万多人。晚婚晚育使19～23岁年平均出生量减少20.4%，24～30岁增长9.16%，31岁以上平均出生量减少了一半以上，减至50.1%。

从以上数量的变化可以看到现象背后的发展趋势，这种趋势是我国妇女生育分布正在由"自然生育型"向"控制婚育型"转变、由"高增长型生育率"向"低增长型生育率"演变、由"阶段高峰型"向"平缓下降型"演变、也由"周期性结构推衍型"向"政策导引结构型"演变。这一转变是"晚稀少"计划生育社会控制政策的综合效应，它产生的影响将体现在今后控制人口发展的整个历史进程中。

（三）关于"晚稀少"政策的相关论点

"晚稀少"的计划生育政策还是以宣传教育为主，反对强制，是一种温和的人口政策。毛泽东是一直反对强制计划生育的，早在1958年1月的最高国务会议上，他就曾经指出："你现在要人家节育，但我们一是工具不够，二是宣传不够。农民字都不认识，还有早婚的习惯，你强迫他节育，又不行，他不能控制自己"。毛泽东1958年3月在成都会议上就认识到文化素质提高对生育行为的影响，他指出："人民有文化了，就会控制了"①。1973年12月25日，华国锋在接见全国计划生育工作代表时就明确说："我们伟大领袖毛主席认为：'世间一切事物中，人是第一个可宝贵的'……我们要多从宣传教育着手，解决人的思想认识问题，不要订一些条条框框限制，不要强迫命令。有的地方规定，不按计划生的不报户口。这不行。人家生出来了嘛，在新社

---

① 毛泽东在成都会议谈话，1958年3月。

会还要叫他健康成长"①。1975年5月22日,华国锋在接见全国卫生工作会议预备会领导小组时谈话时又一次强调:"要做好宣传工作,注意防止强迫命令。不要一说抓紧搞,就搞摊派指标,生了孩子不给报户口。……有的单位卡得很厉害,怀孕六七个月还非叫流产不可"。可见当时对控制人口是小心翼翼的,而不像那个年代对其他事情一样暴风骤雨,是一种温和的生育政策。

我国实行的"晚稀少"人口政策,对于一个发展中国家在这样短短10年中,人口生育率明显下降,不可否认,这确实是一个举世瞩目的成就。我国的计划生育政策以政府引导为主,然而除此之外,也不可忽视其他因素,比如经济发展程度等因素。通常我们只关注到生育率的总体下降情况,但是常常被忽视的是,生育下降的程度存在着地区上的差异,实际上,中国各省之间的生育差异变得悬殊。据统计,当时上海的总和生育率已下降到1.3,甚至低于当时世界上生育率最低的国家联邦德国,联邦德国那时候的总和生育率为1.4,然而,一些偏远地区,如西藏、贵州及宁夏的总和生育率仍保持在4,甚至5以上,这相当于当时墨西哥和印度等世界上高生育率国家的水平。生育率的地区差异主要是受经济结构变化的影响,那些生育率下降幅度较大的地区往往也是社会经济结构相对比较发达的地区。田心源指出,中国各省之间的明显的生育率差异表明,那些生育率下降幅度比较大的地区,也往往是它的社会经济结构变化比较大的地区,"中国(生育下降)的成就,不应该看成是政府引导的计划生育活动的结果,因为它们可能至少部分地是由于(社会经济)发展所引起的"。

美国得克萨斯A&M大学社会学系教授鲍思顿和中国人民大学人口与发展研究中心教授顾宝昌通过收集中国各地区社会经济指标、计划生育情况和生育率的详细资料,进行统计分析,证明

---

① 华国锋在接见全国计划生育工作代表讲话,1973年12月25日。

了社会经济发展和计划生育的努力共同导致了中国生育的下降。社会经济发展水平和计划生育状况对一个地区的生育率的下降有直接的影响，与此同时，社会经济发展水平也会影响到一个地区的计划生育开展程度，从而间接地影响到该地区的生育率下降。因此他们得出结论，把中国20世纪70年代的生育下降仅仅看作是单纯依靠"晚稀少"计划生育政策实施结果，这无疑会低估或忽视社会经济发展所起的作用，因此，无论在理论上还是在实践上都是不妥当的。

曾任复旦大学人口研究所所长的彭希哲对社会经济发展同生育转变的关系做了更深刻的论述，在对20世纪70年代中国生育转变的主要决定因素分析研究中指出，中国有效的计划生育活动，毫无疑问是中国生育率迅猛下降的主要原因之一。但是也应该看到，中国自1949年以来发生了深刻的社会变化，包括"社会化和集体化的进程，大大减弱了家庭和亲属关系在经济生产、子女抚养和教育以及个人生活其他方面的传统上的重要性"，认为这些变化"为中国的计划生育活动提供了一个非常良好的环境"。鉴于世界上很多发展中国家人口控制的实践以及我国生育水平上存在的悬殊差异，由此，他得出以下结论："离开了一定的社会经济条件，即使计划生育的努力再大，仍难免事倍功半，其成效将仍然是有限的。只有把计划生育的努力和社会经济的发展有机地结合起来，才能更有效地促使一个国家人口的生育率的下降"。并且他建议可以采取一种所谓"超越计划生育"的战略，这种战略旨在把社会结构的根本变化、经济的现代化和坚持不懈的计划生育三者努力结合起来，通过三方面的共同作用来降低人口生育，实现人口的发展同社会发展相适应，这也正是生育率下降的关键所在。

这时对人口生育政策的讨论已经跳出国家制定的政策和制度本身，开始对政策之外的因素进行探索，尤其是同中国社会结构的变化联系到一起。促成这一划时代的人口下降的因素是多方面的，如在集体经济为主的经济体制下、农村人民公社体制下实行的工分口粮供应制，单一经济模式对劳动力流动的束缚力较强。

当然，20世纪70年代人口政策的成效更多地仍取决于党和政府的号召在人们心目中的主导作用，在各级计划生育系统及社会协作管理的配合下，人们的生育行为由无政府约束型逐步纳入到党的生育政策的范围。因此可以这样说，70年代实施的"晚稀少"的人口政策取得了良好的效果，使作为第一阶段控制人口战略得以实现，体现了政策与生育心理和生育行为的基本协调一致，这是促成高生育率向低生育率演变的最根本的社会控制机制，也可以认为是经济不发达的发展中国家实现第一步人口战略目标的必由之路。

第二章

"计划生育"人口政策的推行

进入20世纪80年代后,在70年代"晚稀少"人口政策的基础上,我国进一步坚持以控制人口数量增长为指导,实施了计划生育政策,开始为"一孩紧缩"的人口政策,后来依据情况变化对计划生育政策进行调整和完善。由于"一孩紧缩"政策在具体实施过程中个别农村基层干部作风简单粗暴,最终致使某些农村基层党群关系、干群关系恶化,产生了一些政策决策者当初并未能预料到的情况。其结果是不仅引起了农村一定程度的社会不稳定,而且追求低生育率的效果也不好,出现实际生育水平在高压之下下降后的急剧上升,1982年全国总和生育率回升,并且导致第三次人口高峰于1986年提前到来。党中央从实际出发,很快就调整了做法,从1984年开始对"一孩紧缩"人口政策进行修正。

一、"一孩紧缩"人口政策的实施

全面"计划生育"政策的开端是"一孩紧缩"政策,这一政策从中国人口过多需要紧急刹车这一考虑出发,迅速在全国范围推广,虽然后来不得不停下来,改变做法,但也为后面计划生育的基本国策的推行打下了坚实的基础。

第二章 "计划生育"人口政策的推行

(一) 实施的背景

党的十一届三中全会召开后,全党确立了经济建设为中心的工作重点。为了尽快地摆脱贫穷落后客观现实,追赶先进发达国家,党中央制定了经济建设的基本目标,力争使我国工农业总产值,由1980年的7 100亿元增加到2000年的28 000亿元左右。与此同时,全会也提出到20世纪末力争把我国人口控制在12亿以内,以实现全国人民的物质文化生活达到小康的目标。为了实现这一目标,就必须确立与之相适应的人口控制的生育政策。

1980年9月25日,中共中央在《关于控制我国人口增长问题致全体共产党员、共青团员的公开信》中明确提出了实行计划生育政策主要来自于控制人口的过快增长、减少消费,提高储蓄率和投资率,实现经济的快速增长、提高人民生活水平,确保重要产品的人均产量提高和减少资源消耗和保护环境四方面的原因:从控制人口过快增长来看,作为现代化战略的一部分,政府制定了到20世纪末,即2000年人口达到12亿的控制目标,并且提到了中华人民共和国成立以来三十年的"人口增长速度快",指出"如果你不从现在开始使用三十、四十年,特别是最近二三十年的时间普遍提倡一对夫妇只生育一个孩子,控制人口的增长,按目前一对夫妇平均生二点二个孩子计算,我们国家人口总数在二十年后将达到十三亿,四十年后将超过十五亿。这将会大大增加实现四个现代化的困难,造成人民的生活很难有多少改善的严重局面"[①]。首先,公开信开头明确提出了"争取在本世纪末把我国人口总数控制在十二亿以内"的人口控制目标;其次,要减少消费,提高储蓄率和投资率,实现经济的快速增长。从我国的具体国情来看,中国的第一产业和第二产业的劳动生产

---

① 《中共中央关于控制我国人口增长问题致全体共产党员、共青团员的公开信》1980年9月25日。

率还是很低，因此，为增加储蓄率和投资率，促进经济的快速发展，实行"一孩紧缩"的计划生育，减少人口基数是一个可行的办法，公开信提出"对每家每户来说，增加了人口，在他们不能干活以前，就会多用钱，多用粮，影响家庭生活的改善，这笔账一算就清楚。当他们能够干活以后，一方面对社会作出贡献，另一方面也要消费社会上生产的物资。对国家来说，如果工农业的劳动生产率还很低，物资的生产还不丰富，人口增长的快，就会直接影响现代化建设所需的资金的积累。人口增长过快，资金的积累就会减少，人口增长减慢，资金的积累就会增加，人口增加，除了家庭需要增加抚养费以外，为了解决他们的上学、就业等问题，国家还需要增加教育经费、设备投资和社会公用事业经费等"；再次，提高人民生活水平，确保重要产品的人均产量提高，公开信中指出"人口增长过快，人民生活水平很难提高。拿粮食供应来说，要保证城乡人民的口粮、工业用粮和其他用粮，将来每人每年平均用粮最少应该达到八百斤。如果多生一亿人口，就必须多生产八百亿斤粮食，现在我国每人平均大约两亩耕地。如果增加到十三亿人口，每人平均耕地将下降到一亩多。在目前条件下，在这样少的土地上，要生产出每人平均八百斤粮食，还要生产出足够数量的经济作物，是相当困难的"；最后，减少资源消耗和保护环境，公开信中提及减少资源消耗和保护环境也是公开信中提到的一个原因："人口增长过快，不但为就学、就业增加困难，还会使能源、水源、森林等自然资源消耗过大，加重环境污染，使生产条件和人民的生活环境变得很坏，很难改善"。

（二）"一孩紧缩"人口政策的实施及人口变化

1980年1月，中央提出"计划生育，要采取立法的、行政的、经济的措施，鼓励只生一胎，力争1980年把人口自然增长率降到10‰以内"。1980年2月，《人民日报》发表题为《一定

第二章 "计划生育"人口政策的推行

要有计划地控制人口增长》的社论，提出到2000年把人口控制在12亿以内，是必须完成的战略任务，提倡一对夫妇只生育一个孩子，是保证实现这一任务的一项重要措施。1980年9月，经过国务院深入研究，时任国务院总理的华国锋在第五届全国人民代表大会第三次会议上宣布了计划生育政策的实施，指出："在今后二三十年内，必须在人口问题上采取一个坚决的措施，就是除了在人口稀少的少数民族地区以外，要普遍提倡一对夫妇只生育一个孩子，以便把人口增长率尽快控制住，争取全国总人口在本世纪末不超过12亿"①。

1980年9月，中共中央发布了《关于控制我国人口增长问题致全体共产党员、共青团员的公开信》，号召党员和团员模范遵守并带头执行"一对夫妇只生育一个孩子"，《公开信》的发表标志着我国"一孩"政策的正式出台并全面实施。1981年5月，第五届全国人大常委会第十七次会议决定，将"晚稀少"改为"少生优育"，重新界定了中国人口政策的内涵，澄清了人口控制单纯是抑制数量的狭隘认识，在人口政策上实行数量与质量并重。同年9月，中央书记处召开专门会议，听取并讨论了国家计生委关于计划生育工作的汇报。会议认为：农村实行了各种形式的联产计酬生产责任制以后，我国的计划生育工作面临着一些新的情况。我们必须根据新的形势和实践经验，对计划生育的方针政策进一步加以研究，使其更加符合实际情况，易为广大群众接受，经过工作可能实现。今后在城市仍然应该毫不动摇地继续坚持提倡每对夫妇只生一胎；在农村则要根据农村实行责任制后的新情况，制定一个为广大农民能够接受的比较坚定的长期的政策，使党的计划生育的方针政策和多数农民取得一致。至于农村计划生育政策放宽到什么程度，会议提出了两种解决方案：第

---

① 华国锋在《第五届全国人民代表大会第三次会议上的讲话》，1980年9月7日。

一，提倡每对夫妇只生一胎，允许生两胎，杜绝三胎；第二，一般提倡每对夫妇只生一胎，有实际困难的可以批准生两胎。不管采取哪一个方案，都要切实做好工作。除了做好思想政治工作以外，还要有切实可行的奖惩措施。1981年12月，中共中央召开各省、自治区、直辖市党委第一书记参加的座谈会，经过反复讨论和权衡，选择了第二方案。

1981年11月，国务院向第五届全国人民代表大会第四次会议所做的《政府工作报告》第一次明确提出："限制人口的数量，提高人口素质，这就是我国的人口政策"。1982年2月，中共中央、国务院在联合下发的《关于进一步做好计划生育工作的指示》中，对进一步做好计划生育工作做出指示，除因特殊情况经过批准的以外，国家干部职工、城镇居民一对夫妇只能生育一个孩子，对于有实际困难申请生育二胎的群众，可以有计划地安排，但必须经过审批，无论有何种情况，都不允许生育三胎；对于少数民族的要求可以适当放宽，但也要提倡计划生育。要继续推行晚婚晚育、少生优生的计划生育工作要求，实现既控制人口数量，又提高人口素质的目标。

1982年9月，党的十二大把计划生育确定为基本国策，同年12月写入宪法。1982年10月，中共中央办公厅、国务院办公厅又于同年月转发《全国计划生育工作会议纪要》，《纪要》中列出了照顾某些有困难的农村群众生两个孩子的十种情况：（1）第一个孩子有非遗传性残疾，不能成为正常劳动力的；（2）重新组合的家庭，一方原只有一个孩子，另一方系初婚的；（3）婚后多年不育，抱养一个孩子后又怀孕的；（4）两代或三代单传的；（5）几兄弟只有一个有生育能力的；（6）男到独女家结婚落户的；（7）独子独女结婚的；（8）残废军人；（9）夫妇均系归国华侨的；（10）边远山区和沿海渔区的特殊困难户。这些规定使符合上述条件的农村人口有了生育二孩的可能。但是，根据国家计生委的测算，即使全部按十种情况生育二胎，所占的比例也只占到了农村全部人口的5%。同时,《纪要》中将实行计划生育确立为国家的一项基本国策和一项长期战略任务。至此,计划生育政策首次被列为我国的一项基本国策,并一直延续了30余年。1982年12月,第五届人大五次会议通过的《中华人民共和国宪法》第二十五条规定:"国家推行计划生育,使人口的增长同经济和社会发展计划相适应",并且第四十九条又规定:"夫妻双方有实行计划生育的义务"。1983年6月6日,国务院向全国人大六届一次会议所做的《政府工作报告》中指出:"我们一定要坚持不懈地普遍提倡晚婚,提倡一对夫妇只生一个小孩,严格控制二胎,坚决杜绝多胎生育。认真落实有效的节育措施,坚决保护女婴和生女婴的妇女"。

从政策实施的结果上看,1981~1984年全国主要人口数据显示,从出生率的变化来看,分别为20.91‰、22.28‰、20.19‰、19.90‰,呈现总体不断下降的趋势;死亡率分别为6.36‰、6.60‰、6.90‰、6.82‰,有小幅度地上升;同出生率一样,人口自然增长率和总和生育率都表现出一定程度上的下降,人口的自然增长率分别为14.55‰、15.68‰、13.29‰、13.08‰,总和生育率依次为2.631‰、2.86‰、2.42‰、2.35‰;而从全国总人口数量上统计,人口总量分别为100 072万、101 654万、103 008万、104 357万,总人口在量上有小范围的上浮,但上浮的幅度还是比较稳定,基本每年的平均增长幅度是1 000万人左右。

(三)"一孩紧缩"人口政策的特征

无论是20世纪70年代实行"晚、稀、少"政策还是80年代初的"晚婚、晚育、少生、优生",实际上,都是"渐进性"的人口调整政策,标志着我国计划生育政策的正式开始。这类政策明确提出家庭生育数量,尽量采取群众自愿的原则,既满足了有生育意愿妇女的生育要求,又可以让不想继续生育的妇女采取避孕措施，达到了控制人口数量的目的，大大加快了我国人口转变的过程，缓解了人口对社会经济发展的巨大压力，"取得了预期的成效。"一孩紧缩"人口政策同"晚、稀、少"相比，发生了明显的调整，这种调整在实际工作中的全面实施是一个质变过程，有发展和进步的一面，也有脱离中国农村实际的一面。"晚、稀、少"带有"提倡"性质，"一孩紧缩"则采取了"强制"措施，它的重要特征可以总结为两个主要方面：一是城乡不加区分地紧缩为"一胎化"政策；二是"一孩紧缩"政策的实施存在着一定程度的急于求成，不切实际。

众所周知，人口生育政策的核心内容是生育数量问题。由允许生两个孩子调整为只生一个孩子，这是一个巨大的变化。城市居民自身素质以及面临的实际情况同农民是不同的，如果说采取一些必要的调整措施，在城市可能有一定的可行性。但在农村地区，要真正做到只能生育一个孩子，其遇到的困难程度可想而知。"一孩紧缩"人口政策在农村遇到的巨大阻力，执行起来的困难，毫无疑问可以称为当时天下第一难事。"一孩紧缩"生育政策事实上脱离了当时中国农村的生产水平，脱离了农民文盲众多、大部分人文化水平较低的事实，造成了国家生育政策与生育需求之间的重大反差，因为计划生育工作，使农村干群关系非常紧张，甚至在不少地方出现了比较严重的对立甚至冲突情绪。由于地方政府和实际主管部门为了完成"一孩"的人口计划任务，一些农村基层干部的工作作风和工作方法确实存在着粗暴和不当之处。所以，实际工作中频繁出现了严重影响到社会稳定的恶性事件。

"一孩紧缩"生育政策与人民群众，尤其是80%的农民群众的生育意愿严重冲突。之所以有这么严重的冲突，主要是由两个原因引发，一是中国农村相对落后的社会经济发展水平和薄弱的社会保障特别是养老保障体制，使得广大的农民不得不依靠自身的规划为自己年老时提供一种安全保障，形成了传统的"多子多福""养儿防老"生育观念。这些基本的客观事实决定了农民群众不可能接受只能生育"一孩"这样一个严厉的生育政策,因为这已经损害了他们的基本的经济利益和自身未来的安全保障。二是中国人的生育观念有着中国五千年文化的深深烙印。中国人对祖先极其崇拜,尤其注重传宗接代。从这个意义上讲,中国人对男性的偏好不再只是局限于简单为了增加劳动力和养老保障等经济意义,而是一种更深层次精神需要,很多农民对于拥有"男孩"具有非常强烈的愿望,"一孩"生育政策的推行会使近一半的农民满足不了这一最基本的传宗接代的生育愿望。所以,无论是在经济利益层面,还是在生育观念层面,从"晚、稀、少"的两孩到"一孩"政策转变,虽然看起来是一个孩子的差别,但却使广大农民思想和心理发生了质变,完全打破了农民群众最基本最本能的生育愿望,这两点是"一孩"政策难以在农村得以实施以及当时干群关系如此紧张的根本原因。除此之外,有些地区还存在干群关系的另外一个极端,部分基层计划生育干部深感在农村推行只生一个孩子的政策太脱离群众,干脆撒手不管、放任自流,反而助长了多胎生育现象。

具体来看,"一孩紧缩"政策本身具备以下的特征:首先,同以前的生育政策相比,"一孩紧缩"生育政策的提出基于一定的理论基础和政策目标,它是在一定的人口理论和人口预测指导下制定的。改革开放之初,人们深刻地反省了我国在五六十年代对人口问题认识的失误,深切地意识到我国庞大人口已成为影响社会经济迅速发展、人们生活水平日益提高的不利因素,中国当时的人口已经对我国有限的资源环境形成了巨大的压力。依据人口再生产要与物质资料再生产相适应的原理、人口控制要服务于20世纪末人均国民生产总值翻两番的总目标以及对未来人口的预测,更严格的人口生育政策显得非常必要、非常迫切,这样"一孩"政策也就应运而生。

其次,生育政策从全面调控生育行为转向了以控制人口数量为中心，工作中心发生了转移，"一孩"生育政策不再需要考虑生育间隔和性别选择，突出了抓人口数量这一主要矛盾。选择这样一个以控制人口数量为中心的生育政策表明了我们对未来人口数量总目标的认识已经发生了深刻的变化。中国从20世纪70年代初开始有意识地全面控制人口，旨在降低人口的高速增长，逐步形成"最好两孩"的更替生育政策，以达到远期人口数量结构趋向静止。当由一对夫妇最多两孩变成一对夫妇只允许生一孩时，这意味着对每个家庭来说，是由保持原有家庭规模走向家庭规模的缩小；对整个未来人口自身，将由简单人口再生产转变为缩减人口再生产，虽然这是一个缓慢的过程。

最后，"一孩紧缩"生育政策规定一对夫妇只生一个孩子的强制要求，特点还表现在全国统一的政策"一刀切"上，没有政策上的弹性、缺乏层次性和过渡性。从政策本身发展规律而言，如果要让"两孩"向"一孩"政策靠拢，应该要设置一个过渡阶段，这样的方式可以为政策提供一个缓冲，符合人们心理对政策转变的适应。具体做法可以从两个方面展开，一方面在原来允许生二胎的基础之上，真正意义上的提倡一胎，鼓励生育一胎；另一方面，政策上还应表现出地区差异性，尤其是城乡差别，城市可先实行一胎，农村由于自身所体现的特点仍实行晚婚晚育加间隔的二孩政策。然而，"一孩"政策并没有作任何区分对待。

（四）关于一孩政策的讨论

国家在确定一对夫妇只生育一个孩子计划生育政策之前，就已经具备了一定的社会基础。1978年，天津医学院44位女教职工联名向天津市政府发出了《独生子女倡议书》，倡议"为了中国经济的发展，必须控制人，一对夫妇一个孩子好。我们这些职业已婚妇女只要一个孩子对工作也有利，即使我们之中的同志只

第二章 "计划生育"人口政策的推行

有一个女儿,也不希望生第二胎"①。随后,1979年3月,山东省荣成县农民鞠洪泽、鞠荣芬等136对夫妇,向全县夫妇发出《为革命只生一个孩子》的倡议书,他们响应党中央的号召,把自己的幸福和整个社会联系在一起,倡议大家只生一个孩子,不再生第二胎。

1981年1月,邓小平强调指出,计划生育工作是一项战略性任务,一定要抓紧,要大造舆论,报纸要发社论,表扬好的典型。在"一孩紧缩"人口政策的实行期间,在多种场合,邓小平从人均观念出发,反复指出经济建设中的人口制约因素,并且提出人口控制的具体目标,推动了人均观念与计划生育的结合,使"两种生产一起抓"真正落到实处。随后,他又提出提倡夫妇只生育一个孩子,凡是保证只生育一个孩子的,国家将给予物质上的奖励。李先念也提出鼓励夫妻只生育一个孩子,农村口粮分配、城市住房分配不能只根据子女的多少。在此基础上,国家开始制定切实可行的办法,奖励只生一个孩子的夫妇,对于没有子女的老人开始逐步实行社会养老保险,使农村口粮、城市住房分配以及职工福利等经济政策的制定有利于计划生育的开展。时任国务院副总理的陈慕华指出"提倡一对夫妇最好生一个孩子,是我们计划生育工作的着重点转移。过去我们说,'最好一个,最多两个'。现在提出来'最好一个',后面那个'最多两个'没有了。这是我国目前人口发展中的一个战略性要求……"②。一孩生育政策的出台,并非没有争论,以梁中堂为代表的一部分学者主张较宽松的晚婚晚育加间隔的两孩政策。

中共中央为马寅初先生平反后,中断了20多年的人口理论问题又开始重新研究,许多专家学者重拾人口研究的话题。原中

---

① 汤兆云:《我国现行人口政策的形成与稳定》,载于《江苏大学学报(社会科学版)》2004年第1期。
② 源自1979年12月国务院计划生育领导办公室在成都开会讲话。

华人民共和国计划生育委员会主任钱信忠总结我国人口政策的制定要基于以下方面,首先,物质资料生产和人类自身的生产必须相适应;其次,生产资料的社会主义公有制,为有计划地调节人类自身的生产创造了客观条件;再次,我国控制人口增长将对中国社会经济的发展起积极的促进作用;最后,我国人口政策运行要实行国家指导和个人自愿相结合的原则,通过国家广泛的宣传教育,群众自觉执行。

张正云认为在政策执行层面考察的话,一对夫妇只生育一个孩子的政策在城镇地区通过采取一些必要措施还能取得一定的效果,然而在农村却因受到抵制而难以推行。过紧的、强制的、超越广大群众可接受程度的生育政策不仅在实践中难以推行,而且会在客观上助长了人口的盲目增长,尤其是1982年和1983年还出现了一定的"报复式"增长。另外,他考察了1981~1984年总和生育率,实际取得的结果与一对夫妇只生育一个孩子的政策预期具有较大的差距。中国社会科学院的梁文森和田雪原认为,过多的人口已经和中国经济发展不相适应,要在2000年前将人口自然增长率降到零甚至零以下,就必须抛弃过去把人口不断增长说成社会主义人口规律的观点,鼓励生育一胎。[1]

二、计划生育政策的调整及实施效果

"一孩"生育政策是计划生育的初步实施,这个阶段主要是对计划生育政策的调整和完善。为使人口政策合情合理、群众拥护、干部能够做好工作,党中央开始对计划生育政策进行调整,提出了"开小口"的生育政策。

---

[1] 梁文森,田雪原:《有计划地把我国人口增长率降低到零以下》,载于《社会科学辑刊》1980年第2期。

第二章 "计划生育"人口政策的推行

1984年2月27日至3月7日，国家计划生育委员会召开各省、自治区、直辖市计划生育委员会主任会议。会议强调计划生育工作必须抓紧抓好，不可一刻放松。但也提出，要在有效控制人口增长的同时，讲究工作的方法，从实际情况出发，有计划地在农村中对"二胎"放松一些。1984年4月23日，中共中央转发了国家计划生育委会党组《关于计划生育工作情况的汇报》，也就是中央的七号文件，旨在修正和完善"一孩"政策，文件在指导思想上强调要彻底纠正"强迫命令不可避免"的错误看法，严禁采取一孩政策时采取的野蛮做法和违法乱纪的行为；重申不搞强迫命令的有关规定，并且要在实际工作中严格遵照执行。这样就形成了"开小口""堵大口""刹歪口"的生育政策。"口子"政策的实施，标志着对以"一对夫妇只生育一个孩子"为中心的人口生育政策调整和完善的开始。

"一孩"政策在城市所取得效果还是比较成功，"开小口"的目的主要是针对广大农村地区，使政策更适合农村的实际，因此，在农村如何做到"开小口""堵大口"，有效地控制我国农村人口的过快增长，是调整后的生育政策要解决的中心问题。"开小口"生育政策是对"一孩"政策不切实际的"一刀切"做法的调整，它的出发点是正确的，但从实际运行的状况来看，"口子"政策不仅没有达到预期目标，反而引起了不少地区计划生育工作的波动和混乱。因为"开小口"生育政策要估计到实际情况，所以并没有制定开小口的标准，没有设置由"紧"到"松"的衔接和过渡性安排，低估了两种政策替代的困难。没有设定口子标准，造成政策本身缺乏可操作性，各地区都可按照各自的理解去实施贯彻，导致不同地区对待"开小口"生育政策会存在着相对极端的态度。一些地区出现了"少生就是一切"，实质上还是一孩政策的延续，而有些地区对"开小口"的调整政策过分解读，导致了计划生育工作的失控，这和前期广大农村基层"一刀切"的粗暴作风密切相关，由于前期严格的"一孩"

政策，压抑已久的生育意愿和对基层一些计生干部的积怨一起反弹出来，当时不少地方不仅竞相攀比"口子"的大小，而且还诱发了"抢生""超生""偷生"，致使这些地方人口控制出现波动，生育水平出现回升。

当时有部分省、自治区、直辖市对"开小口""堵大口"政策不甚理解，拒绝开"口子"。为贯彻和落实党的人口政策，当时国家计生委负责同志曾找相关省、自治区、直辖市的分管领导和计生委的负责同志谈话、做工作，帮助他们分析人口省情、市情、区情，摆事实、讲道理，调整后的生育政策才基本落实。

针对上述情况，国家计生委在全国有计划地设置试点，分别针对不同情况进行试验，总结试点中的经验教训，分类指导和完善农村计划生育人口政策，强化对政策本身的研究力度和适用性，面对农村地区的计划生育工作的松动。国家计生委先后在山东省荣成县和陕西省勉县召开南片和北片试点县经验交流会，各试点县从本地区实际出发，摸索出了行之有效"开小口""堵大口"的多种形式。对于"开小口"，归纳了三点经验，分别是分类指导、农村独女户、农村晚婚晚育加间隔生育二胎。另外，对符合一定条件的农村家庭，允许农村独女户夫妇再生一个孩子。党中央也肯定了这些经验，并积极向全国推广。

在上述基础上，1986年4月12日，第六届全国人大四次会议上提出："各地区、各部门要继续把计划生育工作放在重要的地位，大力抓紧抓好。计划生育部门要根据各地不同情况，进行分类指导，继续提倡晚婚晚育和一对夫妇只生一个孩子，农村中有实际困难的夫妇，可以按照计划生育两个孩子；少数民族夫妇，一般可以生育两个孩子，个别可以生育三个孩子，所有地区都要做好宣传教育工作和节育工作，严禁超计划的二胎和多胎生育"。1986年5月9日，党中央转发了《关于"六五"期间计划生育工作情况和"七五"期间工作意见的报告》的13号文件，强调指出："实行计划生育、控制人口过快增长的关键，是从实际出发，制定出经过教育、绝大多数群众能够接受的有利于控制人口增长的政策"，同时强调："七五时期正值人口生育高峰，各级党委和政府务必高度重视，继续加强这项工作的领导，切不可掉以轻心，疏忽大意。人口的增长必须严格控制"。文件对生育二胎作了明确规定，"要求生育二胎的独女户，间隔若干年后可允许生二胎"，这是中央文件中首次提出独女户可以生二胎。同年12月1至5日召开的全国计划生育工作会议强调："计划生育一定要继续抓紧，不要动摇，计划生育工作要统一认识，稳定政策，几年来，计划生育的政策更加完善，更加符合实际，要长期稳定，正确执行下去，提倡一对夫妇只生育一个孩子的政策仍是主要的，在农村也要普遍提倡。但在农村中确有实际困难、要求生第二胎的，经过审批，可以有计划地安排，完善政策的目的是为了更好地控制人口增长"。1987年初召开全国计生委主任会议，会上特别提出了计划生育放松问题及其危害，重点强调了放松计划生育工作的危害性，要求全国计划生育工作部门切不可放松计划生育工作，一定要尽一切可能坚持不懈地抓紧、抓好计划生育工作，确保计划生育政策的稳定，并指出"坚决纠正计划生育工作放松和自流现象，关键在于稳定政策"。从1984年的7号文件到1986年的13号文件，内容上并没有多大变化，但是在具体实施上却发生了实质性的变化，反映在计划生育实际工作的两个方面，一是操作标准清晰，要满足两个条件，农村可生育二胎的必须是独女户，并且生育二胎必须要间隔；二是各省、自治区、直辖市在计划生育工作中掌握了主动权。在国家总的人口生育政策的指导下，各地区可根据自己的实际情况，对计划生育政策进行调整和落实，形成了符合当时各地实际情况的计划生育人口政策类型。朱秋莲总结出四个人口政策类型：第一类，继续提倡一对夫妇只生育一个孩子，有特殊情况的经过批准可以生育第二胎，但照顾生二胎的比例不超过10%，属于这种类型的一般是经济较为发达的地区，如北京、天津、上海、江苏、四川五个省市；第二类，实行区别对待，照顾独女户允许生育二胎。具体来说根据各地区的实际情况，有区别地在农村实行有一个女孩的农民可生育第二胎的政策。这一类型依据两个条件进行分类指导，即地理条件（如重庆、福建等省）和计划生育工作水平（如浙江、福建等省）；第三类，一视同仁，即农村只有一个女孩的农民都可生育两个小孩的政策。如河北、山西、内蒙古（仅限汉族）、黑龙江、吉林、辽宁、安徽、江西、山东、河南、湖南、湖北、广西、贵州、陕西、甘肃等18个省、自治区；第四类，不局限于独女户和生育时间间隔，而是农村普遍可生育两个孩子的政策。如广东（1998年以前）、云南等省。除了形成了符合当地实际情况的人口政策，为了消除20世纪80年代中期实行"开口子"生育政策引起的人口生育的混乱局面，也为了更好地贯彻和落实党中央13号文件精神，各地开始制订计划生育条例，用法律法规来规范人们的生育行为。1986年全国就有广东（修订）、青海、陕西、宁夏四个省区根据中央精神率先颁布了地方计划生育条例，到20世纪90年代初期，其他各省、自治区、直辖市也先后颁布了地方计划生育条例，基本稳定了20世纪80年代中期的生育波动现象，使得全国的计划生育正式走上了法治化的道路。由此可见，中国农村绝大多数地区实行的是严格的1.5个孩左右的放开"女儿户"政策。

为了消除20世纪80年代前期计划生育工作波动的影响，使计划生育人口政策具备连续性和尽快稳定下来，1988年3月31日，中央政治局常委第18次会议，讨论并原则同意国家计生委《计划生育工作汇报提纲》，会议强调了我国计划生育的现行政策是"提倡晚婚、晚育、少生、优生，提倡一对夫妇只生育一个孩子；国家干部和职工、城镇居民除特殊情况经过批准外，一对夫妇只生育一个孩子；农村某些群众确有实际困难，包括独女户，要求生二胎的，经过批准可以间隔几年以后生第二胎；无论哪种情况都不能生三胎；少数民族地区也要提倡计划生育，具体要求和做法可由有关省、自治区根据当地实际情况制定。上述政策，是今后相当长的时期内必须坚持贯彻执行的。要保持这个政策的稳定，以利于控制人口"。与此同时，会议又指出"农村应该有个长期、稳定、得到多数农民支持的计划生育政策，除了过去规定的一些特殊情况可以生两个孩子以外，要求生育第二胎的独女户，间隔几年以后可允许生二胎"。中央领导层认为，把计划生育政策建立在既坚定而又可行性的基础上是中央的决定。决策旨在为农村创建一个长期、稳定、得到多数农民支持的计划生育政策，是今后在相当长的一段时期内必须坚持贯彻的，并且要保持这个政策的稳定，以利于控制人口。1988年5月召开第二次全国计生委主任会议，会议强调要坚决彻底地贯彻中央制定的人口生育政策，指出："中央现行生育政策的出发点是既要坚定不移地把计划生育工作抓紧，又要从实际出发，使计划生育政策能够为多数农民所接受，得到他们的支持，只有这样，计划生育工作才有更坚实的基础，才能长期稳定地坚持下去"。为进一步强调《计划生育工作汇报提纲》的精神，次年，在召开的第三次全国计生委主任会议上，时任国家计划生育委员会主任的彭佩云在会议上重申："要继续全面贯彻落实中共中央制订的计划生育现行政策，各地必须严格执行，绝不能政出多门，不允许自行开'新口子'、凡执行的政策比中共中央现行政策宽的地方，必须向中共中央写出正式的请求报告，在城市、城市郊区和经济文化比较发达的农村，要巩固和发展已经取得的成绩，努力为国家控制人口增长做出更大的贡献。在广大农村，在提倡一对夫妇只生育一个孩子的同时，要认真贯彻落实照顾'独女户'间隔几年以后第二胎的政策"。至此，几经调整和完善，我国形成了明确的以"控制人口数量，提高人口质量"为主要内容的人口政策。1989年2月23日，中共中央政治局常委会第58次会议认为："计划生育是我国的基本国策，计划生育政策必须稳定；政策的波动会引起多生、抢生，因此既不能再放宽，也不能再收紧。现在应当强调认真执行现行政策，而不是改变现行政策。计划生育工作涉及面广，各有关部门要密切配合，大力支持，共同保证这一基本国策的贯彻执行，要维护计划生育政策的权威""关键是要认真严肃，不折不扣地落实现行的计划生育政策，坚决纠正一些地方严重存在的放任自流现象，采取果断的措施解决好多胎生育、早婚早育、'超生游击队'等问题"。

1990年6月18日，国家计划生育委员会发出《关于进一步做好计划生育技术工作的通知》："要求各级计生委都要充分认识科技工作在计划生育工作中的地位和作用，要建立健全各级计划生育科技管理机构，要加快县、乡、村计划生育服务网络建设，要继续加强对基层计划生育技术人员的培训，加强计划生育技术服务质量管理，增加对计划生育工作的投入"[①]。同年7月6日，国家计划生育委员会印发《节育新技术推广应用暂行管理办法》。

1991年5月12日，中共中央、国务院联合发出《关于加强计划生育工作严格控制人口增长的决定》，要求坚决贯彻落实现行政策，依法管理计划生育。

有了20世纪80年代以来的两次政策变迁引起的振荡教训以后，90年代人口生育政策形成求稳的特点，面对中国严峻的人口形势，面对市场经济对计划生育工作的冲击，稳定政策成为计划生育工作的第一位任务。任何生育政策的波动都可能重蹈覆辙，不利于人口控制。这时计划生育政策坚持了"三不变"，即坚持现行的计划生育政策不变、既定的人口控制目标不变、党政"一把手"亲自抓、总负责不变成为当时生育政策求稳的最大特征。

[①] 《国家计划生育委员会关于进一步做好计划生育技术工作的通知》，1990年6月18日。

三、调整和完善计划生育政策的相关配套措施

在计划生育政策的调整和完善阶段，不仅仅从国家层面制定和强调一系列的方针政策，而且还涵盖了相关配套措施，配套措施包括更加健全的组织机构、累累的科技成果、生产供应到位的避孕药具、大力开展的干部培训、运作规范的内部管理以及普遍深入的宣传教育。

从组织机构的架构上看，由管理机构、群众团体和事业机构三个部分组成。管理机构是国家的计划生育委员会。20世纪80年代初，全国各地先后建立计划生育委员会后，基层的计划生育管理机构也相继建立。截止到1991年，全国共有地级以上的计划生育委员会362个，县级计划生育委员会2 786个。群众团体指的是计划生育协会，计划生育协会是我国最大的计划生育群众团体，是中国共产党和人民政府联系广大育龄群众的桥梁和纽带，尤其是在"开小口""堵大口"阶段，计划生育协会获得了重大发展，工作比较活跃。它是在中国共产党的领导下，自我教育、自我服务的群众性组织，经过几年的发展和探索，中国计划生育协会逐步明确了自身的任务。1987年，全国成立的各级计划生育协会13.5万个，会员和理事分别由1986年的58.6万人和6.4万人突增至427.1万人和101.4万人，而到1990年，全国各地计划生育协会已建立665万个，其中，省级协会30个，地级协会319个，占地市级总数的93.8%；建立县级协会2 494个，占县级总数的88.3%；乡、村两级已建立59.5万个，占应建总数的50%。全国范围内的会员总数已达2 810多万人，并且全国大部分省级协会和部分地、县级协会设置了办事机构，已有5 500名专职工作人员。事业机构指的是计划生育服务站，它是为适应计划生育深入发展的需要建立并且发展起来的，是加强基

层服务、落实避孕节育措施的组织保证，更是完成艰巨而繁重的计划生育任务不可或缺的一支重要力量。计划生育服务站由县级服务站、乡镇服务站（所）、村服务室构成，分别是县级计生委、乡镇政府和村委会领导下的独立的全民所有制或集体所有制机构，实行站长负责制，是综合性的计划生育机构。1987年全国有28个省、自治区、直辖市设立县级计划生育服务站2 076个，职工2万余人。同时，从国家层面对计划生育服务站给予了鼓励和支持，具体表现在1987年12月，全国计划生育财务管理会议通过了《计划生育服务站财务管理试行办法》，提出要进一步支持计划生育服务站的建设；同年年底，全国计划生育科技工作座谈会提出了加强对计划生育服务站的指导和管理；1988年在重庆召开的全国计划生育服务站工作经验交流会讨论修改了《县计划生育服务站管理暂行办法》；1989年，国家计划生育委员会印发了《县计划生育服务站管理办法》，《办法》对县计划生育服务站的机构和人员、宣传教育、干部培训、技术服务、避孕药具管理、财务物资管理、奖励与处罚等内容作了具体规定；1991年，在四川召开的全国计划生育服务站规范化管理试点工作会议要求提高服务站的管理水平，推进整个计划生育工作向孕前型管理转变，不久，国家计划生育委员会和财政部联合召开的全国计划生育财务工作会议讨论修改了《计划生育服务站管理办法》。

  在科技攻关方面，在计划生育政策调整和完善阶段，我国加强了对计划生育科研工作的领导和重视，计划生育科研工作取得了重大进展，科技攻关成果很多。1985年，国家计划生育委员会决定成立国家计划生育科技专题委员会，负责科研成果的鉴定和评审工作。"六五"期间计划生育科技攻关的主要成果包括宫内节育器的研究、男女避孕药的研究及流产新药前列腺素的研究，尤其是男性避孕药的研制水平已进入国际先进行列，并且在不久后，把这些科技攻关的成果投入实际的生产当中。"七五"

期间，计生委加强了对计划生育科技工作的组织领导，制定发展计划生育科学技术的规划、计划，为科学技术事业指引方向，增加科研单位之间的相互合作，开始试运行科研承包责任者，更大比例的划拨优生优育科研经费。此外，在此期间进一步深化科技体制改革，重点发展特色的计划生育科研中心，使科研成果能够尽快转化为生产力，重视国际间交流和技术合作，开发和研制更加有效、安全、简便、经济、可逆的节育方法，修改了节育手术常规、节育手术并发症诊断标准及计划生育技术管理条例等。"七五"期间，科研工作较之"六五"时期又有了长足的发展，研发了输卵管可复性注射检堵法，这种技术可以让节育女性随时恢复生育功能，另外的重大科研成果包括胚泡着床机理研究达到国际同等水平、绒毛膜促性腺激素避孕疫苗的研究填补了国内空白、催经止孕药米非司酮和前列腺素以及长效避孕皮下埋植剂的研制成功，达到了国际同类产品水平。

对于供应到位的避孕药具，计划生育委员在政策上给予了大力支持，同时也举办一系列关于避孕药具的活动。1985年9月在北京召开了全国避孕药具工作会议。11月，举办了首届国际避孕药具及生产设备展览会。1986年3月，国家计划生育委员会、国家医药管理局联合发出通知，要求进一步做好避孕药具的基层服务工作。6月6日，再次发出紧急通知，要求各地认真检查避孕药具供应工作。1987年7月，国家计划生育委员会、国家工商行政管理局、中国个体劳动者协会联合下发《关于个体工商户计划生育管理的意见》。11月，在北戴河举行全国避孕药具工作会议。1988年8月，国家计生委联合发布通知，决定开始对避孕药具由生产厂向地、市计划生育药具管理站实行全面直接调拨。9月，经人事部批准，成立国家计划生育委员会药具服务中心。11月，国家计生委、财政部、化学工业部、商业部、国家医药管理局联合发布通知，对加强和改善避孕药具生产和供应工作提出了具体要求。1989年1月，国家计生委印发《关于避孕药具供应实行双轨制的宣传提纲》①，实行避孕药具供应的双轨制，最大限度地方便群众。同年底，国家计生委、财政部、化学工业部、商业部、国家医药管理局联合发出通知，进一步加强和改善避孕药具生产和供应工作。

1990年11月，全国计划生育药具计划供应会议在广西桂林召开，会上号召各级领导干部必须进一步统一思想，提高认识，把药具工作摆在重要的位置，充分认识到避孕药在开展计划生育工作中，尤其是控制人口增长方面所发挥的显著作用。同时，进一步完善深化药具管理体制改革，全面推行药具供应双轨制。切实加强基层工作，逐步实现药具管理规范化和科学化。1991年，国家计生委再次发文强调计划生育药具工作是整个计划生育的重要组成部分，药具工作和目标管理是为了完成计划生育工作总目标服务的。谨记计划生育药具工作的根本目的是为了最大限度地方便群众，尤其是满足育龄夫妇使用药具的需要，减少浪费，提高避孕节育效果和经济效益。

计划生育药具经过了"经费包干、计价调拨""直调""双轨制"改革步骤后，为了促进药具管理科学化、规范化，国家计生委下发了《关于加强计划生育药具目标管理工作的通知》，它细化了对技术生育药具的管理，规定了避孕药具应用率、避孕药具使用效率和药具的周转库存量三项不同级别的目标值。随后，全国计划生育药具计划供应会议在大连召开，会议要求用中央下发的《关于加强计划生育工作，严格控制人口增长的决定》来统一思想、统一认识、统一行动，切实把药具工作摆到重要位置；严格执行计划，保质保量地完成药具生产、收购、调拨任务；继续大力推广质量好、节育效益高的新型避孕药具；抓住重点，切实加强基层的计划生育药具工作；加强财务管理，充分发

---

① 《关于避孕药具供应实行双轨制的宣传提纲》。见彭佩云：《中国计划生育全书》，中国人口出版社1997年版。

挥药具经费的效益;认真总结经验,继续做好药具目标管理的试点工作。①

在计划生育的调整和完善阶段,国家还加大了干部培训的力度。计划生育政策的贯彻执行,一方面取决于政策的合理性、使用性和可行性;另一方面,也有赖于计生干部的政策素养和工作水平。所以,大力开展对计划生育干部的培训就显得尤为重要。1985年,国家计生委在《国家计划生育委员会关于全国计划生育干部培训规划要点》中对干部培训的基本任务做了如下要求:"使全体干部的马克思主义理论、专业知识、科学文化水平和领导管理能力等方面都有显著的提高,成为懂马克思主义的、坚持社会主义道路的、具有一定文化水平和必备专业知识的合格的计划生育工作人员,培训计划生育干部的重点是县计划生育委员会主任以上的各级领导干部即期后备干部,以及乡、城市街道和厂、矿、企、事业单位的计划生育专职干部。培训内容包括政治理论、中国共产党的路线方针政策、计划生育专业知识和文化知识。培训形式有建立计划生育干部学校或学院、函授、委托社会上大中专院校开办计划生育干部专修班和中专班及提倡和鼓励干部自学成才等"②。

1985年3月11日,国家计生委办公厅在成都举办第一期全国计划生育信访干部培训班。4月16日,又下发了《关于全国计划生育干部培训规划要点》。1986年初,国家计生委要求国家计生委机关干部、地市级计生委、县级和县级以下的干部加强干部理论学习。1989年9月,国家计生委在南京计划生育管理干部学院召开了全国计划生育干部教育工作会议,原则上通过了《全国计划生育干部教育培训规划(草案)1989~1995年》。从

---

① 彭佩云:《中国计划生育全书》,中国人口出版社1997年版。
② 《国家计划生育委员会关于全国计划生育干部培训规划要点》,1985年4月16日。

1990年1月开始,决定在河北沙河市等部分地区进行县、乡(镇)专职干部培训试点。4月,全国省级计划生育干部培训中心主任工作研讨会在河南召开,提出加强在职干部的教育培训,提高工作人员素质,是搞好计划生育工作的关键。1991年,《省、自治区、直辖市计划生育干部培训中心暂行管理办法》出台,对各省、自治区、直辖市干部培训中心的任务与职责、机构设置、财务和设备物资管理等都做了明确的规定,是使干部培训中心工作规范化、制度化的一项重要措施。①

计划生育政策辅助配套设施中,在执行过程中非常关键的一环是运作规范的内部管理。内部管理主要是从财务和基建管理、人事和行政管理以及具体细致的规划和统计三方面展开。从财务和基建管理来看,这是计划生育财务管理的发展和完善阶段,具体体现为管理体制的日趋完善和财务机构的相继设立。1985年,国家计生委、财政部、审计署联合召开全国清理整顿超生子女费用座谈会,此次会议开辟了对征收超生子女费用的统一管理,会议后,逐步建立和制定了对超生子女收费的管理制度和办法。同年11月25日,《计划生育事业财务管理暂行办法》和《计划生育事业单位预算会计制度》出台。1986年9月,全国计划财务管理工作座谈会在杭州召开。次年,在广东再一次召开了全国计划生育财务管理工作会议,会议总结了1982年以来的计划生育财务管理工作,对今后如何做好计划生育财务工作提出了新的要求,1989年,国家计生委、卫生部、财政部、国家物价局联合发出通知,对计划生育费用进行检查、清理和整顿。1991年11月,全国计划生育财务工作会议在四川召开,会议总结"七五"期间计划生育财务工作的成绩和经验,研究了"八五"期间计划生育财务工作任务,讨论修改了《计划外生育费管理办法》

---

① 《省、自治区、直辖市计划生育干部培训中心暂行管理办法》,1991年10月25日。

《计划生育药具管理站财务管理办法》和《计划生育服务站管理办法》。为保证计划生育财务管理的规范化，地方计生财务机构相继设立。

随着计划生育工作的深入开展，计划生育部门的基本建设工作也逐步开展起来，尤其是1985年国家计生委成立基建物资处以后，这项工作有了长足发展。1985年，针对整个计划生育系统的基本工作条件普遍较差，而且相当一部分单位由于计划生育在基建计划中无户头以致一些所需的条件长期未能改善，国家计生委发出通知，开始着手加强对基建工作的管理和投入。1986年，国家计生委和国家计委联合发出通知，要求加快计划生育部门的基建任务，切实加强基建管理，使基建投资发挥社会效益。1988年，全国计划生育基建工作座谈会在福建召开，会议研究了如何进一步搞好计划生育部门的基本建设，特别是对县级计划生育服务站建设的意见。1990年，全国计划生育基本建设工作经验交流会议在云南召开，会议总结交流"七五期间"计划生育基本建设经验，这次会议对全国的基建工作产生了深远影响，并且提出了基建工作的很多宝贵意见。会议认为领导重视是搞好计划生育基本建设的关键；各有关部门的支持是搞好计划生育基建工作的重要保证；基本建设必须统筹安排、突出重点，同时注意抓好配套设施的建设；加强管理是提高投资效益的根本途径。对于"八五"期间的基建工作，会议提出从以下几个方面做起：一是认清人口形势，继续抓紧、抓好计划生育基本建设工作；二是进一步搞好以县、乡计划生育服务站为重点的基层网络建设；三是继续贯彻"两委通知"，认真解决投资问题；四是加强管理，提高投资效益，充分发挥已建项目的作用。在各级部门的高度重视下，我国计划生育基本建设发展迅速。

计划生育人事管理的加强，主要体现为对计划生育系统任职人员的资格规定和队伍建设。1986年4月，国家计生委在长沙召开首届计划生育系统人事工作座谈会，会议讨论了国家计生委起草的《关于全国计划生育系统改革职称评定，实行专业技术聘任制度的实施意见》《全国计划生育系统计划生育卫生技术职务在职基本条件》，并提出了修改条件。7月，国家计生委印发《计划生育系统卫生技术职务任职基本条件》和《计划生育系统实行专业技术职务聘任制度若干问题》的通知，对医士、医师、主治医师、副主任医师、主任医师的任职条件都做出了相应规定。1988年11月，全国计划生育系统职称改革及人事工作会议在福建召开，会议总结了职称改革及人事工作方面的经验，研讨了工作中的问题，安排了今后的工作。1989年7月，全国计划生育系统基层人事工作会议在北京召开，这次会议是为了贯彻落实国家机构编制委员会给全国计划生育系统增加专项行政编制而召开的会议。计划生育行政管理主要是指计划生育信访工作、信息工作和档案管理工作等，《计划生育信访工作细则》阐述了信访工作中的基本任务："根据中央制定的计划生育方针政策，回答和解决群众反映的问题。同时，通过群众来信来访，了解计划生育方针政策的贯彻落实情况，听取群众的批判和建议，向领导提供信息，当好领导参谋。坚持信访工作为中国共产党的中心工作服务，为人民服务的宗旨，进一步加强信访工作的信息地位，比较系统地建立信访工作科学化管理制度，提高工作质量，努力减少求决性、申诉性信访，提高社会效益"。同时，为使信访机构与所承担的任务相适应，要建立信访机构体系。1990年，国家计生委发出通知，对加强政策信息工作提出了意见。计划生育办公室的工作，最重要和最根本的是研究如何搞好政务服务和事务服务，强化办公室职能作用。1991年，全国计生委办公室主任工作研讨会在安徽召开，除了广泛交流各地在信息、文档、保密、信访及行政工作方面的经验外，还着力研讨了全国计生委办公室工作的指导思想、职能作用、地位特点及其规律等问题。

　　计划生育的基本要求是在国家指导下，把人们的生育行为纳入有计划发展的轨道。对人口进行全面的计划是我国国民经济和社会发展计划的重要组成部分,加强人口计划管理是贯彻计划生育基本国策的重要手段,对控制我国人口增长起着越来越重要的作用。1989年,为加强人口计划管理,国家计生委发文提出了要求。1991年,《人口计划管理暂行办法》出台。同年8月,经过有关部门反复研究,就人口计划指标口径和考核相关问题取得了一致意见。除了规划,还要做好计划生育的统计工作。计划生育统计是整个计划生育的基础性工作,因为,准确及时的统计数据是制定人口政策、编制人口计划和监督评估计划生育工作效果的重要依据,也是计划生育决策和管理的基础。为全面、系统、及时、准确地掌握全国计划生育情况,1989年伊始,国家计生委启用新的统计报表。为促进计划生育统计工作逐步实现科学化和制度化,提高计划生育统计的质量,1991年,我国计生委联合国家统计局发文《计划生育统计工作实施办法》,办法规定了计划生育统计工作的基本任务。《计划生育人事统计工作实施办法》中提到:"为加强计划生育系统人事工作,全面掌握计划生育机构和人员状况,充分发挥计划生育统计监督作用,为各级领导部门决策提供依据,国家计划生育委员会决定从1991年8月起在全国计划生育系统进行人事统计,今后每半年进行一次变更登记"。1989年3月,全国生育节育抽样调查小组公布《全国生育节育抽样调查公报》。

国家计生委还开展了普遍深入的宣传教育。同一孩政策的强制性相比,"开小口"等调整政策采用宣传教育的办法,不再执着于搞强迫命令。1995年,国家计生委发出《关于积极开展计划生育对外宣传工作的通知》,同年底,再次发出通知,要求继续贯彻七号文件精神,切实改进以农村为重点的计划生育宣传工作,把宣传教育贯穿到计划生育工作的各个环节,坚持经常,注重实效。不久后,在北京召开《人口与计划生育》电视栏目选题会议。1988年3月,国家计生委宣教司在辽宁召开人口和计划生育基础知识教育现场会。3月20日，在北京计划生育宣传教育中心情报资料室建立资料库。7月1日，《中国计划生育报》改名《中国人口报》，由邓小平题写了报纸的名字。8月，在黑龙江的齐齐哈尔召开了全国人口与计划生育基础知识教育经验交流会。1989年3月，经国家新闻出版署批准，成立了中国人口出版社。7月1日，《人口与优生》广播节目在中央人民广播电台正式开播。9月，江泽民在陕西视察期间多次对计划生育工作做出重要指示。10月，中央宣传部和国家计生委在杭州联合召开全国计划生育宣传工作座谈会，实际上，在这次会议之前，两个部门的宣传口共同派人到全国部分省进行了调查研究，准备了20份会议交流的典型经验材料，而且在会后也共同草拟了关于加强计划生育宣传教育的通知，并且报请中央转发全国执行，会议的主要报告及交流的经验也已编印成册发到全国各地，对计划生育的宣传工作起到了非常重要的推动作用。12月，国家计生委发出通知，要求在全国城乡集中开展一次以算账对比为主要形式的国情国策教育，旨在通过国情、省情、县情、乡情、村情、家情的历史与现状对比，使广大群众看到实行计划生育、控制人口增长、提高人口素质的重要性和必要性，增强紧迫性并且提高自觉性。

1990年3月，中央发出通知，提出进一步做好计划生育宣传教育工作的5点意见。几天后，北京计划生育宣传教育中心划归国家计划生育委员会领导，同时更名为中国计划生育宣传教育中心。7月，中共中央办公厅、宣传部、共青团中央、国家计生委联合召开了全国宣传贯彻《中共中央关于控制我国人口增长问题致全体共产党员、共青团员的公开信》代表座谈会。在它的号召下，全国省、自治区、直辖市纷纷展开了对《公开信》的报道和宣传。1991年5月，中共中央宣传部发出通知，要求各新闻舆论部门加大计划生育宣传的分量，把社会各方面的力量充分调动起来，在全国形成一个人人重视计划生育、人人控制人口增长的新局面。6月,国家计生委办公厅发出通知,提出优秀计划生育标语口号40条。11月,国家计生委发出《关于今冬明春开展计划生育宣传活动的通知》。

在以上政策、重要活动和领导层的大力倡导下,我国计划生育宣传教育收到了巨大成效,使得计划生育工作能够顺利开展。

从调整和完善计划生育工作的成效来看,在调整和完善计划生育政策期间,由于受第三次生育高峰的影响,我国的人口出生率相对还有点偏高,这是难以回避的客观原因。但是,这一时期,我国计划生育政策渐趋稳定,前文所提到无论是我国的方针政策,还是计划生育的组织、宣传、管理、财务体制等配套设施建设都日趋完善,我国的计划生育逐步走向规范化、制度化,我国的计划生育事业获得了显著成就。调查结果显示,在调查样本中已婚育龄妇女的节育率为71.21%,全国2.06亿已婚育龄妇女中,有1.47亿对夫妇采取了各种避孕措施;在各种避孕方法中,男性节育者占10.99%,女性绝育者占38.24%,放置宫内节育器占41.48%,口服避孕药者占4.91%,其他方法4.32%。按照1982年全国计划生育节育抽样调查公报推算,全国共有2 800万对夫妇领有独生子女证,占已婚育龄夫妇的13.79%。1988年上半年,计划生育率为58.18%,城市为94.02%,镇为57.14%,农村为52.27%。① 计划生育的调整和完善阶段,随着计划生育的深入开展,我国人口自然增长率一直控制在15‰,1985~1991年总和生育率分别为2.2%、2.42%、2.59%、2.52%、2.35%、2.31%、2.31%,从以上数据可以看出,我国的总和生育率在这段时间一直控制在2.4左右。

---

① 《1982年全国计划生育节育抽样调查公报》,1989年3月15日全国生育节育抽样调查领导小组公布。

四、对于计划生育政策的相关讨论

"一孩紧缩"政策忽视了农村薄弱的社会经济基础、人口政策发挥作用的条件,与广大农民群众生育意愿存在着很大差距、政策上的"一刀切"、行政手段对农民生育行为的干预,最终导致了该政策在农村地区实施时所遇到的阻力,给计划生育工作带来了很大的冲击。因此,"开小口""堵大口"人口政策的制定和实施是必然的,也是完全应该的。这一阶段是对计划生育政策的调整和完善,这种调整政策尊重了客观现实以及人口发展规律。

不仅中央领导层在不同场合曾多次强调和重申要稳定现行计划生育政策,而且许多重要会议也反复强调要坚决贯彻执行现行计划生育政策,要坚决纠正一些地方计划生育工作中存在的放松自流现象,要采取有效措施,制止多胎生育和早婚早育现象,促进我国计划生育政策的完善。当时担任国务院代总理的李鹏阐明了计划生育政策的必要性:"实行计划生育,控制人口增长,提高人口素质,是我国的一项基本国策",表达了推行这项政策的坚定信心:"在农村推行计划生育政策,会遇到许多困难,但从中华民族生存大计着想,我们必须坚决地毫不动摇地做下去"[①]。后来,他又对计划生育政策做了进一步细化:"我们现在的人口政策,总的要求是,实行计划生育,控制人口数量,提高人口素质。基本的政策是提倡一对夫妇只生一个孩子。现在正处在人口出生高峰,这个政策不能动摇。但是考虑到农村现在的实际情况,考虑到人们的认识程度,因此,在政策上要有补充和调整。这也必须规范化,明确什么范围可以补充和调整。去年3月31

---

① 李鹏:《在全国农村工作会议闭幕会上的讲话》(1988年11月7日),载于《人民日报》1988年11月8日。

第二章 "计划生育"人口政策的推行

日,政治局常委会讨论计划生育工作时,对此已经基本上定下来,这就是:国家干部和职工以及城镇居民,除特殊情况经过批准外,一对夫妇只生育一个孩子;在农村,也要提倡一对夫妇只生育一个孩子,某些群众确有实际困难,包括独女户,要求生二胎的,经过批准可以间隔几年以后生第二胎;无论哪一种情况都不能生三胎;少数民族地区也要提倡计划生育。一条基本政策加上三条补充"①。此外,他还强调"现行的计划生育政策,基本上是符合中国国情的","要注意保持政策的稳定性和连续性,不能有任何的摇摆""去年三月中央政治局常委会重申计划生育现行政策不变,绝不能今天这样一个政策,明天那样一个政策。我们的政策必须坚定不移,不能有任何的动摇"②。彭佩云认为:"中国计划生育工作的基本经验,其中首要一条是必须制定一个既坚定又可行的计划生育政策,这个政策必须稳定,并且要把计划生育工作逐步纳入法制轨道"。《人民日报》曾强调"控制人口增长的关键,是要坚决稳定现行的计划生育政策,并且使它落实到基层,特别是广大农村"。宋平指出:"计划生育是我国的一项重要的基本国策,要在控制人口数量增长的同时,大力宣传优生优育,把提高人口素质的工作放到重要位置上来"。原全国人大常委会副委员长李铁映阐明了相似观点:"中国政府实行计划生育的主张得到了广大人民群众的理解和支持,坚定不移地实行计划生育已成为中国的一项基本国策"。1986年4月24日,邓小平在《人民日报》重申"对人口的增长实行严格控制,是从我们的切身利益出发的。……这是中国的重大战略决策"。

对于"口子"政策,北京大学社会学人类学研究所教授李建新认为,它是对"一孩政策"不切合农村的客观实际情况的调整,出发点是正确的、必然的、完全应该的。但因生育调整政

---

①② 李鹏:《计划生育政策要稳定——在全国计划生育委员会主任会议上的讲话》,1989年2月27日。

策引起的不小波动使我们陷入了应该调整还是不应该调整生育政策的矛盾境地。然而，问题的实质不在于政策应不应该进行调整，而是在于政策应该如何解决由于调整带来的问题，这是两个不同性质的因果关系问题。调整政策带来的生育反弹现象，实际在很大程度上混淆了这两者之间问题。① 中国人民大学人口与发展研究中心教授顾宝昌分析了 20 世纪 80 年代的生育趋势和出台的人口生育政策后指出，这时我国推出的生育政策以及计划生育工作都是集中在生育的终身效应、人口增长的队列效应，但是却忽视了结婚及生育所带来的时期效应。在以上分析的基础上，他提出要重温"晚、稀、少"的"三字经"，正确认识生育的队列效应和时期效应之间的关系，以进一步控制人口的过快增长，这是我们从 20 世纪 80 年代的生育趋势中总结的教训，并且这也对 90 年代的计划生育和人口控制工作的实施具有重要的意义。② 中南财经大学人口学与计划生育教授刘应书指出，要实现 20 世纪末人口目标控制在 12 亿，就必须坚持一对夫妇只生一个孩子，在政策允许范围内让少数人生两个孩子，但这只能是"开小口"。他认为原则上绝不能放弃或松动现行人口政策目标，更不能贸然对现行政策做出较大的改动，否则必将损害政策的严肃性，十几年来控制人口的成果也会由于政策的反复而前功尽弃。此外，还必须看到人民群众的实际困难，如果看不到这一点，而采取过于严厉、强硬的政策也必然带来社会的不安甚至引发更严重的问题。这就需要我们在现行政策相对稳定的前提下，审慎地对政策做出适当调整，改变城乡同一的人口政策，把生育政策调整的重点放在对农村及边远落后地区的人口控制上。根据现实社会经济发展的新情况，制定既符合我国总的人口发展目标，又适

---

① 李建新：《七、八十年代中国生育政策的演变及其思考》，载于《人口学刊》1996 年第 1 期。

② 顾宝昌：《论 70 至 90 年代中国生育变迁》，载于《人口与计划生育》1994 年第 1 期。

应于农村实际或边远落后地区（包括少数民族地区）的人口政策。农村人口政策在出台之前，必须严格执行现行政策，当新政策各项配套工作准备就绪后，一次推出，避免过长的过渡阶段。因过渡时期新老政策交替，可能出现一些薄弱环节，容易引发新的人口膨胀。在制定农村人口政策的同时，还必须努力改变农民"多子女""重男轻女"等生育观念的社会经济基础，并采取有力措施激发、引导贫困落后地区的经济发展，迅速提高农村及边远落后地区的文化教育事业，适当加快人口的城市化进程，从而使我国农村人口问题得到妥善解决。① 冯立天从两种生产理论中得到启示，不论是"一孩"还是"开小口"人口政策都是从数量上控制人口，强调控制人口数量是当务之急，但提高人口素质也丝毫不能忽视。②

我国在执行人口政策时，还要做好人口发展规划。原卫生部副部长季宗全指出制定人口发展区域规划是国家的一项重要基本建设，是提高计划生育工作管理水平的有力措施，是努力使人口发展与国民经济和社会发展相适应的重要实践。计划生育部门要为各级政府当好参谋，在制定人口发展区域规划工作中，要认真负责，讲究质量，大兴调查研究之风。

---

① 刘应书：《我国人口政策的几点思考》，载于《中南财经大学学报》1988年第5期。
② 冯立天：《全面理解我国人口政策》，载于《瞭望周刊》1988年第18期。

第三章

"稳定低生育"人口政策的运行

从 20 世纪 90 年代开始,以低生育水平的出现、法制体系逐步完善和计划生育工作思路、工作方法的转变为标志,我国人口与计划生育事业进入了一个新的发展阶段。

一、人口形势的变化

20 世纪 90 年代,中国的人口形势已经很严峻了。1990 年第四次全国人口普查数据显示,到 1990 年 7 月 1 日零时,我国人口总数达到了 11.34 亿,实际上比原来估计的人口总量要多出 1 000 多万,人口增加使资源相对不足,中华人民共和国成立初期,人均耕地面积 2.7 亩,1990 年的人均耕地面积只有 1.7 亩,而世界上的平均耕地面积 4.8 亩,近我国的 3 倍,远远高于我国当时的平均水平,我国基本还是一个典型的人多地少的国家,生产力并不发达,第一产业的机械化水平极低,大量的是人力和畜力作业。第二产业工业上存在大量劳动密集型产业。另外,按照当时 14.70‰的人口自然增长率来预测的话,至 20 世纪末,我国总人口数量逼近 13 亿会成为一个定局,这与我们 20 世纪 80 年代提出的要把中国的人口控制在 12 亿内的人口目标不相符。同时，当时的人口自然增长率接近了 15‰，与党中央、国务院要求的人口自然增长率要控制在 13‰ 以下的目标也相去甚远。因此，无论是从人口数量还是从人口自然增长率上看，控制人口数量仍是此时生育政策的重中之重。面对如此严峻的人口发展态势，部分学者的从紧、从严修正计划生育人口政策思潮重新泛起，认为控制人口数量增加仍是当前生育政策的重中之重。

实际上，由于中国的人口基数比较大，所以从总量上看无疑是多的。然而，我国实行了将近十年的计划生育政策，还是取得了很大的成效，总和生育率明显下降。1992 年国家计生委 38 万人调查中，总和生育率仅为 1.52，低于更替水平的省份达到 21 个，覆盖了总人口的 81.62%，而高于更替水平的只有 9 个，占总人口的 18.38%。

二、稳定低生育人口政策的运行及成效

20 世纪 90 年代以来计划生育政策的主导思想主要是稳定低生育水平。1990 年，正值 1980 年党中央发布《关于控制我国人口增长问题致全体共产党员、共青团员的公开信》十周年之际，该年 7 月，中央办公厅联合中宣部、共青团中央、国家计生委等多部门在北京召开了全国宣传贯彻《公开信》先进代表座谈会。会议强调了 20 世纪 90 年代计划生育工作的紧迫性和繁重性，希望广大党团员认真宣传贯彻《公开信》精神，重视计划生育，带头搞好计划生育。这次座谈会的意义不仅在于重申了 10 年前公开信的精神，更在于全国范围内的大力宣传。随后，中央电视台、中央人民广播电台、首都各大报纸都报道了全国宣传贯彻《公开信》会议的情况，其中《人民日报》《中国青年报》《中国人口报》都发表了社论，全国其他各级新闻及宣传舆论部门都加强了《公开信》活动的宣传报道；7 月 5 日，《人民日报》发表

题为《坚持计划生育这一基本国策》的社论。社论指出,实践证明,《公开信》至今仍是指导我们计划生育工作的重要文献,信中对全体共产党员、共青团员提出的要求仍然有现实意义,需要继续贯彻落实。[①] 1991年5月12日,党中央、国务院发出了《关于加强计划生育工作严格控制人口增长的决定》,指出"我们把实行计划生育,控制人口增长,提高人口素质作为我国一项长期的基本国策,是从我国的实际情况和人民的切身利益出发,为了使国家更快地发达起来,使人民更快地走上共同富裕的道路而做出的重大战略决策。目前,我国的人口总数已达到11亿多,近几年来每年新增人口仍在1 600万以上,相当于一个中等国家的人口,这给国家的经济建设、社会发展和人民生活的改善带来极大的压力和困难",因此,重新设定了今后10年人口增长的目标,即争取今后10年平均每年人口自然增长率控制在12.5‰以内,这个目标对于完成控制我国人口增长,保证我国现代化建设第二步和第三步战略目标得以实现具有重要意义。另外,进一步明确强调"我国现行的计划生育政策是提倡晚婚晚育,少生优生;提倡一对夫妇只生一个孩子。国家干部和职工、城镇居民除有特殊情况经过批准可以生第二个孩子外,一对夫妇只生育一个孩子。农村也要提倡一对夫妇只生育一个孩子,某些群众确有实际困难,经过批准可以间隔几年以后生第二个孩子。为了提高少数民族地区的经济文化水平和民族素质,在少数民族中也要实行计划生育,具体要求和做法由各自治区或所在省决定"。《决定》要求坚决贯彻落实现行计划生育人口政策,保持人口政策的稳定性和连续性。

1991年12月26日,国务院颁布了《流动人口计划生育管理办法》,随着一系列行政法规和地方性计划生育规章的陆续颁

---

① 《人民日报》社论:《坚持计划生育这一基本国策》,载于《人民日报》1990年7月5日。

布实施，在经过20世纪80年代国家计划生育立法后，国家层面的计划生育的统一立法工作又重新提上了议事日程。

1992年以后，虽然社会主义市场经济体制在我国逐步建立起来，但是计划生育政策还是应该要坚持下去。1992年3月12日，中共中央政治局常委会172次会议指出："目前计划生育工作绝不能有丝毫松懈，计划生育政策必须坚持不变，已经统一的控制人口增长的计划指标也不能随意改变"。1995年1月14日，国务院批转《中国计划生育工作纲要（1995~2000年）》，指出"实行计划生育是我国的基本国策，也是一项长期艰巨的战略任务。必须保持政策的稳定性和连续性，把计划生育纳入法制轨道"。

2000年3月2日，中共中央、国务院为避免生育率的反弹，做出了《关于加强人口与计划生育工作稳定低生育水平的决定》，《决定》指出"人口问题是社会主义初级阶段长期面临的重大问题，是制约我国经济和社会发展的关键因素。控制人口数量，提高人口素质，是实现我国社会主义现代化建设宏伟目标和可持续发展的重大战略决策。计划生育工作是我们必须长期坚持的基本国策。在实现了人口再生产类型的转变之后，人口与计划生育工作的主要任务将转向稳定低生育水平，提高出生人口素质。全党全社会必须从我国社会主义现代化建设的大局和中华民族生存与发展的长远利益出发，进一步抓紧抓好人口与计划生育工作。任何政策的偏差、工作的失误以及外部环境的不利影响，都可能导致生育率的回升"，同时，"稳定低生育水平是今后一个时期重大而艰巨的任务，国家鼓励晚婚晚育，提倡一对夫妇只生育一个孩子，依照法律法规合理安排生育第二个子女；少数民族也要实行计划生育；具体政策规定由各省区市制定"。《决定》提出了人口与计划生育工作的明确目标，即大陆地区的人口总数到2010年末控制在14亿以内，年均人口出生率不超过15%；出生人口素质明显提高；婴儿出生性别比趋于正常；育龄人员享受基本的生殖健康服务，进行避孕措施"知情选择"；初步形成新的婚育观念和生育文化；完善计划生育的保障体系和工作机制。同年12月19日，国务院新闻办公室发表了《中国21世纪人口与发展》白皮书，白皮书明确指出："要稳定现行的计划生育政策，坚持既定的、行之有效的人口与计划生育工作方针，建立适应社会主义市场经济体制的调控体系和管理机制，稳定低生育水平"。

2001年12月29日，为保证计划生育政策的合规性，国家颁布《中华人民共和国人口与计划生育法》，应运而生的《计划生育法》中明确规定了国家建立健全基本养老保险、基本医疗保险等社会保障制度以促进计划生育工作方面的责任和义务。国家对实行计划生育的夫妻按照规定给予奖励；对于不按政策生育子女的公民应当缴纳社会抚养费。次年9月1日，《中华人民共和国人口与计划生育法》正式实施，《计划生育法》中对这个阶段的计划生育政策给予了明确定位，也就是"国家稳定目前的计划生育政策"，规定"鼓励公民晚婚晚育，提倡一对夫妻生育一个子女；符合法律、法规规定条件的，可以要求安排生育第二个子女。具体办法由省、自治区、直辖市人民代表大会或者全国人民代表大会常务委员会规定。少数民族也要实行计划生育，具体办法由省、自治区、直辖市人民代表大会或者全国人民代表大会常务委员会规定"。

实行稳定低生育的人口政策，是基于当时中国的实际情况做出的选择，主要是从两个方面来考虑：一方面，稳定低生育的人口政策同时兼顾了人民的实际困难以及资源环境的承受能力。不可否认，当时我国的经济还相对落后，生产力水平还比较低，虽然国家已经提出要建立社会保障体系，但那时农村的社会保障体系还尚未建立，因此，这样的一种政策兼顾了人民的实际情况。与此同时，低生育的计划生育政策并不是那时刚刚提出来，而是已经经过多年的实践，逐渐已经被人们所接受，稳定低生育水平在广大人民的心理可承受范围之内。另一方面，在1998年后，我国人口自然增长率低于10‰，面临这样的一种客观现实，我国人口规模增长的原因已经不是来自于个体数量的增长，而是来源于总人口基数的惯性增长，所以，继续低生育的计划生育政策也是对那时中国所面对具体国情的回应。

在上述颁布的方针政策、中共中央和国务院的一系列会议以及一些领导人重要讲话的推动下，我国的计划生育政策开始稳定下来，计划生育体制进一步走向了规范化。

三、稳定低生育人口的相关措施

同20世纪80年代的计划生育政策相比，90年代的人口政策的实施要相对比较温和。为稳定人口的低生育水平，在这个阶段主要采取了以下相关措施：

（一）广泛深入的宣传教育

社会主义市场经济的新形势下，我国进一步加大了对计划生育的宣传力度。"'三结合'活动的开展，可以通过多种途径和各种行之有效的宣传手段，以广大农民能够接受的形式，使节育知识进入每一个农民家庭，广泛利用广播、电视、图书等大众传播媒介，加快节育知识的传播速度，扩大节育知识的传播范围，缩短甚至消除所谓的"文化时间"差距，加速农民生育观念的转变。"[1] 彭佩云指出要把计划生育的宣传教育放在首位，充分发动群众，依靠群众，是做好计划生育工作的根本途径。国家颁布了相关的措施以及举办活动来使宣传教育工作更加广泛深入地触及广大的人民群众。

---

[1] 杨发祥：《当代中国计划生育史研究》，浙江大学博士论文，2004年。

1992年10月，全国深化计划生育宣传工作研讨会在吉林四平召开，会议肯定了吉林省把计划生育工作与发展经济、少生快富奔小康和建设文明幸福家庭"三结合"经验，认为"三结合"是深化计划生育宣传工作乃至整个计划生育工作的根本思路，"三结合"经验的重要现实意义是它顺应了经济建设为中心和加快改革开放步伐的大潮，在恰当的时机抓住了经济工作与计划生育工作的结合点，与广大群众的热点、兴奋点合拍，增强了计划生育宣传工作的吸引力和凝聚力，使群众能自觉地参与到计划生育活动中来，促进了群众生育观的转变，有利于妇女解放和提高妇女地位，拓宽了计划生育宣传工作的思路，创新了计划生育宣传工作的内容。为扩大宣传工作，1993年2月底，在宁波召开了全国计划生育宣传教育工作汇报会，又一次向全国介绍各地的宣传工作经验，进一步加速和深化各地的计划生育宣传工作，会议上的核心思想是要把宣传和服务紧密结合起来，宣传与群众关心的热点、兴奋点紧密结合起来，这是顺应改革大潮，也是改革、深化计划生育宣传工作的方向。1997年5月，全国计划生育宣传工作会议在山东泰安市召开，会议讨论了《关于进一步深化计划生育宣传教育工作的意见》《全国县级计划生育服务站宣传教育工作规范》《全国乡、村两级人口学校工作规范》等文件。该年7月，国家计划生育委员会印发了泰安会议上讨论的《关于进一步深化计划生育宣传教育工作的意见》和《全国县级计划生育服务站宣传教育工作规范》两个文件，并且对今后一个时期的计划生育工作提出了八条意见："一、深化宣传教育是做好新时期计划生育工作的首要任务；二、今后一个时期计划生育宣传工作的指导思想和工作目标；三、继续深入开展全民性的人口与计划生育宣传教育；四、建立、健全计划生育系统宣传教育网络；五、把计划生育宣传教育融入社会主义精神文明建设和各项社会活动之中；六、动员全社会力量，营造良好的计划生育舆论氛围；七、积极开展对外宣传，树立良好的国际形象；八、加强领导,不断提高宣传教育工作水平"。①

从1998年开始,在全国范围内开展了"婚育新风进万家"活动,并且将这项活动纳入全国精神文明建设活动的总体工作中。"婚育新风"指的是婚育观念和社会风尚,是科学、文明、进步的婚育观,具体来讲就是"晚婚晚育、少生优生;男女平等,生男生女一样好,女儿也是传后人;男性参与计划生育,计划生育丈夫有责"。"进万家"则是指要通过各种宣传活动把这些新观念进入、送入、影响到千家万户中去。各地要充分利用各种有利条件,依托社区,面向家庭,引导、帮助、促进群众转变旧的婚育观念,树立科学、文明、进步的婚育观念,努力建设社会主义生育文化,增强人们实行计划生育的自觉性,不断满足广大群众日益增长的计划生育和生殖健康需求,促进人的全面发展。

同年10月,在陕西延安召开了全国"婚育新风进万家"活动座谈会。会议强调开展"婚育新风进万家"活动是进一步做好计划生育工作的需要,是深化计划生育宣传工作的重大举措,是实行计划生育工作"两个转变"的重要推动力,是促进妇女解放的有力措施,也是推进农村社会主义精神文明建设的有效形式。1999年3月,《中共中央宣传部、国家计划生育委员会关于广泛开展婚育新风进万家活动的通知》中要求今后的三年要在全国广泛开展"婚育新风进万家"活动,宣传科学、文明、进步的婚育观念,建设社会主义生育文化,增强广大群众实行计划生育的自觉性,为完成人口控制目标营造良好的社会环境。不久,在湖南衡阳举行了全国"婚育新风进万家"活动经验交流会,会议认为"婚育新风进万家"活动是国家计生委为贯彻落实党的十四届六中全会精神和十五大关于建设社会主义文化的要求所做出的重大战略部署,是计划生育工作与社会精神文明建设和社

---

① 《国家计划生育委员会关于深化计划生育宣传工作的意见》,1997年7月2日。

会主义文化建设的切入点，是一项极具计划生育行业特色的社会主义精神创建活动，是为21世纪初计划生育工作在全国基本实现"三为主"和"两个转变"的踏脚石。7月，全国计划生育科普宣传工作研讨会在山东招远市举行，会议分析了计划生育科普宣传和"婚育新风进万家"活动、优质服务、知情选择的关系。11月，城市"婚育新风进万家"活动研讨会暨鼓楼经验论证会在江苏南京市鼓楼区召开，会议充分交流了各地经验。各地区充分发挥各自优势，开展具有区域特色的"婚育新风进万家"活动，比如南京市实施的"三到人"战略、温岭市"舆论现行、立体宣传、综合服务、注重实效"、南昌市以"构建新型生育文化为目标，多层面地推进"、广州市"宣传工作的生命在于活动"、天津市"城市婚育新风进万家活动与群众性精神文明创建紧密相联系"、上海市明确"主体、客体、载体及其相互关系"。12月，国家计生委第五届人口专家委员会、第三届科技专家委员会在北京召开，强调以"婚育新风进万家"活动为主线，深化计划生育宣传教育。2000年4月底，全国"婚育新风进万家"活动汇报现场会在江西省南昌市召开，会议提出以《中共中央、国务院关于加强人口与计划生育工作稳定低生育水平的决定》精神为指导方针，总结交流单位经验，全面推动"婚育新风进万家"活动在全国的展开。6月，国家计生委办公厅印发《实现计划生育工作思路和工作方法"两个转变"的主要标志（县级以上）》中要求各相关部门密切配合开展经常性的人口与计划生育宣传教育，广泛开展"婚育新风进万家"活动，积极发展人口文化事业，建设社会主义生育文化，使广大群众基本树立科学、文明、进步的婚育观念。7月，《国家计划生育委员会关于印发〈国家计划生育委员会关于全面推进计划生育优质服务工作意见〉的通知》提出要基本形成有利于计划生育的良好舆论氛围，各级计生部门一定要把以人为本的思想体现到方方面面的工作之中，把宣传教育摆到计生工作的首位，加强思想政治工作，加强精神文明建设，深入开展"婚育新风进万家"活动，大力宣传科学、文明、进步的生育观，用先进的文化去影响人、引导人、提高人，从根本上转变群众的生育观和生育行为，促进人的素质的全面提高，加强宣传教育，建设新型生育文化。

（二）更加健全的组织机构

稳定低生育水平所需要的更加健全的组织机构，体现在对国家计划生育委员会的职能设置、内设机构和人员配备的调整和完善上。1993年，中共中央政治局常委会第17次会议决定赋予国家计划生育委员会统筹规划、组织协调人口工作的职能，并且进一步明确各有关部门的职责分工。依据《国家计划生育委员会职能配置、内设机构和人员编制方案》，国家计生委的主要任务是全面贯彻中共中央、国务院有关计划生育工作的方针、政策，做好计划生育工作及有关人口工作的规划、协调、指导、监督、宣传和服务工作。《编制方案》对它的部分职能做了相应调整：将计划生育药具供应的组织实施、计划生育系统国家公务员和专业技术人员继续教育的培训业务、计划生育抽样调查的有关工作交给事业单位承担；重大科研成果和节育新技术的评审、鉴定、转化与推广应用等职能，交给有关的社会中介组织承担。经过对部分职能的相应调整，国家计生委主要承担起下面的几项职责：拟定计划生育工作的方针、政策、组织起草人口与计划生育的法律、法规草案，协助有关部门制订相关的社会经济政策，推动人口与计划生育工作的综合治理；研究我国人口发展战略，根据国务院确定的人口控制目标，制订全国计划生育中长期规划和年度计划、制订全国计划生育事业发展计划、负责计划生育统计工作、组织实施计划生育抽样调查、参与全国人口统计数据的分析研究；组织实施计划生育科学研究的总体规划，组织有关人口与计划生育重大问题的综合性、前瞻性研究；制定人口与计划生育宣传教育工作的规划，组织并开展全民性人口与计划生育宣传教育；综合管理计划生育技术服务工作，围绕生育、节育、不育制定生殖保健服务的规划，配合卫生部门做好提高出生人口素质工作，对计划生育技术和药具发放进行指导和监督；编报中央级计划生育事业费和基本建设支出的预算、决算以及计划生育药具的需求规划，管理直属单位财务和国有资产；制定计划生育系统干部队伍建设和教育培训规划并组织实施；负责全国计划生育和有关人口工作的国际交流和合作，管理计划生育国际援助项目；指导有关人口与计划生育社会团体的工作；承办国务院交办的其他事项。

对上述职责进行划分后，原国家计划计生委下设7个职能司（厅），包括办公厅、政策法规司、计划财务司、宣传教育司、科学技术司、人事司以及国际合作司。7个职能部门的主要职责范围是：办公厅主要组织协调计划生育工作重大问题的调查研究和综合分析，为国家计生委领导决策提供依据；起草重要文件、报告，协助国家计生委领导组织机关工作；负责重要会议的组织、文电处理、秘书事务、档案资料、政务信息、信访、保密、督办以及基建、保卫等机关行政管理工作。政策法规司的工作是研究提出有关计划生育工作的方针、政策和法律、法规草案，负责有关行政规章的规划和管理工作，调查研究有关法律、法规和政策的执行情况；组织人口与计划生育问题的综合性、前瞻性研究；协助有关部门制定相关的社会经济政策，推动人口与计划生育工作的综合治理。计划财务司则是研究我国人口发展战略，编制计划生育中长期规划和年度计划，拟订全国计划生育事业发展计划，拟订计划生育目标管理责任制的规范；负责计划生育统计工作，组织实施计划生育抽样调查；参与全国人口统计数据的分析研究；编制中央级计划生育事业费和基本建设支出的预算、决算及计划生育药具需求计划；对计划外生育费的管理进行指导和监督；管理直属单位的财务和国有资产。宣传教育司是拟订人口与计划生育宣传工作的规划，组织开展全民性人口与计划生育宣传教育；协调新闻、宣传、文化等部门开展人口与计划生育宣传工作；规范对人口与计划生育宣传品的管理；组织国家计生委新闻发布会。科学技术司是组织实施人口与计划生育科学研究的总体规划；负责计划生育技术服务的综合管理；拟订计划生育技术服务、药具和节育技术推广使用的规章；对计划生育技术和药具发放进行指导、监督；围绕生育、节育、不育拟订生殖保健服务的规划与规范；拟订配合卫生部门做好提高出生人口素质工作的规划。人事司要拟订计划生育系统干部队伍建设规划；拟订人口与计划生育专业教育、国家公务员培训及专业技术人员继续教育培训规划；按照干部管理权限，负责计生委机关及直属单位的机构编制、人事管理工作；承办机关党委的日常工作。此外，还负责计生委机关党委以及在京直属单位的党群工作。国际合作司是负责计划生育和有关人口工作的国际交流与合作，管理有关计划生育的国际援助项目，负责计划生育对外宣传工作。

（三）提供全面的优质服务

20世纪90年代中期，为实现计划生育工作"两个转变"，全面提高计划生育工作水平，落实国际人口与发展大会《行动纲领》，我国对计划生育工作进行了新的探索，其中的一项重要的改革就是提供全面的优质服务，计划生育优质服务工作走向了历史舞台。1999年11月，在北京举行了中国计划生育优质服务国际研讨会，会议讨论优质服务的意义与实践、宣传教育与知情选择、技术服务与生殖健康、中国欠发达地区如何开展优质服务、城市地区如何开展优质服务、如何加强评估、信息与管理、面向21世纪的挑战与展望等议题，增加了我国同国际社会就优质服务的相互了解，取得了多方的共识。2000年7月27日，国家计生委在发出的《国家计划生育委员会关于全面推进计划生育优质服务工作的意见》中，强调要"坚持以人的全面发展为中心，以最广大人民的利益为出发点，全面推进以技术服务为重点的计划生育优质服务，加快实现人口与计划生育工作思路和工作方法的转变"。

优质服务旨在使育龄人群改变旧的生育观，从而树立新的生育观。20世纪90年代中期，陈坤木、朱流星认为，提供全面优质服务要以人为本，以人的全面发展为中心，以群众的需求为出发点，以避孕节育为重点，把稳定低生育水平和提高人口素质作为人口发展的目标，主要围绕生育、节育、不育开展优质服务，要合理地利用和配置社会资源来适应市场的发展和群众的需求，通过深化宣传教育，加强技术服务，实行科学管理，组织群众参与，形成宣传、管理、服务为一体的计划生育工作新格局，全面提高计划生育服务质量，促进人口和社会的全面发展。

从具体内容上看，1998年，美国学者朱迪斯提出了优质服务的六要素，即提供选择的避孕方法、介绍避孕方法的知识、胜任的技术能力、良好的人际关系、周密的随访服务以及多功能的生殖保健服务。我国在借鉴优质服务六要素的基础上，结合中国的具体实际，对其进行了创新，形成了具有中国特色的优质服务内容，主要包括转变领导观念、改进宣传教育、开展知情选择、强化技术服务、加强信息管理和建立随访制度以及评估机制。优质服务是以妇女为服务对象，为满足妇女需求所提供的服务。

在开展的途径上，1995年3月，专门成立了国家计划生育委员会生育优质服务试点领导小组，选择上海卢湾区、吉林农安县等6个地方作为优质服务的首批试点单位。6月，在北京召开了全国计划生育优质服务试点县方案研讨会，会议认为"开展计划生育优质服务试点工作是要贯彻'既要抓紧、又要抓好'的工作方针，落实'深化宣传、改善服务、加强管理'实行分类指导的重要举措。它是计划生育工作的先进地区进一步发展，工作再上新水平的需要，是使我国计划生育工作与经济社会发展相适应，与提高人民群众生活水平相结合的需要，同时也是我国执行开罗人口与发展大会《行动纲领》的一项后续行动"①。8月，在北京召开的全国人口计划执行情况分析工作会议上就进一步做好计划生育优质服务试点工作进行了研究部署。1996年3月底，在上海举行了计划生育优质服务试点县工作会议，会议上6个试点县汇报了近一年来开展试点工作的情况，同时就在试点工作中遇到的新问题展开了讨论。1996年8月16日，在《国家计划生育委员会关于在计划生育系统开展双优活动的通知》中决定要在全国计划生育系统开展竭诚为育龄群众提供优质服务，争当优秀计划生育工作者和争创优秀计划生育服务站（所、室）的活动。12月，举办了计划生育优质服务试点县阶段评估汇报会。1997年5月，国家计生委优质服务领导小组在江苏召开计划生育优质服务评估工作研讨会，不久，又召开了城市计划生育优质服务试点方案研讨会。在首批6个试点单位取得初步成功后，1997年，国家计划生育委员会决定新增北京宣武区等5个试点单位。1998年，在国家计生委优质服务试点工作小组会议上研究确定了当年优质服务试点的工作计划。8月，国家计生委优质服务试点工作小组在青岛召开计划生育服务性评估工作研讨会，此次会议启动了国际合作项目，举办了计划生育优质服务国际培训班，启动了中国计划生育优质服务国际合作项目。同时，正式组建了全国计划生育优质服务试点工作定性评估组，制定了服务定性评估原则、标准和方法。12月，国家计生委国际合作司和优质服务试点小组在浙江联合召开生殖健康/计划生育项目优质服务工作经验交流会。在前期试点工作的基础上，逐步展开了全国范围内的优质服务试点工作，到1999年底，全国共有600多个县、市、区不同程度地开展了优质服务试点工作。除了优质服务试点工作，优质服务内容又向纵深方向发展，2001年，中西部计划生

---

① 孔繁玲：《全国计划生育优质服务试点县方案研讨会召开》，载于《人口与计划生育》1995年第5期。

育优质服务示范工程、计划生育优质管理与评估体系的探索、育龄夫妇避孕方法知情选择及其效果评估和生殖道感染防治与资料4个优质服务项目在全国启动。

从优质服务的本身属性上来看，它是把从单纯控制人口数量增长转向巩固低生育率与提高群众生殖健康水平结合起来，目的是形成以人的全面发展为中心，育龄群众是优质服务的主人，要以群众满意和支持作为工作标准的观念。但是，由于满足群众需要的相关机制还没有形成，优质服务还处在发展的初级阶段，因此，它还必须与计划生育法制建设、"婚育新风进万家"活动等结合在一起，把计划生育工作不断引向深入。刘维忠对于如何能够积极推进计划生育优质服务工作，总结出以下具体的建议：一是对人民群众的态度是优质服务的核心，也是优质服务要解决的首要问题；二是发挥计划生育服务网络的建设和功能是优质服务的基础；三是加强计划生育技术服务的两支队伍建设是优质服务的保证；四是提高出生人口素质和提高育龄群众的健康水平是优质服务的重点；五是因地制宜分类指导是优质服务的基本原则；六是充分利用社会资源是优质服务的必要补充；七是处理好有偿和无偿的关系是优质服务进一步发展的灵魂；八是需求调查、宣传培训、咨询指导是激活优质服务的催化剂；九是引入市场经济的竞争机制，不断开拓新的服务项目是搞好优质服务的重要手段；十是满足群众需求，提高群众满意度是优质服务的目标。

（四）计划生育村级自治

吉林省计划生育干部培训中心姜颖对计划生育村民自治做了定义，认为它就是村民按照国家计划生育政策法规及自治章程，通过民主选举、民主决策、民主监督，对婚姻、生育、节育等婚育行为进行自我管理、自我教育和自我服务的计划生育管理体制。湖北省计划生育委员会副主任熊政春确定了计划生育村民自治内容所包括的四个方面的因素，包括中共中央和国家计划生育的法律和政策中对每个公民的硬性的规定；中央、省、市、县对计划生育工作的要求；村民有关计划生育的意愿；村级相关责任人的素质和自治能力。从村级自治的内容上看，与以往的计划生育工作机制相比，这种机制具有自主性、群众性、公开性等特点，其中最显著的特点是强调社会的参与，使计生工作由单纯依靠政府的管理模式变为以广大村民委主体动员、社会广泛参与的新模式。黎明文认为计划生育村民自治的核心思想是将县、乡镇党委政府过去实行的一些行之有效的办法、措施以及规定变为村民自治的规定或村规民约，将过去由乡镇政府干部直接承办的事务变为村民自办，由此，尽量将行政手段、社会制约逐步变为群众的群帮群治，形成多数人做少数人工作的局面，真正在村形成计生工作齐抓共管、综合治理的新运作机制。实行计划生育村民自治，是计划生育管理体制的重大变革。韩贵仁认为，推行计划生育村民自治，是实行依法治理的内在要求，是计划生育工作管理机制改革目标的重要组成部分，是实现工作重心下移的有效载体，是实现计划生育工作两个转变的重要途径，是坚持以人为本和群众是计划社会生育主人的具体实现。①

在村级自治的具体实践中，从纵横两个方面来开展。首先，从纵向来看，要处理好"乡负责"和"村自治之间"的关系，村民自治的目的是使计划生育工作逐步从乡镇政府的行政管理权限内分离出来。余洪金分析了两者之间的关系，指出，"村自治"是"乡负责"的基础，而"乡负责"是"村自治"的保证。姜颖强调，实行计划生育村民自治的前提和基础是乡镇党政领导的支持和指导，乡镇党政领导的态度是计划生育村民自治成败的关键；实行计划生育村民自治，使村委会独立承担起计划生育管理责任，而不是乡镇计划生育工作职责的简单下移。村民委员会

---

① 韩贵仁：《积极推行计划生育村民自治》，载于《人口与计划生育》2003年11期。

协助乡镇人民政府开展计划生育工作，乡镇人民政府不但不得干预依法属于村民自治范畴的计划生育工作，而且要对计划生育村民自治工作及时予以指导、支持和帮助。[①] 詹鸣认为，实行村民自治，是计划生育工作重心下移，大量的管理、服务性工作由村级来完成，改变过去乡镇打天下的局面，实现人口控制与经济发展的双赢，计划生育村民自治不能用行政思维方式来设计，更不能用行政手段来推行，而必须按照《村委会组织法》的要求，由村民通过合法的形式，保护自己的生育权利和规范自己的生育行为，千方百计调动广大农村育龄群众实行计划生育的积极性，建立以村为主、村民自治的计划生育工作机制，逐步解决计划生育"梗阻"在村的问题，使"三为主"方针落到实处。[②]

其次，从横向来看，要正确处理好村党支部、村委会和村计生协会的关系。吕慎亮指出："计划生育自治的基本方式实行的是村两委成员、村计生专干、村计生协会会员三位一体的管理与服务体系，村民按照居住相近、活动方便的原则，成立自治小组，形成村委会搭台子、支部做导演、协会唱主角的合力机制"。穆光宗强调计划生育村民自治的实质是"民主生育"，即通过计划生育村民自治，发扬计划生育民主，使计划生育客体从义务本位向权利本位过渡，树立起以人为本的新理念。计划生育村民自治，归根结底，是要走群众路线，是群众做计划生育的主人，落实起来就是"村负责、民自治、户落实"。此外，张友效等认为："建立计划生育村民自治正常运转机制，村支部、村委会一班人齐抓共管是根本；选配好村专干是关键；制定操作性、实用性强的村规民规是前提；合同书的签订、兑现是保证；发挥协会中心户长、会员的作用是基础；因地制宜，抓点带面，循序渐进是方向；确保工作运转的经费投入是动力"。王河安总结了实行

[①②] 杨发祥：《低生育社会的来临：中国生育革命与政策抉择》，华东理工大学出版社2011年版。

计划生育村民自治所需因素："需要有一支强有力的村级领导班子、一间多功能的村级活动室、一个具有普遍约束力的《村民自治章程》、一套环环相扣的管理程序、一份工作责任书、一笔确保工作运转的经费投入、一个良好的计划生育村民自治工作氛围和一套监督管理办法"。

周学馨提出："大力发展农村经济，特别是农村集体经济，以提供强有力的经济支持和保障，在政策上积极推行'三结合'，围绕'少生快富奔小康'，利用计划生育村民自治形成的'网路'，加大农户之间的经济互助和经济联系，形成经济联合体，真正落实对计划生育与贫困户、节育手术并发症户、中年丧子户和二女户的重点帮扶"[1]。杨天霞针对长期以来计划生育工作中存在的"热在县里、冷在乡里、停在村里、空在户里"的客观现实，提出了解决方案，要"按照村党支部、村委会、计划生育协会'三轮'齐转，党员、团员、协会会员'三员'联户，民族管理、民主监督、民主评议'三民'并举的'三三三'工作思路，开展计划生育村民自治的试点工作，形成村级组织和村民'双向治育'的工作机制"[2]。

（五）城市社区计划生育

南京人口管理干部学院公共管理系教授周长洪把我国城市基层人口与计划生育管理模式划分为三种，即"以块为主"的行政管理模式、"形似神异"的混合管理模式和"居民自治"与行政管理相结合的管理模式。然而，随着社会主义市场经济的建立，以往那种依靠行政手段来推动计划生育的做法已经不能适应新形势发展的需要，如何能够找到一条计划生育工作的新道路，

---

[1] 周学馨：《影响西部地区农村计划生育村民自治质量的因素分析》，载于《西北人口》2003年第2期，第20~22页。

[2] 杨天霞，王万桥：《村民自治：构建村级计划生育工作新机制》，载于《南京人口管理干部学院学报》2003年第19卷第2期。

可以统筹社会主义市场经济和城市社区经济发展，这是20世纪末摆在我国计划生育工作面前的重要课题。国务院在《关于加强人口与计划生育工作稳定低生育水平的决定》中对城市社区计划生育工作提出了目标和要求，指出"建立适应社会主义市场经济体制的人口与计划生育工作管理机制，在城市继续推行属地化管理，强化街道办事处、居委会计划生育的管理职责，积极推进社区建设，开展社区服务"。具体来讲，就是"城市人口与计划生育工作要融入城市改革和社区的发展，逐渐把重心从人口数量控制转变到提高工作质量和水平上来，从单纯完成人口控制目标转变到关注育龄群众的身心健康、维护群众的合法权益、以优质的服务不断满足群众的需求上来。把人口与计划生育工作融入社区，充分利用社区资源，推进计划生育依法行政、优质服务和对人口问题的综合治理，促进城市人口与经济的协调发展和可持续发展，是新时期城市计划生育工作的新内容"。佛山市计划生育委员会李子汉也表达了相似的看法，"要彻底改变计划生育工作'急在县里、忙在镇里、梗在村里'的被动局面，必须加强基层计划生育工作，实现工作重心下移。而依托社区，积极创造条件，把人口与计划生育工作纳入社区基层管理和服务体系，是转变政府职能，实现工作重心下移的重要举措"[①]。

社区在城市计划生育中占据着核心的位置。湖北省武汉市计生委姜玉兰提出："社区是城市计划生育事业发展的基石，准确界定社区计生工作职责，理顺社区居委会、街道办事处和计生部门之间的关系，建立与社会主义市场经济体制相适应的工作运行机制，是社区计划生育工作改革的关键"[②]。辽宁人口信息中心曹景椿也重申了上述观点"实施人口与社区战略，就是要在计划

---

① 李子汉：《社区计划生育管理工作刍议》，载于《南京人口管理干部学院学报》2001年第1期。
② 姜玉兰：《社区计划生育工作运行机制探讨》，载于《人口与计划生育》2003年第1期。

经济向社会市场经济转轨的历史条件下,建立健全计划生育工作的社会机制、服务机制和家庭抉择机制,形成有利于生育观念转变和降低生育率的基础环境,从而促进人口与经济、社会的持续协调发展"①。

对于如何做好社区计划生育,学者专家们也表达了自己的看法。周长洪强调,在城市中,社区人口与计划生育管理体制就是要贯彻和实现居民自治、依法管理,以人为本、优质服务、工作融合、资源整合的原则,采取居民自治与行政管理相结合的形式。②除此之外,李子汉也提出:"实行'社区负责、属地管理、以块为主、部门配合、齐抓共管、综合治理'的新机制,以属地管理为原则,使'单位人'过渡成为'社区人',把计划生育等工作从单位移交贯彻社区,使企业从烦琐的社会事务中解脱出来,全身心投入到市场竞争中去,而各街道办事处全面负责管理辖区内所有人口的计划生育工作,对本辖区所有单位和居委会的计划生育工作切实负起责任,负责领导、统筹、协调和监督管理全社区内的计划生育工作"③。

社区计划生育居民自治,是指社区内的单位和居民以民主选举、民主决策、民主管理、民主监督为基础进行社区人口与计划生育工作的自我管理、自我教育、自我服务活动。社区坚持中国共产党的领导,服从政府调控,依法自主管理,把单位和居民最大限度地组织起来,合理利用社区资源,完善社区服务功能,形成社区居民委员会主办,计划生育协会协同,社会力量支持,群众广泛参与,居民计划生育自我管理、自我教育、自我服务、自我监督的局面。在计划生育问题上的民主决策,由社区成员自主

---

① 曹景椿:《实施人口与社区发展战略,构筑计划生育工作新格局》,载于《人口与计划生育》1997年第3期。
② 周长洪:《城市社区人口与计划生育管理体制的改革创新》,载于《人口与计划生育》2002年第1期。
③ 李子汉:《社区计划生育管理工作刍议》,载于《南京人口管理干部学院学报》2001年第1期。

决定如何在社区开展计划生育工作，同时，社区居民对计划生育机构和人员进行民主监督。城市社区计划生育工作借助社区中央党组织和居民自治组织的健全完善，建立了一个新的自治组织网络，即在社区中央党组织领导下的社区人口与计划生育领导小组、社区居民委员会下设的计划生育工作委员会，社区计划生育协会、从事计划生育工作的楼栋长、育龄妇女小组长和社区计划生育志愿者队伍。其中，由协会组织、楼栋长、育龄妇女小组长和社区志愿者组成的各种学习、服务和兴趣小组，是社区人口与计划生育工作中最活跃的群体。

实行计划生育社区管理，必须以服务与扶持为主导方式，改变以往单纯依靠行政权力强制推行的管理方式，为社区广大育龄群众提供法律法规宣传教育、人口与计划生育基础知识教育、生殖健康教育、优生优育、避孕节育教育以及少生快富服务和信息管理等优质服务。在社区计划生育实施过程中，必须把管理者的工作变为社区行动，把计划生育纳入社区建设的范畴，正确处理好行政控制与社区控制、企业管理与社区控制的关系。开展社区生殖健康服务有助于转变人们的生育观念，进而达到控制人口数量，提高人口素质目的；社区生殖健康服务也必将成为我国计划生育工作的重点之一。开展社区生殖健康服务还将促使计划生育工作由管理型向服务型转变，并通过调整机构和人员，提高计划生育工作的整体质量。计划生育与社区发展相结合，思路在领导机构，但工作重心则在街道和居委会这两级，即在基层，并没有统一的模式和"规范"的做法。它着重倡导的是基层和群众的开拓、创新精神，各个微型社区可以根据自己的实际情况，选择适合自身的方式与步骤。因此在一定意义上，计划生育与社区发展相结合的"灵魂"是它的思路，而不是具体做法。这也正是涉及我国计划生育未来发展的"经验"所在。

（六）综合治理人口问题

随着社会主义市场经济和改革开放的不断向前发展，人口与计划生育工作出现了许多新情况和新问题。1992年以来，在党中央的集体领导下，经过全国人民的共同努力，锐意进取，不仅有效控制了我国的人口增长，生育水平有了较大幅度的下降，而且平稳度过了我国第三次人口高峰，有力地支持了我国经济发展、社会进步以及人民福利水平的提高，物质和精神文化生活得到极大丰富。这段时间的计划生育工作积累了丰富的经验，我国逐步探索出一条按照"三三三二一"的原则综合治理人口问题的道路，这条道路的设计符合中国国情，贴近中国实际，多年来我国计划生育工作基本经验的概括和总结，是人民群众在建设中国特色社会主义伟大实践中的创造，同时也是在毛泽东人口理论和邓小平人口思想指引下，计划生育工作不断深化改革的成果。在新的历史条件下，我国仍要坚定不移地继续坚持下去，这是这一时期我国计划生育工作的重要指针。

"三三三二一"原则指的是三不变、三为主、三结合、两个转变、一个目标。具体来看，要坚持三不变，即坚持现行的计划生育政策不变、既定的人口控制目标不变、各级党政"一把手"亲自抓、负总责不变；落实三为主，也就是宣传教育与行政经济措施以宣传教育为主、避孕与孕后补救以避孕节育为主、经常性工作和集中突出活动以经常性工作为主；推行三结合，即计划生育和经济发展相结合、同帮助农民致富奔小康相结合、和建立文明幸福家庭相结合；实现两个转变，一个转变是由单纯的就计划生育抓计划生育向综合治理人口问题转变，另一个转变是由以社会制约机制为主向利益导向和社会制约机制相结合，宣传教育、综合服务、科学管理相统一的工作机制转变；达到一个目标，这个目标是控制人口增长，提高人口素质，改善人口结构，促进人口与经济社会协调发展和可持续发展，为改革开放和社会主义建设创造良好的人口环境。"三三三二一"原则中，坚持三不变是综合治理人口问题、实现人口控制目标的基本前提和必要保证，也是符合我国国情的综合治理人口问题道路的最本质的特征；落实"三为主"是开展综合治理人口问题必须遵循的基本方针和基础性工作；实行"三结合"是综合治理人口问题的主要途径和工作载体；"两个转变"是综合治理人口问题的总纲。

中共中央、国务院和计划生育相关部门多次强调计划生育的综合治理问题。1992年12月初，当时的中国计划生育协会会长宋平指出人口问题直接关系到社会经济发展的全局，因此，要树立整体的人口观念，实行综合治理。在他的建议下于1993年2月召开了第一次人口问题座谈会，主要的议题是就人口问题的综合治理展开讨论。在2月国家计生委印发当年工作要点中要求计划生育的各项工作要面向基层，为基层服务，深化改革，分类指导，更好地贯彻国家指导和群众自愿相结合的原则，要积极促进综合治理。1994年2月，在中共中央政治局常委会第50次会议中指出在建设社会主义市场经济体制过程中，要坚持不懈地抓好计划生育工作，丝毫不能放松。要坚持三不变，更加努力地推进人口问题的综合治理，尤其要强化对流动人口的计划生育管理工作，解决好经济不发达地区和少数民族地区的计划生育工作。1995年1月的《中国计划生育工作纲要（1995~2000年）》明确提出加强对计划生育工作的领导，实行人口问题的综合治理。同年10月，国务院在成都组织召开了全国推行"三结合"经验交流会，会议提出要认真贯彻中央十四届五中全会精神，总结各地在推行"三结合"中积累的经验和教训，统一认识。会上明确了开展"三结合"工作的指导思想、目标、任务、具体措施、有关部门的职责，进一步动员各级政府和相关部门共同发力推动"三结合"工作在全国广大农村积极稳妥地开展，探索出一条在新形势下进一步抓好计划生育工作，综合治理人口问题，促进我国人口与经济社会协调发展的新路子。1991年1月，国务院副总理蒋春云在中央农村工作会议上重申了上述观点，他说"我们要充分认识控制农村人口增长的重要性和迫切性，进一步加强领导，组织协调各有关部门对人口问题实行综合治理"。12月，彭佩云在召开的全国城市计划生育工作经验交流会所做的《努力开创城市计划生育工作的新局面》的重要讲话中强调切实加强领导，要对人口与计划生育问题实行综合治理。1997年10月，在北京召开了23届国际人口科学大会，李鹏在所做的《发展人口科学研究，促进社会全面进步》重要讲话中指出："中国政府在长期实践中认识到，坚持综合治理人口问题，走可持续发展道路，促进人口与经济、社会、资源、环境的协调发展，是中国现代化建设的必然选择"①。1998年3月，彭佩云在全国计划生育工作会议上说："我们都有党中央、国务院的正确领导，有各级党委、政府的高度重视，有各有关部门和广大群众的理解、支持和配合，又有一套行之有效的基本经验，走出了一条符合中国国情的综合治理人口问题的道路"②。5月，张维庆在北京召开的第七次全国人口科学讨论会暨中国人口学会会员代表大会上号召："人口科学工作者要着眼于改革开放和现代化建设的全局，着眼于对人口与计划生育战略目标的全面理解，着眼于对人口与可持续发展的科学的把握，着眼于对综合治理人口问题的理性思考，对社会主义市场经济条件下人口与计生工作的新情况、新问题进行深入研究，对广大干部和群众的实践创造进行科学的总结，争取多出成果，出大成果，为繁荣人口科学做出更大贡献"。1999年3月，他在全国计划生育工作会议上再次强调要推动人口问题的综合治理。同年5月，国务院办公厅在《国务院办公厅关于转发国家计划生育委员会兼职委员单位职责的通知》中强调："计

---

① 李鹏：《发展人口科学研究，促进社会全面进步》，载于《人民日报》1997年10月13日。
② 彭佩云：《在全国计划生育工作会议上的讲话》，载于《人口与计划生育》1998年第3期。

划生育作为一项社会系统工程，需要各有关部门齐抓共管，对人口问题实行综合治理。国家计划生育委员会实行兼职委员制度，这是综合治理人口问题，做好计划生育工作的重要组织保障"①。1999年底举行的国家计生委第五届人口专家委员会暨第三届科技专家委员会上，张维庆再一次谈道："在控制人口增长的同时，重视对人的全面发展、对人们的生殖健康和生活质量、对人口问题的综合治理，已经并将继续成为世界人口与计划生育转变的一个重要特征"。

2000年12月，在全国计划生育工作会议上，张维庆做的《抓住机遇，改革创新，为开创新世纪人口与计划生育事业新局面而奋斗》报告中指出："九五时期，人口与计划生育工作最基本最重要的经验就是：坚持解放思想，实事求是的思想路线，把马克思主义人口理论同中国的人口与计划生育工作实践紧密结合，通过改革创新，不断解决人口与计划生育工作前进道路中遇到的新问题，探索具有中国特色综合治理人口问题的道路。在"十五"期间，要进一步完善人口与计划生育的调控体系和综合治理人口问题的管理机制，加快建立以计划生育社会保障制度为重点的利益导向机制，将人口与计划生育工作纳入依法管理的轨道，努力实现以人的全面发展为中心，大力推进信息化建设，提高人口与计划生育工作的决策效率和决策水平。②"杨魁孚等认为，要想解决21世纪中国的人口问题，稳定低生育水平，实现中国人口转变的历史新飞跃，除了依赖于经济社会发展和科学的进步外，最根本的是要坚持已经开创的符合中国国情的综合治理人口问题的道路。③

---

① 《国务院关于转发国家计划生育委员会兼职委员单位职责的通知》，1999年5月10日。

② 张维庆：《抓住机遇，改革创新，为开创性新世纪人口与计划生育事业新局面而奋斗》，载于《人口与计划生育》2001年第1期。

③ 杨魁孚、梁济民、张凡：《中国人口与计划生育大事要览》，中国人口出版社2001年版。

第三章 "稳定低生育"人口政策的运行

进入 21 世纪后，中央肯定了我国实行综合治理取得了巨大成就的同时，也对将来的工作进行了重新部署。2000 年 3 月，中共中央、国务院做出《关于加强人口与计划生育工作稳定低生育水平的决定》。《决定》在我国的计划生育史上具有重要的意义，它肯定了我国在计划生育人口治理中所取得地巨大成绩，正如《决定》中提到的："新中国成立 50 年来，特别是改革开放以来，经过全党全国人民的艰苦努力，我国人口与计划生育工作取得举世瞩目的成就，在经济还不发达的情况下，有效地控制了人口过快增长，使生育水平下降到更替水平以下，实现了人口再生产类型从高出生、低死亡、高增长到低出生、低死亡、低增长的历史性转变，成功地探索了一条具有中国特色的综合治理人口问题的道路，有力地促进了综合国力的提高、社会的进步和人民生活的改善，对稳定世界人口做出了积极贡献"。[1] 4 月，国家计生委发出《国家计划生育委员会关于建立计划生育行政执法责任制有关问题的通知》中要求："计划生育工作要积极主动地争取党政领导的支持、协调、建立综合治理计划生育的制度和措施，发挥计划生育目标管理责任制的正确导向作用"，[2] 从内容上看，实际还是对 20 世纪末人口综合治理方式的延伸。6 月，国家计生委印发的《实现计划生育工作思想和工作方法"两个转变"的主要标志（县级以上）》上，首次明确提出实现两个转变的标志，也就是基本形成综合治理人口与计划生育工作的局面、基本建立适应社会主义市场经济体制的人口与计划生育工作的调控体系以及基本形成宣传教育、综合服务、科学管理相统一的基层工作机制。2001 年 12 月，第九届全国人民代表大会常务委员会通过了《中华人民共和国人口与计划生育法》。

---

[1] 《中共中央、国务院关于加强人口与计划生育工作稳定低生育水平的决定》，2000 年 3 月 2 日。
[2] 《国家计划生育委员会关于建立计划生育行政执法责任制有关问题的通知》，2000 年 4 月 10 日。

各地在综合治理人口问题时，按照"三三三二一"原则，结合地方的具体实际，摸索出带有各地方特色的经验，例如浙江省开展的"新家庭计划"、江苏省对育龄妇女实行避孕节育全程服务、辽宁实行的为育龄群众所做的生育服务、生产服务和生活服务的"三生服务"、湖南开展的通过坚持"三加强"，实现"三为主"的"三三金桥工程"，即通过加强基层基础工作、加强人口计划管理、加强法制管理在计划生育工作中架起密切党群、干群关系的桥梁，引导农民致富的桥梁，建设家庭文明的桥梁。陶勃对新历史时期的人口问题综合治理的特点进行了归纳总结，他说"综合治理对象从单纯已婚育龄人群生育行为向育龄人群生育观念拓展，形成标本兼治的格局，并开始注意治理影响计划生育的社会行为与社会观念问题；参与治理的部门由原来直接参与治理生育行为的部门扩展到参与治理影响计划生育的社会行为和社会观念的部门；综合治理的手段转化为利益导向与社会制约机制相结合；综合治理的方式开始采取有利于综合治理的结合与融合方式，把计划生育工作纳入相关部门职能，在强化横向（块块）综合的同时，纵向（条条）综合治理开始起步"。[①] 综合治理人口问题的提出体现了国家领导层的决策更具理性、科学色彩浓厚且更实事求是，计划生育政策更加强调以人为本，注重社会和谐以及人的全面发展。

四、涉及稳定低生育政策的探讨

对于这个阶段国家人口政策的目标应是稳定低生育水平，当时无论是从国家的领导层还是从学术界专家学者都强调，我国计

[①] 陶勃、苗志坚：《新时期人口问题综合治理研究》，载于《南京人口管理干部学院学报》2002年第2期。

划生育人口政策本身就从紧、从严，因此，我们的问题不是要在政策上更加的从紧从严，而是在于如何认真有效地贯彻落实问题，使人口政策能够有效地坚持下去。

中央领导层多次强调要坚持计划生育政策的持续性，使计划生育政策坚持下去。邓小平说："由于实行计划生育政策，过去十八年我国少生两亿多人口，不然现在就是十三亿人。这两亿人我们背不起，我们所取得的发展成果都会被吃掉。坚持计划生育政策我们不动摇"。1992年9月14日，原全国人大常委会副委员长李铁映在全国计划生育工作电话会议中强调："计划生育工作，要始终坚持'三个不变'的原则，即现行计划生育政策、人口计划指标和党政两个'一把手'负总责不变。一个地区能否完成人口计划，是衡量这个地区党委和政府对计划生育工作抓得如何的主要标志，也是检验党政第一把手负总责的重要标准。要适应改革形势的需要，不断研究新情况，解决新问题，逐渐形成一套符合中国国情、能长期坚持下去的计划生育机制"。1993年3月21日，国务院总理李鹏在中共中央、国务院第三次计划生育工作座谈会上指出："在计划生育中有诸多经验，其中有一条是：现行的计划生育政策不变，政策上不能摇摆"。不久后，他又对中国的计划生育政策给予了肯定，指出"在人口政策问题上，不能用美国的标准来要求中国，中国用占世界7%的耕地养活了占世界22%的人口，中国实行的计划生育政策是基本国策，得到了中国人民的广泛支持"。1996年3月10日，国务院总理李鹏在中央计划生育工作会议上总结了现行的计划生育的方针和政策，他说"现行的计划生育方针、政策比较完备了，这就是三个'三'：第一个'三'是'三个不变'，就是现行计划生育政策不变，既定的人口控制目标不变，各级党政'一把手'对计划工作亲自抓、总负责不变。第二个'三'是'三为主'。第三个'三'是'三结合'。现在的计划生育政策是一个完整的政策，既提倡一对夫妇生育一个孩子，也规定了在什么情况下还允许生第二胎。"1997年3月8日，李鹏在《中央计划生育和环境保护工作座谈会上的讲话》中特别指出："20多年计划生育工作的实践，使我国形成了一套行之有效的政策和措施。比如说晚婚晚育，提倡一对夫妇生育一个孩子，实行人口与计划生育目标管理责任制，为群众提供计划生育优质服务，增加全民人口意识等。这些政策措施都要稳定不变，并且在执行中不断加以完善和发展。计划生育作为基本国策，不会因为经济运行机制的转变而改变"。国务委员、国务院秘书长王忠禹同样表达了上述类似的观点，指出"计划生育工作必须常抓不懈，人口警钟必须长鸣不止。计划生育基本国策在任何情况下都不能有丝毫动摇"[1]。

---

[1] 国务委员兼国务院秘书长王忠禹：《在全国抓紧抓好计划生育工作认真落实"三为主"规划电视电话会议上的讲话》，载于《人口与计划生育》1999年第1期。

第四章

"统筹解决人口问题"决定的开展

2006年12月17日,党中央、国务院做出了《关于全面加强人口和计划生育工作统筹解决人口问题的决定》,明确提出我国人口和计划生育工作进入稳定低生育水平,统筹解决人口问题,促进人的全面发展的新阶段;新阶段的主要任务就是千方百计稳定低生育水平、大力提高出生人口素质、综合治理出生人口性别比偏高问题、不断完善流动人口管理服务、积极应对人口老龄化。《决定》是从落实科学发展观和构建社会主义和谐社会的战略思想高度出发,从党和国家事业发展的全局概念下指导新时期人口和计划生育工作的纲领性文件。它的颁布实施,标志着我国人口和计划生育工作又迈进了一个新的发展阶段。

一、开展的背景

从1980年开始到2006年,党中央、国务院通过近25年的计划生育工作,在全国人民的大力响应下,带领我国取得了人口有效控制和经济快速发展两大奇迹,实现了中华民族史上的伟大跨越。可以骄傲地说,二十多年来我国的人口和计划生育工作保持了一贯的坚持不懈、艰苦努力,取得的成就举世瞩目。

首先,我国已进入低生育水平国家行列。随着计划生育的全面推行,中国人口过快增长的势头得到了有效的控制。总和生育率由1970年的5.8降至1993年的2左右,又降至2006年的1.8左右,全国总共少生4亿多人,使中国达到13亿人口的时间整整推迟4年。少生4亿多人,也相当于少消耗1 710亿斤粮食、少消耗1 867.5亿立方米的水资源、少占用5.7亿亩的耕地面积和5.7亿公顷的生态空间、减轻了人居及生态环境20%以上的恶化程度。生态赤字压力得到有效缓解,人口的减少对自然资源需求的总量显著下降,增强了国家可持续性发展的能力。人口出生率和自然增长率分别从1970年的33.43‰和25.83‰下降到1999年的15.23‰和8.77‰。在生产力尚不发达的情况下,人口生产类型基本实现了向低出生、低死亡、低增长的历史性转变,成功改变了中国人口发展的轨迹。用一代人的时间,实现了发达国家用四代人才能完成的人口转变。我国也是唯一一个在20世纪末实现人口再生产类型转变的发展中人口大国,并将提前半个世纪实现人口零增长。人口增长方式的快速转变,其效果不仅体现在人口数量的减少上,更重要的效用还是在于它为经济社会发展创造了有利条件。总和生育率下降,形成了40年左右人口抚养比较低、劳动年龄人口充裕、储蓄率较高的黄金时期,人口抚养比下降1/3,对国民经济增长的贡献高达1/4,为社会和家庭节约抚养费17万亿元,促进了资本的积累和投资的扩大,保证了总体小康目标的顺利实现。①

其次,人民的健康水平和国民整体素质有所提高,积极推进科教兴国战略和人才强国战略,科技、教育、文化、卫生事业不断发展,人类发展指数位次显著上升。人口死亡率由1999年的

---

① 张维庆:《深入学习贯彻〈决定〉开创统筹解决人口问题的新局面——人口和计划生育工作发展历程、伟大成就和基本经验》,载于《中国计划生育学杂志》2007年第5期。

33‰下降到1999年的6.4‰，国民的平均寿命从35岁提高到73岁，达到了中等发达国家水平。人口平均可预期寿命2005年底达71.95岁。国民平均受教育年限继续提高，15岁以上人口平均受教育年限达8.5年左右，人均受教育年限大幅提高，高于发展中国家平均水平。与此同时，我国人类发展指数也从1975年的0.523提高到2004年的0.768，在世界排名中位次得到了显著性的提升，在世界177个国家中位列81位。

最后，我国人民的生存与发展状况得到改善，推动了人权事业的发展。随着计划生育工作的开展，国际人权大会行动纲领和千年发展目标在我国得到了较好的落实。人权事业在我国取得了新进展，"国家尊重和保障人权"载入宪法。努力缩小贫富差距，妇女、儿童、老年人和残疾人的权益保护进一步加强。提前完成了联合国千年发展目标中将贫困人口减半的目标。集中解决了"八七"扶贫攻坚计划中剩余的2 423万农村人口饮水困难问题。城市和农村居民的人均可支配收入分别由1949年的不足100元和50元增加至1998年的5 425元和2 162元，居民的实际消费水平也由每人80元提高到1998年的2 972元。孕产妇死亡率由中华人民共和国成立初期的1 500/10万到1991年80/10万，又从1998年的56.2/10万降至2005年47.7/10万，婴儿死亡率由1991年的50.2‰下降到2005年的19‰，2006年我国的基本养老保险参保人数达到1.85亿人。另外，由于计划生育的实施，我国的贫困人口大幅减少，农村贫困人口由改革开放开始时的2.5亿人减少到1998年的4 200万人，且贫困人口的年平均纯收入由1985年的206元上升至1998年的1 318元，增加了将近7倍，2001年时，95%以上的农民过上了温饱有余的生活，25%左右的农户已过上了小康生活。以上数据表明，我国扶贫开发同计划生育结合，是一次非常成功的实践，为世界扶贫事业开辟了新的途径。人权事业在我国的发展还表现在妇女在经济和社会中的地位有很大的提高。中国妇女依法享有与男子平等参与管理国家和社会事务的权利、劳动就业的权利,并享有同工同酬和受特殊劳动保护的权利,1949年,中国女职工总数仅占职工总数的7.5%,1998年该比例提高到48.7%,中国妇女在经期、孕期、产期和哺乳期受到特殊照顾,生育女职工享有3个月的带薪产假。①

然而,在取得巨大成绩的同时,我国人口发展也呈现前所未有的复杂局面,人口形势依然严峻。人口与资源环境的矛盾日趋尖锐,人口安全问题不容忽视。《关于全面加强人口和计划生育工作统筹解决人口问题的决定》中指出,实现我国经济社会又好又快发展所面临的重大问题,无不与人口数量、素质、结构、分布相互交织且相互影响。虽然我国人口与计划生育工作形势总体是好的,但同时在实现现代化的进程中面临着不容回避的矛盾问题,包括人口基数太大所形成的持续增长、资源短缺,以及城乡二元结构造成城乡差距过大、消费结构不合理、产业结构更新缓慢等因素。诸种因素相互交错,制约着中国经济和社会的发展,对经济社会全面协调可持续发展产生重大影响,并直接关系到全面建设小康社会目标的实现。在"统筹"决定开展前,我国人口面临的主要问题有:

(1)人口总量大且持续增长,低生育水平不稳定。进入21世纪后,我国确实进入了稳定低生育水平时期,但是由于我国人口基数过大和人口增长的惯性作用,总人口每年仍将净增800万~1 000万(不含中国香港、澳门特别行政区和台湾地区),未来十几年我国的年净增人口仍将达到1 000万以上,在这段时期内,我国还将迎来劳动年龄人口、总人口和老年人口三大高峰。据当时预测,2020年,中国的人口总量将达到14.5亿人,人口总量高峰时期将出现在2030年左右,人口会达到15亿人左右,

---

① 张维庆:《中国21世纪的人口问题及对策》,载于《市场与人口分析》2001年第1期。

但是，直到21世纪中叶中国人口接近16亿后才有可能缓慢下降。同时，受20世纪80~90年代第三次出生人口高峰的影响，未来十几年，20~29岁生育旺盛期妇女数量将形成一个小高峰，9 000多万独生子女陆续进入生育年龄，生育水平将有所提高。

此外，我国人口发展并不平衡，部分群众生育意愿与现行生育政策要求还存在差距。中西部贫困地区人口增长态势并没有得到有效的控制，而且贫困人口结构趋于多元，使社会均衡发展的任务十分艰巨。2005年底，农村没有解决温饱的贫困人口尚有2 365万人，刚刚越过温饱线但还不稳定的低收入人口有4 067万人。在"十五"期间，城市低保对象有2 200万人，全国范围之内有失地农民4 000多万人，并且还以每年300多万人的速度递增，农民极容易会因缺少土地这个基本生活资料和生存的其他基本技能，成为新的贫困人口，这种压力将会伴随着21世纪我国经济社会的发展而一直存在。部分农村地区，流动人口计划外生育问题仍比较严重。人口总量的不断增大，再加上人口发展不平衡，双重后果的"叠加"使低生育水平面临反弹的现实风险，给就业、教育、住房、交通、医疗保险、社会福利等方面造成很大的影响。

（2）劳动年龄人口数量庞大且保持增长态势，就业形势更加严峻。国家统计局资料显示，2000年我国15~64岁的劳动年龄人口为8.6亿，据预测，到2016年，15~64岁劳动年龄人口将达到峰值10.1亿；到2020年15~64岁劳动年龄人口会达到10亿，其中15~59岁劳动年龄人口达9.3亿左右。庞大的劳动年龄人口，使扩大就业和减少失业成为当前和今后的长期任务。由于我国正处在经济体制转轨和经济结构调整时期，劳动力供给和劳动力需求之间的矛盾将会日益尖锐，造成结构性和摩擦性等失业现象更加凸显。从劳动年龄人口的分布来看，城市除了有相当数量的城镇劳动年龄人口需要就业外，还要每年接纳几百万的新增劳动力人口进入就业市场；在农村，农业改革出现了大量闲置的农村人口，农业的剩余劳动力已经高达1.9亿，如此巨大的人口数量同样需要寻找新的就业出路。庞大的劳动人口数量及不合理的就业结构，使就业成为当前和今后一项重大而艰巨的任务。

（3）人口老龄化问题日益加重，社会保障面临空前压力。20世纪末，我国在迈入低生育水平时期的同时，也开始步入了老龄化社会行列，并直接面临着人口老龄化带来的挑战。我国的老龄化呈现出速度快、规模大、"未富先老"等特点。2005年，我国65岁及以上老年人人口比重已达7.7%以上，60岁及以上老年人口达到11%以上。进一步预计，到2020年，将分别达到11.2%和16.1%，老年人口分别为1.64亿和2.34亿；到21世纪中叶，预计65岁以上老年人口将占总人口的1/4。由于受农村人口流动迁移影响，农村老龄化问题较城镇更为严重。我国的老龄化所体现出的问题出现在我国生产力还没有很发达的情况下，这无疑会加重国家财政负担，会直接影响国民收入的分配。我国的社会养老和社会保障体系尚不完备，传统的家庭养老功能又日益弱化时，老龄人口规模日益扩大对经济社会发展将产生重大影响。

（4）人口素质总体水平还不高，全民素质有待加强，否则将会制约社会主义和谐社会的构建，难以适应激烈的综合国力的竞争要求。不可否认，经过不懈努力，我国文化教育水平有了长足的进步，但科学文化素质总体不高，同社会经济发展、科技创新的需要还相差甚远。当前，我国人口的平均受教育程度还比较低，2000年第五次人口普查的结果统计全国15岁以上文盲还有8 507万人，其中，农村15~64岁劳动年龄人口中小学以下文化程度的占47.6%，25~64岁人口中具有大专以上文化程度的仅为4.63%。目前，技师和高级技师仅占技能劳动者总量的4%，且一半以上技师和高级技师年龄在45岁以上。2005年我国每万人中科学家和工程师仅有17人。经济结构调整和知识经济的发展，使得社会对粗放劳动力的需求数量逐步减少，相反，对劳动力综合素质的要求则会越来越高，而这正是我国所存在的一种不匹配的状态。

（5）流动迁移人口规模不断增加，城市化不尽合理，对公共资源配置构成了巨大挑战。2006年，我国城市人口占总人口的43%左右，伴随着改革开放和我国的户籍制度的改革，20世纪90年代以来，形成了大量的流动人口，比较明显的是90年代向东南沿海流动的态势，给这些地区经济发展和社会文明带来积极影响，然而在带来这些好处的同时对这些地区有限的基础设施、资源环境和容纳能力构成了沉重的压力，也对政府的社会管理和公共服务能力提出了新的挑战。目前，我国农村富余劳动力仍有1.5亿~1.7亿。随着工业化和城镇化进程的加快，将有大量农村人口转为城镇人口。2005年我国流动人口多达1.47亿，如此庞大的流动人口对所需要的技能培训、就业、子女教育、医疗卫生、社会保障和计划生育服务等相关配套设施提出了要求，政府管理难度加大，人民基本权益保障还有待加强。

（6）出生人口性别比居高不下，区域间人口发展差异明显。据统计，全国出生人口性别比2000年为116.86∶100，2005年为118.58∶100，严重偏离正常范围。长此以往，到2020年，预计20~45岁男性将比女性多3 000万人左右。出生人口性别比过高、持续时间过长，将影响社会的稳定与和谐；农村、中西部和贫困地区面临生育水平较高、人口自然增长率较高、文盲率高、孕产妇死亡率较高、平均受教育年限较短等问题，留守老人、儿童的照料和教育问题突出；城镇与农村人口社会保障水平不平衡。城乡间、地区间收入差距加大的趋势没有明显改善，由此引发的各种深层次社会矛盾严重影响社会主义和谐社会的构建。①

（7）人口与资源、环境的矛盾日趋尖锐，资源瓶颈约束趋

---

① 中华人民共和国国务院办公厅：《人口发展"十一五"和2020年规划》，2006年12月29日。

紧，促进可持续发展的机制亟待健全。未来十几年，通过采取有效措施，我国供水总量能够满足人口增长和城镇化发展的需求，但城市供水水源结构单一，供水保障率不高，干旱年份缺水严重，农村人口不能使用清洁饮用水问题还未解决，确保城乡供水安全的任务依然艰巨。人均耕地面积不断下降，粮食需求量持续增长，对农业的综合生产能力提出更高的要求。生态环境形势严峻。生态环境恶化的趋势尚未得到有效控制，森林资源破坏严重、草原退化、土地沙化和石漠化、水土流失严重、自然湿地萎缩。今后一个时期，环境面临越来越大的压力，污染将向农村蔓延。生态脆弱地区难以承载人口的不断增长，人居环境质量改善的难度加大。全面建设小康社会时期是经济社会发展的重要战略机遇期，也是社会抚养比相对较低、人力资源丰富、储蓄率较高的人口红利期。应对复杂的人口形势，必须以科学发展观统领新时期人口工作全局，明确国家人口发展战略，用改革的思路和发展的办法解决前进中遇到的困难和问题。

应该看到，人口和计划生育问题不仅关系到社会的发展，而且关系到我国的民生。人口问题始终是制约我国全面协调可持续发展的重大问题，是影响经济社会健康发展的关键因素，人口和计划生育工作在经济和社会建设过程中处于基础性的地位。在上文的背景介绍中，我们看到，计划生育工作在取得巨大成绩的同时，也面临着一系列新情况、新挑战，人口问题的复杂性和综合性进一步显现，低生育水平面临反弹的现实风险，人口数量、素质、结构、分布等问题相互交织，形势将更加复杂、任务更加繁重。这些都影响着经济社会的协调和可持续发展，这些情况处理好的话，不仅有利于进一步提升人口发展的质量，而且有助于解决人口和计划生育的各种矛盾，对于我国应对国际金融危机、保持经济平稳快速地发展，不断推进社会主义的现代化事业，都具有重要的意义。

二、统筹解决人口问题的开展

2002年11月召开中国共产党第十六次全国代表大会，以胡锦涛同志为总书记的党中央，提出了树立和落实科学发展观、建设社会主义新农村、构建社会主义和谐社会、建设资源节约型和环境友好型社会等一系列重大战略思想。党的十六大的召开对21世纪中国人口的发展具有重要的现实意义，它为认识和解决人口问题提供了新的思路和视角。在2003年3月5日召开的第十届全国人民代表大会第一次会议上，党中央提出要在人口发展问题中进一步做好扩大就业和社会保障工作。各级政府要把改善就业环境、增加就业岗位作为重要职责，认真落实促进就业和再就业的各项政策措施。继续加强"两个确保"和城市"低保"工作，做好"三条保障线"的衔接。完善城镇企业职工基本养老保险、医疗保险制度。搞好农村新型合作医疗制度试点工作。做好社会福利、社会救济、优抚安置和社会互助工作。

根据中共中央建议，在国务院行政管理体制和机构改革中，将"国家计划生育委员会"更名为"国家人口和计划生育委员会"，增加"人口"二字凸显了"以人为本"的理念，使"人口政策的制定"和"计划生育工作的开展"更加紧密地结合起来并协调发展，更加有利于国家计划生育方针政策的贯彻和执行，使得国家生育政策理论和计划生育实践相结合，更加促进国家计划生育目标的实现。这次更名的目的旨在加强人口发展战略研究，推动人口与计划生育工作的综合协调。为稳定低生育水平，促进农村人口与经济社会协调发展和可持续发展，根据《中华人民共和国人口与计划生育法》和《中共中央国务院关于加强人口与计划生育工作稳定低生育水平的决定》，2004年2月，国家计生委、财政部做出了《关于开展对农村部分计划生育家庭实行奖励扶助制度试点工作的意见》。首先,《意见》肯定了对农村部分计划生育家庭实行奖励扶助的必要性,"新形势下我国人口和计划生育工作的任务更加艰巨。必须采取更有效的措施,促进生育观念的根本转变,进一步激发广大人民群众实行计划生育的热情和积极性,稳定低生育水平,提高出生人口素质,为实现'五个统筹发展'、建设全面小康社会创造良好的人口环境。农村的稳定与发展,在很大程度上取决于农村人口的有效控制和农村人口素质的提高。对农村部分计划生育家庭实行奖励扶助,是鼓励农民响应党和国家的号召,自觉实行计划生育,稳定低生育水平,促进农村人口与经济社会协调发展的一个重要举措。这有利于促进其他鼓励计划生育的政策措施的落实,形成利益导向机制;有利于引导基层干部更加关注农民的切身利益,促进人口和计划生育工作向依法管理、利益导向、优质服务方向转变;有利于引导更多农民少生快富,从根本上扭转'越穷越生、越生越穷'的恶性循环问题。要充分认识开展对农村部分计划生育家庭实行奖励扶助的重大意义,把这件事关农民切身利益的大事办实办好";其次,提出了开展对农村部分计划生育家庭实行奖励扶助制度试点工作的基本内容和原则。奖励对象针对的是"农村只有一个子女或两个女孩的计划生育家庭,夫妇年满60周岁以后,由中央或地方财政安排专项资金进行奖励扶助,探索建立农村部分计划生育家庭奖励扶助制度的试验工作。奖励扶助标准是,符合上述条件的农村计划生育夫妻,按人年均不低于600元的标准发放奖励扶助金,直到亡故为止。已超过60周岁的,以该政策开始执行时的实际年龄为起点发放。奖励扶助金由中央和地方财政确定合理比例共同负担,纳入专项资金预算。奖励扶助金发放,要建立资格认定、资金发放和监督检查三者相互联系、相互制约的机制,采取建立财政专户和奖励扶助对象个人账户直接发

第四章 "统筹解决人口问题"决定的开展

放，或委托代理机构发放的方式"①。与此同时，在开展对农村部分计划生育家庭实行奖励扶助制度试点工作要遵循以下原则："（1）统一政策，严格控制。制定奖励扶助对象的确认条件和奖励扶助的最低标准，确保政策的一致性；（2）公开透明，公平公正。通过张榜公布、逐级审核、群众举报、社会监督等措施，确保政策执行的公平性；（3）直接补助，到户到人。依托现有渠道直接发放奖励扶助金，尽量减少中间环节。严禁任何单位或个人截留挪用、虚报冒领奖励扶助金和以扣代罚等各种名目的违规行为；（4）健全机制，逐步完善。要逐步建立健全确保奖励扶助制度落实的管理、服务和监督机制。要制订完善相关政策措施，逐步形成以奖励扶助为主导的计划生育利益导向机制"②。2月27日，国务院办公厅转发人口计生委、财政部《关于开展对农村部分计划生育家庭实行奖励扶助制度试点工作意见的通知》，要求各省、自治区、直辖市人民政府、国务院各部委、各直属机构认真贯彻执行该《通知》，"在农村对部分计划生育家庭实行奖励扶助制度，事关农民的切身利益，是鼓励广大农民自觉实行计划生育、稳定低生育水平的一项重要措施。各地区、各有关部门要从实践"三个代表"重要思想，促进经济社会统筹协调发展的高度，充分认识开展实施这项制度试点的重要意义，切实加强领导，精心组织实施，不断总结实践经验，务求试点工作达到预期效果。同时，要继续认真贯彻《中华人民共和国人口与计划生育法》和《中共中央国务院关于加强人口与计划生育工作稳定低生育水平的决定》的有关规定，并从本地实际出发，积极探索多种有利于鼓励农民自觉实行计划生育的有效办法，逐步形成有利于计划生育工作的利益导向机制。人口计生委、财政部要加

---

①② 中华人民共和国国务院办公厅：《国务院办公厅转发人口计生委、财政部关于开展对农村部分计划生育家庭实行奖励扶助制度试点工作意见的通知》，2004年2月27日。

强督促和检查指导，确保试点工作顺利实施"。①《关于开展对农村部分计划生育家庭实行奖励扶助制度试点工作的意见》标志着我国由推行"处罚多生"的生育政策转变为"奖励少生"，是一项政策上的重大转折，这是新中国成立以来政府第一个为农民建立账户，并把奖励扶助金按时足额转入农民账户的民心工程。

中央在出台了计划生育奖励制度，即农村部分计划生育家庭奖励扶助制度后，于2004年又出台了另一项计划生育奖励制度，也就是我们熟知的"少生快富"工程，它的全称是西部地区计划生育"少生快富"工程，针对的是西部贫困地区、少数民族地区。"少生快富"工程是国家根据西部地区人口和计划生育工作实际，为稳定西部地区低生育水平，实现西部地区人口与资源、环境的协调可持续发展而组织实施的一项工程。2000年，宁夏回族自治区在部分地区开始开展"少生快富"工程试点。2004年，国家人口计生委、财政部和国务院扶贫办总结推广宁夏回族自治区的试点经验，并将试点范围扩大到青海省和云南省，经国务院同意，人口计生委、财政部决定自2006年开始在内蒙古、海南、四川、云南、甘肃、宁夏、新疆等8省区全面实施"少生快富"工程。该工程旨在通过经济奖励和政策扶持，在生育政策比较宽松的地区，鼓励符合政策规定可以生育3个孩子的夫妇，放弃生育1个孩子，给予一次性奖励。一般指在允许生育第三个孩子的少数民族地区，如果少数民族夫妻少生一个孩子，即只生两个孩子，政府给予一次性3 000元的奖励。各个地方因地制宜，采取安全、可靠的长效节育措施，以此引导广大群众少生优生、脱贫致富。"农村部分家庭奖励扶助制度"和"西部地区少生快富"制度工程实施后，在社会上引起了强烈反响，

---

① 中华人民共和国国务院办公厅：《国务院办公厅转发人口计生委、财政部关于开展对农村部分计划生育家庭实行奖励扶助制度试点工作意见的通知》，2004年2月27日。

得到社会群众的广泛拥护。它的重要意义在于这是我国执行计划生育政策以来，最大力度地运用制度性激励措施，标志着我国计划生育利益导向机制在国家层面的确立。在政策实施两年后，我国农村计划生育奖励扶助制度基本覆盖了全国符合政策的计划生育家庭，这项制度已经在全国23个省（区、市）以及山东的22个市（县、区）和西藏的12个县全面推开，北京、天津、上海、江苏、浙江、广东等省市自行试点。中央财政已经拨付专项资金近6.2亿元。至2009年我国扩大了"少生快富工程"的覆盖范围，提高了扶助标准，完成了地市试点工作，并向全国推行。继农村部分计划生育家庭"奖励扶助制度"和西部计划生育"少生快富工程"实施后，政府又推出了"计划生育家庭特别扶助制度"，同样由中央和地方财政安排专项资金，给予独生子女伤残死亡家庭特别扶助。2010年7月22日，财政部和人口计生委印发《全国计划生育家庭特别扶助专项资金管理暂行办法》的通知，又推出了"计划生育家庭特别扶助制度"，再婚夫妻再婚前后生育、收养的子女数应合并计算。但再婚夫妻再婚前一方或双方符合扶助条件，再婚后未再生育或收养子女的，符合条件的一方或双方以及未生育子女的另一方，纳入扶助范围。扶助对象包括三种，分别是扶助对象夫妻均应在1933年1月1日以后出生，因丧偶或离婚的单亲家庭，男方或女方须年满49周岁、只生育一个子女或合法收养一个子女、现无存活子女或独生子女被依法鉴定为残疾（伤病残达到三级以上）。扶助金标准设定为"特别扶助金以个人为单位发放；独生子女死亡后未再生育或合法收养子女的夫妻，对符合条件的，由政府给予每人每月不低于100元的扶助金，直至亡故为止；独生子女伤、病残后未再生育或收养子女的夫妻，对符合规定条件的，由政府给予每人每月不低于80元的扶助金，直至亡故或子女康复为止。扶助金自女方年满49周岁开始发放，因丧偶或离婚的单亲家庭，男方或女方须年满49周岁方可发放扶助金。已超过49周岁的，从其扶助资格被确认年度起发放扶助金。扶助对象再生育或合法收养子女后，中止发放扶助金"。① 由此，"三项制度"逐步形成，从2004年开始推行后，取得了良好的社会效果，通过利益导向机制解决计划生育问题，使计划生育家庭在经济上得到真正的实惠，切实感受到计划生育的好处，体现了计划生育政策的以人为本、关注民生，促进了我国人口和计划生育事业在发展理念上的转变。

以胡锦涛同志为总书记的党中央在解决我国发展问题的过程中，高度重视人口问题，强调以科学发展观指导人口资源环境工作，并对此提出了一系列的重要思想，为实现人与自然的和谐发展以及切实做好人口和计划生育工作给予了科学指导。以广大人民群众的利益为根本是科学发展观的基本价值取向，也是开展人口和计划生育工作的基本原则。2004年3月10日，中央人口资源环境工作座谈会在北京人民大会堂举行。中共中央总书记、国家主席胡锦涛主持座谈会并发表重要讲话，他指出："要始终把控制人口、节约资源、保护环境放在重要战略位置，把工作抓得紧而又紧、做得实而又实。要把握全局，突出重点，全面推进，着眼于加快解决关系人民群众切身利益的人口资源环境问题，力求每年都有新的进展。人口和计划生育工作要加强人口发展战略研究，制定人口中长期发展规划，创新计划生育工作的思路和机制，建立健全对农村部分计划生育家庭奖励扶助制度。"② 温家宝就如何落实胡锦涛总书记的讲话精神，指出要强化我国人口多、人均资源少和环境保护压力大的国情意识，强化经济效益、社会效益和环境效益相统一的效益意识，强化节约资源、保护生态和资源循环利用的可持续发展意识，进一步增强做好人口资源环境工作的责任感和紧迫感；要求各级政府切实转变职能，把做

---

① 财政部、人口计生委：《全国计划生育家庭特别扶助专项资金管理暂行办法》，2010年7月22日。
② 胡锦涛：《认真落实科学发展观的要求切实做好人口资源环境工作》，载于《人民日报》2004年3月11日。

好人口资源环境工作作为加强社会管理的重要任务。各级财政要加大投入,人口计生、国土资源、环境保护和水利部门要认真履行职责、严格执法、加强管理、搞好服务。

2006年12月17日中共中央、国务院审时度势、果断决策,做出《中共中央国务院关于全面加强人口和计划生育工作统筹解决人口问题的决定》。《决定》指出,要清醒认识全面加强我国人口和计划生育工作的重要性和紧迫性,人口问题始终是制约我国全面协调可持续发展的重大问题,是影响经济社会发展的关键因素。坚定不移走中国特色统筹解决人口问题的道路;人口和计划生育工作的重点、难点在农村,必须坚持统筹城乡经济社会发展,把农村作为稳定低生育水平、统筹解决人口问题的重中之重,将农村人口和计划生育工作纳入建设社会主义新农村的总体部署;千方百计稳定低生育水平;必须大力提高出生人口素质,它事关千家万户的幸福,事关国家和民族的未来;出生人口性别比过高、持续时间过长,必然影响社会稳定,关系到广大人民群众的切身利益,必须综合治理出生人口性别比偏高问题;做好流动人口管理和服务,实现人口有序流动和合理分布,关系改革发展稳定大局,关系低生育水平长期稳定;积极应对人口老龄化;切实加大人口和计划生育事业保障力度;进一步加强对人口和计划生育工作的领导。《决定》明确了统筹解决人口问题的指导思想和原则,统筹解决人口问题包括人口数量、人口素质、人口结构、人口分布、人口安全的全面协调可持续发展的同时,也包含了人口与经济、社会、资源、环境的全面协调的可持续发展。《决定》的颁布表明,统筹解决人口问题,做好新阶段人口和计划生育工作,对于贯彻落实科学发展观的影响越来越重要,在全面建设小康社会、建设社会主义新农村、构建社会主义和谐社会、建设资源节约型和环境友好型社会中的地位越来越突出,在实现中华民族伟大复兴中的作用越来越显著。

2006年12月29日,经国务院同意,国务院办公厅印发了

《人口发展"十一五"和2020年规划》,《规划》贯彻了《中华人民共和国国民经济和社会发展第十一个五年规划纲要》和《中共中央国务院关于全面加强人口和计划生育工作统筹解决人口问题的决定》精神,旨在阐明国家人口发展战略思路与目标,明确"十一五"时期人口发展的主要任务,动员社会资源,促进人口资源的优化配置,为全面建设小康社会和构建社会主义和谐社会创造良好的人口环境,为经济社会全面协调可持续发展提供持久动力和增长源泉。《规划》中回顾和总结了"十五"时期人口发展成就与经验,科学分析全面建设小康社会面临的人口形势,提出了"十一五"时期和2020年人口发展的指导思想、原则、目标,明确"十一五"时期人口发展的主要任务和保障措施。

2011年4月13日,胡锦涛同志在中央人口资源环境座谈会上就如何做好人口资源环境工作发表重要讲话,要求思想重视,加强领导,依法办事,持之以恒,扎实工作。坚持用科学发展观来指导人口资源环境工作,他认为要把握好以下几点:"要牢固树立以人为本的观念。人口资源环境工作,都是涉及人民群众切身利益的工作,一定要把广大人民的根本利益作为出发点和落脚点。要着眼于充分调动人民群众的积极性、主动性和创造性,着眼于满足人民群众的需要和促进人的全面发展,着眼于提高人民群众的生活质量和健康素质,切实为人民群众创造良好的生产生活环境,为中华民族的长远发展创造良好的条件"。同时,人口和计划生育工作要集中力量抓好三件大事:"一是要加强人口发展战略研究,制定人口中长期发展规划。要在稳定低生育水平的基础上,认真研究解决人口发展的突出矛盾和问题,研究人口和经济发展、社会进步、资源利用、环境保护之间的关系,提出科学的预测和应对方案。建立适应科学发展观要求的指标体系,建立国家人口和发展综合决策支持系统。各地区也要制定区域性人口发展规划。二是要创新计划生育工作的思路和机制,建立健全对农村部分计划生育家庭奖励扶助制度。由于目前农村生产力水平还比较低,社会保障能力脆弱,部分群众想生男孩、多生孩子的愿望还比较强烈。做好这些群众的工作,除了要靠宣传、教育和引导外,还必须创新计划生育工作的思路和机制,把开展深入细致的思想工作同解决群众的实际困难有机结合起来,对农村计划生育家庭提供奖励扶助。要积极探索建立同经济发展水平相适应、有利于计划生育的农村社会保障体系,重点对农村独生子女和双女家庭进行奖励,对因独生子女伤残、死亡和计划生育手术并发症造成的困难家庭进行扶助。继续组织好西部地区'少生快富'工程试点工作,加大支持力度,不断扩大试点范围。三是要高度重视出生人口性别比升高的问题,开展必要的专项治理活动。第五次全国人口普查的数据表明,我国出生人口性别比持续升高。人口性别比是有其内在规律的,长期失调将会造成社会问题。要加大宣传力度,深入开展'关爱女孩行动',倡导男女平等、少生优生的社会新风。完善政策体系,解除生育女孩家庭的后顾之忧。加强责任制,把人口数量指标和性别比的指标统一起来考核,力争经过三至五年的努力,使出生人口性别比升高的势头得到遏制。"[①]

根据《中华人民共和国国民经济和社会发展第十二个五年规划纲要》和《中共中央国务院关于全面加强人口和计划生育工作统筹解决人口问题的决定》精神,2011年11月23日,国务院出台了《国家人口发展"十二五"规划》,《规划》旨在阐明"十二五"时期国家人口发展的基本思路、发展目标和工作重点,是指导未来五年我国人口发展的纲领性文件,是各级政府和部门全面做好人口工作的重要依据。《规划》阐述了"十一五"时期人口发展的成就:"生育水平继续保持稳定。人口计生工作思路方法不断创新,更加注重利益导向,更加注重服务关怀,更

[①] 胡锦涛:《中央人口资源环境工作座谈会上的讲话全文》,2011年4月13日。

加注重宣传倡导，稳定低生育水平长效机制基本建立。以计划生育家庭奖励扶助制度、'少生快富'工程和特别扶助制度为主体的利益导向政策体系初步形成。计划生育优质服务和生育关怀行动普遍开展。'婚育新风进万家'活动、关爱女孩行动和新农村新家庭计划深入推进。妇女总和生育率稳定在1.8以下，人口自然增长率保持在6‰以内，2010年末总人口为13.41亿；人口素质稳步提高。科技、教育、人力资源、文化、卫生、人口计生事业不断发展。各级教育普及水平进一步提高，城乡免费九年义务教育全面实现，2010年高等教育毛入学率达到26.5%，15岁以上国民平均受教育年限达到9年，新增劳动力平均受教育年限达到12.4年。人才队伍建设成效显著，人才资源总量不断扩大。孕产妇和婴儿死亡率继续下降，人均预期寿命达到73.5岁；人口城镇化水平继续提高。积极稳妥推进城镇化，促进农业转移人口转为城镇居民。2010年城镇人口6.7亿，城镇化率达到50%。流动人口服务管理体制建设取得积极进展；城乡就业规模持续扩大。积极就业政策取得成效，城乡就业形势总体稳定。城镇新增就业5 771万人，转移农业劳动力4 500万人，城镇登记失业率保持在4.3%以下；民生建设取得新进展。城乡居民收入快速增长，生产生活条件得到改善。城镇居民基本医疗保险制度全面建立，新型农村合作医疗制度全面实施；新型农村社会养老保险试点启动并逐步扩大范围，全国统一的城镇企业职工基本养老保险关系转移接续办法出台，企业退休人员基本养老金不断提高；生育保险制度进一步完善。城乡居民最低生活保障全面加强，重点优抚对象抚恤优待标准大幅度提高。妇女和未成年人权益保护得到加强，残疾人参与社会生产生活的环境进一步改善，老年人社会保障和服务水平不断提高，减灾救灾和应急管理体制机制进一步健全"；《规划》详细分析了"十二五"时期人口发展的阶段性特征以及面临的主要问题与矛盾，"十二五"时期的阶段性特征表现为："人口增长势头减弱。生育旺盛期妇女数量开始呈现

第四章 "统筹解决人口问题"决定的开展

下降态势,同时随着人口老龄化程度提高,人口死亡率有所上升,在生育政策不变的条件下,人口增长的势头进一步减弱;主要劳动年龄人口达到峰值。'十二五'是我国人力资源最为丰富的时期,劳动年龄人口总量达到峰值,此后缓慢下行,人口抚养比在经历40多年下降后开始上升;老年人口出现第一次增长高峰。20世纪50年代第一次生育高峰出生人口相继进入老年,'十二五'期间我国60岁以上老年人口年均增长800万以上,总量将突破2亿;城镇人口历史性超过农村人口。城镇化率超过50%,城乡人口格局正在发生根本性变化。随着产业转移的加快、中西部城市群的发展,人口流动迁移呈现出新的特点,人口流向趋于多元化"。面临的主要问题和矛盾是:"人口数量对可持续发展的压力仍然较大。我国人口多、底子薄,资源相对不足、环境容量有限,发展不平衡。随着人口继续增长,人口与资源、环境以及经济社会发展的矛盾将进一步显现。劳动年龄人口规模庞大,解决就业问题仍将是长期而艰巨的任务;人口素质正成为提升国家竞争力的瓶颈。国际产业分工的调整、经济发展方式的转变,对人口素质提出了更高的要求,但我国人口素质总体不高,人力资本对经济增长的贡献率远低于发达国家平均水平,正在成为影响我国国际竞争力的重要因素;人口结构性矛盾成为影响经济社会发展的重大问题。我国出生人口性别比长期居高不下,老年人口比重不断提高,人口抚养比开始上升,区域间、城乡间人口发展不平衡,人口结构性矛盾对经济社会发展的影响日益深刻;人口分布不合理影响城乡区域协调发展。人口空间分布与经济布局不协调,与资源环境承载力不适应。城镇化率偏低,流动人口规模庞大,对社会管理和公共服务等带来一系列挑战;家庭结构变化带来新挑战。家庭规模小型化、结构多样化、成员居住分散化趋势明显,导致传统家庭功能弱化,在婚姻、生育、养老等方面出现诸多新问题,人口服务管理相对滞后;总体上看,'十二五'时期是我国人口发展的重大转折期,人口发展的机遇与挑战并存。一方面，经济社会发展仍然面临着人口总量持续增加的压力，人口对经济社会、资源环境的影响更加突出；另一方面，人口各要素关系更趋复杂，素质、结构、分布正在成为影响发展的主要因素。必须从战略上重视人口问题，遵循人口发展规律，充分利用人力资源丰富、社会抚养比低、人口流动活跃的有利时机，全面做好人口工作，为经济社会发展营造良好的人口环境"。提出了"十二五"人口规划的总体思路、基本原则和主要目标。在总体思路上，仍然要继续高举中国特色社会主义伟大旗帜，以邓小平理论和"三个代表"重要思想为指导，深入贯彻落实科学发展观，坚定不移走中国特色统筹解决人口问题的道路。按照全面做好人口工作的总体要求，以建设人口均衡型社会为主线，坚持计划生育基本国策，逐步完善政策，稳定低生育水平，提高人口素质，优化人口结构与分布，促进人口长期均衡发展，促进人口与经济社会、资源环境相协调。统筹解决人口问题，要坚持以下基本原则：坚持以人为本。把促进人的全面发展作为处理好人口与发展关系的出发点和落脚点。在解决人口问题的过程中，注重保障和改善民生，提高家庭发展能力；坚持统筹协调。强化人口的基础地位，注意把握人口各要素之间、人口与经济社会及资源环境之间的互动关系，构建有利于促进人口长期均衡发展的政策体系；坚持科学指导。把握好人口与经济社会发展的阶段性特点，适时完善人口发展政策，指导地方积极探索统筹解决人口问题的有效方法和途径；坚持创新发展。不断推进人口工作的理论创新、管理创新、服务创新、科技创新，通过体制机制创新，着力解决人口发展中出现的新情况、新问题。

在这个阶段，要完成的主要目标包括：人口总量目标。低生育水平保持稳定，"十二五"期间，人口年均自然增长率控制在 7.2‰以内，全国总人口控制在 13.9 亿人以内。人口素质目标。教育普及水平进一步提高，15 岁以上国民平均受教育年限达到

9.3年，新增劳动力平均受教育年限达到13.3年；在职人员培训覆盖面进一步扩大，劳动力素质明显提高，人才队伍进一步壮大。婴儿死亡率降到12‰，孕产妇死亡率降到22/10万，严重多发致残的出生缺陷发生率降低，人均预期寿命达到74.5岁。人口结构目标。出生人口性别结构得到有效改善，全国出生人口性别比下降至115以下。人口分布目标。城镇化率提高约4个百分点，限制开发区域内人口更多地集聚在县城和中心镇，禁止开发区域内人口总量有所减少，人口空间分布趋于合理。流动人口基本公共服务均等初步实现。民生保障目标。社会就业更加充分，城镇登记失业率控制在5%以内，城乡居民收入大幅提高，家庭发展能力得到增强。覆盖城乡居民的社会保障体系建设加快推进，社会养老服务体系基本建立，养老服务能力明显提升。贫困人口显著减少，残疾人社会保障体系和服务体系框架基本建立，生活状况得到进一步改善。

三、统筹解决人口问题主要任务和具体内容

统筹解决人口问题是中央做出的重大战略决策，也是人口计生工作发展到一定历史阶段的必然要求。统筹解决人口问题的政策措施要在实践上加以明确，本节是从主要任务和具体内容两个方面阐述怎样更有效地统筹解决我国人口问题，以期增强统筹解决人口问题的针对性、实践性和操作性。

（一）统筹解决人口问题的主要任务

在这个阶段，统筹解决人口问题的任务主要涵盖以下内容：
1. 坚持计划生育基本国策，稳定低生育水平。

全面做好人口和计划生育工作。保持生育政策的连续性、稳定性，更加注重利益引导，更加注重服务关怀，更加注重宣传倡

导，全面加强基层基础工作，突出做好重点地区重点人群的人口计生工作。深化人口计生综合改革，着力创新稳定低生育水平、统筹解决人口问题的工作机制和方法，解决影响和制约人口计生工作科学发展的突出问题。坚持依法行政，完善相关法律法规。

完善稳定低生育水平相关经济社会政策。将稳定低生育水平的利益导向政策作为保障和改善民生的重要组成部分，纳入政府改善民生行动计划。全面落实法律法规规定的计划生育家庭奖励优惠政策。促进经济社会相关政策与人口计生政策的有机衔接，在就业、社会保障、扶贫开发、征地补偿、集体收益分配等方面，制定对计划生育家庭的倾斜政策。进一步完善以计划生育家庭奖励扶助制度、"少生快富"工程和特别扶助制度为主的优先优惠政策体系，扩大范围、提高扶助标准并建立动态调整机制。

完善人口和计划生育公共服务体系。加快人口计生服务体系建设，拓展服务范围。加强人口计生服务基础设施和信息服务配套设施建设。实施人口和计划生育职业体系建设工程，建立职业标准、教育培训、评估认证和职业拓展体系。加强计划生育和生殖健康科技创新基地建设，扶持一批部委级重点实验室。加强新型避孕药具的研究与开发，完善计划生育药具不良反应监测网络。全面提升计划生育优质服务能力，加强生殖健康保健，使人人享有生殖健康服务。

2. 完善人口政策，促进人口长期均衡发展。

深化人口长期均衡发展战略研究。按照科学发展观以及加快经济发展方式转变的要求，充分考虑人口变化对经济社会发展的长期性、基础性影响，准确把握人口变动趋势，深入研究不同阶段的人口政策取向及主要任务，为人口决策提供支撑。

坚持和完善现行生育政策。进一步完善宣传教育、依法管理、村（居）民自治、优质服务、政策推动、综合治理的长效工作机制，确保低生育水平的稳定。着眼长远发展，逐步完善政策，确保人口中长期战略目标的实现。

形成人口政策合力。进一步完善人口计生、人力资源开发、男女平等、人口老龄化以及人口迁移流动等方面政策,制定促进家庭发展、主体功能区建设等方面的人口配套政策,加快形成统筹解决人口问题的政策体系。

3. 着力提高人口素质,加快人口大国向人力资源强国转变。

提高出生人口素质。有关部门按照职责分工,加强协作,积极落实出生缺陷三级预防措施,加大出生缺陷干预力度。开展易为广大群众接受的宣传和引导活动,加强婚前、孕前咨询指导。组织实施计划生育生殖健康促进工程,做好健康教育、优生咨询、高危人群指导、孕前筛查、营养素补充等优生服务工作。逐步扩大国家免费孕前优生健康检查项目试点范围,探索建立国家免费孕前优生健康检查制度。建设全国产前诊断网络,推进新生儿疾病筛查、诊断和治疗工作。开展出生缺陷发生机理和防治技术研究,加强出生缺陷防治重点实验室建设。提高助产服务能力,进一步降低孕产妇和婴儿死亡率。

提高人口健康素质。普及健康教育,积极倡导健康文明的生活方式,大力推进全民健身运动。全面加强公共卫生服务体系建设,健全医疗保障和服务体系,完善基本医疗制度。充分利用基层医疗卫生和计划生育服务网络,形成以预防为主、防治结合的公共卫生服务体系,逐步缩小城乡居民基本公共卫生服务差距。继续加强性病、艾滋病的防治工作,全面实施慢性病综合防控,最大限度地控制和减少传染病、地方病的发生和传播。加强心理卫生和精神健康工作。

提升国民教育水平。贯彻落实《国家中长期教育改革和发展规划纲要(2010—2020年)》,深化教育体制改革,全面实施素质教育,大力促进教育公平,加快构建覆盖城乡的基本公共教育服务体系。巩固提高义务教育普及成果,全面提高质量和水平,促进义务教育均衡发展。加强婴幼儿早期教育。积极发展学前教育,构建"广覆盖、保基本、多形式"的学前教育体系。大力发展职业教育，巩固规模，提高质量，建立支撑现代产业发展的职业教育体系。全面提高高等教育质量，实现从以规模扩张为基本特征的外延式发展向以提高质量为核心的内涵式发展转变，办出具有中国特色、世界水平的现代高等教育。加快发展多样化的继续教育，重视和支持特殊教育，继续发展老年教育，推动民族教育加快发展。健全国家资助政策体系，扶助家庭经济困难学生完成学业。加强青少年健康人格教育、独生子女社会行为教育。加强道德素质和诚信教育，提高国民素养。

加强人才队伍建设。加大专业技术人才和高技能人才培养力度。优化人才培养结构，突出培养造就创新型科技人才，重视开发领军人才，大力开发经济社会发展急需紧缺专门人才，提高应用型、复合型、技能型人才培养规模和水平。建立和完善职业资格证书制度，对城乡有就业要求和培训愿望的劳动者参加职业技能培训给予培训费补贴，推进中等职业教育免费进程。加强农村实用人才的培养，提高农民工的就业能力。营造人才脱颖而出的环境，实施更加积极的就业政策，充分发挥劳动力资源丰富的优势，加快人口大国向人力资源强国转变，为经济社会发展提供持久动力。

4. 引导人口有序流动，促进人口合理布局。

优化人口布局。实施与主体功能区相配套的人口政策，促进形成合理的人口分布格局。积极推进资源环境承载能力较强、经济发达的城市化地区吸纳和集聚人口，引导人口超载的重要生态地区人口自愿、平稳、有序转移。深入开展人口空间分布研究，做好人口发展规划和主体功能区规划的衔接协调。研究促进人口有序流动、合理分布的政策，探索优化人口分布的有效途径。

积极稳妥推进城镇化。将符合条件的农业转移人口逐步转为城镇居民作为推进城镇化的重要任务。积极稳妥推进户籍管理制度改革，特大城市要合理控制人口规模，大中城市要加强和改进人口管理，继续发挥吸纳人口的重要作用，中小城市和小城镇要根据实际放宽落户条件。坚持因地制宜、分步推进，按规定把有合法稳定职业并有合法稳定住所（含租赁）的农村人口逐步转为城镇居民。构建城镇化战略格局，完善城镇基础设施，增强城镇承载能力，改善人居环境。统筹考虑人口变化和城镇化趋势，优化城乡公共服务设施布局。加快推进社会主义新农村建设，促进城乡经济社会发展一体化。

创新流动人口服务管理体制机制。建立全国流动人口生存发展状况、分布的动态监测体系。在国家综合配套改革试验区进行改革试点，积极探索符合时代要求的人口服务管理体制。逐步实行暂住人口居住证制度。在农民工流动较为集中的地区建立农民工综合服务中心，为流动人口提供"一站式"服务。建立农民工基本培训补贴制度，增加对农民工的技能培训和就业服务。将与企业建立稳定劳动关系的农民工纳入城镇职工基本养老和医疗保险。多渠道多形式改善农民工居住条件，鼓励采取多种方式将符合条件的农民工纳入城镇住房保障体系。坚持以输入地政府管理为主，以全日制公办中小学为主，确保进城务工人员随迁子女平等接受义务教育。研究制定进城务工人员随迁子女接受义务教育后在当地参加升学考试的办法。巩固完善流动人口计划生育"一盘棋"工作机制，建立流动人口计划生育基本公共服务均等化的保障机制。

5. 健全养老保障和服务体系，积极应对人口老龄化。

探索具有中国特色的应对人口老龄化新路子。深化应对人口老龄化战略研究，实施积极应对人口老龄化战略，制定与其他经济社会政策互相衔接、相互支撑的应对人口老龄化政策体系，推进老年人权益保障法制化进程。提高老年人口的素质和技能，充分开发老年人力资源，鼓励老年人参与经济社会活动。加强组织领导，健全党政主导、老龄委协调、部门尽责、社会参与、全民关怀的老龄工作格局。

完善养老保障制度。以基本养老保险为重点，加快完善城乡居民社会养老保障制度。实现新型农村社会养老保险制度和城镇居民社会养老保险制度全覆盖，完善城镇职工基本养老保险制度，全面落实城镇职工基本养老保险省级统筹，实现基础养老金全国统筹，切实做好城镇职工基本养老保险关系接续工作。城镇参加基本养老保险人数达到3.57亿人，60岁以上非就业城镇居民全部享受基础养老金待遇。鼓励有条件的地区在养老保险基础上，进一步加强养老保障工作，积极探索为独生子女父母、无子女和失能老人提供必要的养老服务补贴和老年护理补贴。

加快养老服务体系建设。注重发挥家庭和社区功能，建立以居家为基础、社区为依托、机构为支撑的社会养老服务体系，每千名老人拥有养老床位达到30张。加强养老服务标准、行业规范和管理制度建设，建立养老机构准入、退出与监管机制。优先发展社会养老服务，加强老年人宜居环境建设，增加社区老年活动场所和便利设施。

6. 综合治理出生人口性别比偏高问题，促进社会性别平等。

坚持男女平等基本国策。提高社会性别平等意识，清理涉及社会性别歧视的法规政策。指导村（居）民自治组织修订完善自治章程或村规民约，在扶贫济困、慈善救助、贴息贷款、就业服务、项目扶持、村集体收益分配等方面对计划生育家庭女儿户予以倾斜。深入推进关爱女孩行动，进一步开展"幸福工程"和"春蕾计划"等社会公益性活动，充分发挥社会组织在贫困母亲救助和女童健康成长帮助中的重要作用。

推动妇女儿童事业全面发展。贯彻《国务院关于印发中国妇女发展纲要和中国儿童发展纲要的通知》（国发〔2011〕24号），切实保障妇女合法权益，加强未成年人保护。促进妇女就业创业，提高妇女参与经济发展和社会管理能力。严厉打击暴力侵害妇女、拐卖妇女儿童、弃婴等违法犯罪行为。切实解决流动儿童、留守儿童、孤残儿童和流浪未成年人救助等问题。

加强出生人口性别比综合治理。建立健全国家和省级部门间协调机制，把促进社会性别平等、综合治理出生人口性别比偏高问题列入地方各级人口和计划生育领导小组成员单位的职责范围。规范人工终止妊娠药品和计划生育手术器械经营管理，完善医学需要的胎儿性别鉴定和人工终止妊娠登记、孕产期全程服务管理制度。严厉打击非医学需要的胎儿性别鉴定和选择性别人工终止妊娠行为。完善出生统计监测体系，全面实施出生实名登记制度，建立部门间出生人口信息收集和共享机制。强化区域协作和重点区域的治理，在出生人口性别比严重偏高的连片地区，建立区域协查制度。在重点区域探索建立跨省区出生人口信息共享制度和出生性别监测预警机制。

7. 提高家庭发展能力，促进家庭和谐幸福。

建立健全家庭发展政策。稳定家庭功能，在优生优育、家庭教育、子女成才、抵御风险、生殖健康、家庭致富以及养老保障等方面，加快建立和完善提高家庭发展能力的政策体系。加大对孤儿监护人家庭、老年人家庭、残疾人家庭、留守家庭、流动家庭、受灾家庭和其他特殊困难家庭的扶持力度。进一步完善工伤、生育等保险制度，合理提高低保标准和补助水平，加强城乡社会救助体系建设，积极发展社会福利和慈善事业。提高住房保障水平。完善生育关怀制度，将计划生育节育手术并发症三级以上人员纳入计划生育家庭特别扶助制度范围。免费为符合条件的育龄妇女提供再生育技术服务。研究出台有利于促进计划生育家庭成员就业、创业、勤劳致富的扶持政策。

着力提高家庭服务能力。大力发展家庭服务业，逐步建立比较健全的惠及城乡居民的家庭服务体系。在全员人口信息系统中，加强家庭信息采集和管理，为家庭发展政策的制定和实施提供依据。探索建立以家庭为中心的人口计生公共服务体系，开展婚育指导、家庭初级保健、儿童早期发展、家庭教育指导，以及对计划生育家庭、空巢家庭、流动家庭、留守家庭的关怀服务等。

大力推进新型家庭人口文化建设。以"婚育新风进万家"活动、关爱女孩行动、新农村新家庭计划、幸福工程为载体，广泛宣传人口计生政策。开展幸福家庭创建活动。倡导婚姻自由平等、生殖健康、优生优育、社会性别平等的观念，倡导积极健康、负责任的婚育行为，倡导低消耗、低污染的家庭生活方式。大力弘扬尊老爱幼、邻里互助的社会风尚。加强流动人口聚集区多元文化交流，促进流动人口融入当地社会。加强农村人口文化设施建设，纳入新农村建设整体规划。加强少数民族人口文化建设。

8. 健全残疾人保障和服务体系，支持残疾人事业发展。

健全残疾人社会保障体系。鼓励残疾人普遍加入基本医疗保险和基本养老保险，逐步将残疾人基本康复医疗按规定纳入基本医疗保障范围。将符合条件的残疾人家庭优先纳入基本住房保障制度，继续实施"阳光安居"农村贫困残疾人家庭危房改造工程。逐步建立贫困残疾人生活补助和重度残疾人护理补贴制度。支持残疾人辅助器具的研发、生产和适配服务，制定政府补贴的残疾人基本型辅助器具目录。

完善残疾人服务体系。实施重点康复工程，为贫困残疾人提供康复服务。全面开展社区康复工作，推进残疾人"人人享有康复服务"。制定实施国家残疾预防行动计划。继续实施"阳光家园计划"。健全残疾人托养服务体系，大力发展居家助残服务。积极开展无障碍建设。实施残疾人文化建设和自强健身工程，丰富残疾人精神文化生活。

促进残疾人就学就业。改善特殊教育办学条件，逐步实行残疾学生高中阶段免费教育，加大对家庭困难残疾学生的资助力度。为残疾人免费提供公共就业服务，对残疾人参加职业技能培训和职业技能鉴定的，按规定给予补贴。完善残疾人就业促进和保护政策措施，加强残疾人就业援助，积极开发适合残疾人的公共就业岗位。加强对农村残疾人的生活救助和生产扶助。除此之外，为更好地贯彻"十二五"人口发展规划，提出了主要的保障措施："（1）加强组织领导和统筹协调。各地区、各有关部门要把统筹解决人口问题、建设人口均衡型社会列入重要议事日程，把人口计生工作列入经济社会发展总体规划，纳入改善民生的总体部署。构建党委领导、政府负责、社会协同、公众参与的人口计生工作格局，健全领导机制、协调机制、监督机制和问责机制，坚持人口计生工作党政'一把手'亲自抓、负总责，完善目标管理责任制和'一票否决'制度。坚持人口发展规划先行，其他专项规划制定应充分考虑人口因素影响；重大经济社会政策出台前，应开展对人口发展影响的评估。（2）健全人口监测体系。建设国家人口基础信息库，实施'全员人口统筹管理信息系统'工程，建立人口信息动态采集和更新机制，科学监测和评估人口发展状况。构建科学的人口发展指标体系，规范人口统计口径。建立完善部门间人口信息共享制度和人口统计信息沟通机制，及时发布人口总量、结构、分布预测、预警信息，为科学决策、人口综合服务管理提供信息支撑。（3）完善人口服务管理体系。完善人口计生服务管理体系，优化公共资源配置，以全员人口信息为基础，构建人口管理和公共服务平台。充分发挥人口和计划生育公共服务网络的作用，探索建立社区人口和家庭服务中心。加强人口计生队伍建设，完善职业体系，造就一支高素质的人口管理和服务人才队伍。（4）建立健全投入保障机制。建立'财政为主、稳定增长、分类保障、分级负担、城乡统筹'的人口和计划生育投入保障机制，确保人口和计划生育财政投入增长幅度高于经常性财政收入增长幅度；区别不同重大项目，分别确定中央和地方资金的分担办法；按照'费随人走'的原则，以常住人口为依据进行中央财政对地方的转移支付；完善绩效挂钩、以奖代投（补）激励机制。鼓励民间资本投入人口发展领域。进一步加大对革命老区、民族地区、边疆地区、贫困地区人口发展的政策支持和资金扶持力度。（5）加大宣传与国际交流力度。深入开展人口国情、人口政策和人口发展规划的宣传，充分发挥新闻媒体作用，正确引导舆论，在全社会营造有利于人口计生事业发展的氛围。发挥中国计划生育协会等社会团体作用，动员社会力量共同做好人口计生工作。建立和完善国际交流与合作机制，积极参与、引导有关国际规则的制定。（6）加强规划实施的监测评估。地方各级人民政府、各有关部门共同做好人口发展规划的实施工作，制定本地区、本部门的具体实施方案和年度计划。加强对规划实施情况的动态监测与跟踪分析，及时发现和解决规划执行过程中存在的问题，定期组织对规划实施情况的检查，开展规划执行情况期中和期末评估，确保规划各项任务落到实处"。

（二）统筹解决人口问题的主要内容

具体内容来看，统筹解决人口问题的政策手段主要包括以下七个方面的内容：

1. 千方百计稳定低生育水平。

首先，统筹解决人口问题，必须坚持"四个不动摇"，即计划生育的基本国策和稳定现行生育政策不动摇；党政"一把手"亲自抓、负总责不动摇；稳定人口和计划生育工作机构、队伍不动摇；不断创新人口和计划生育工作体制、机制、手段和方法不动摇。其次，建立和完善以政府为主，社会补充的人口和计划生育利益导向的政策机制。推行农村计划生育家庭奖励扶助制度、西部"少生快富"工程、独生子女父母奖励以及免费的计划生育技术服务制度；探索长效节育措施奖励、独生子女伤残死亡家庭扶助等制度。再次，加强思想政治教育，使人口和计划生育惠民政策深入人心，引导群众遵纪守法，自觉践行计划生育政策。最后，坚持依法管理，严肃处理计划生育中违法违纪的行为。

2. 大力提高出生人口素质。

宏观层面，要科学制订提高人口素质的规划和行动计划，在实施中人口和计划生育技术服务机构要在各自职责范围内密切配合，倡导科学婚检，普及婴幼儿抚养和早期教育，重视独生子女社会行为教育和培养。

3. 全面治理出生人口性别比偏高问题。

出生人口性别比偏高的话，会影响到社会的稳定，损害广大群众的切身利益。治理人口性别比偏高，要建立一套完整的党政负责、部门配合、群众参与的标本兼治工作机制，通过开展"关爱女孩行动""婚育新风进万家"活动，消除性别歧视，倡导男女平等。从政策上要对有女孩的家庭进行倾斜，比如对农村计划生育女儿户奖励，在扶贫、救济、贷款、就业方面给予更多的照顾。推动"春蕾计划"等公益活动的开展。在对人口性别的管理上，严禁非医学需要的胎儿性别鉴定和选择性别的人工终止妊娠。

4. 完善流动人口管理服务体系。

完善流动人口管理服务体系包括下面几个方面的内容：一是深化流动人口管理服务体制改革，建立城乡统一的人口登记制；二是将流动人口管理服务纳入地方经济社会发展规划，为流动人口融入城市生活提供便利。政府要在解决流动人口就业、就医、定居、子女入托入学等方面的实际困难发挥主导作用，逐步将进城务工人员纳入社会保障体系，维护其合法权益；三是建立流动人口计划生育统一管理、优质服务新体制。按照"属地化管理、市民化服务"的原则，"将流动人口纳入流入地人口总数，实行以流入地为主的目标管理双向考核。完善流动人口计划生育管理机构和服务网络，配备必要的社区计划生育专（兼）职人员。将流动人口计划生育管理服务纳入经常性工作范围，提供与户籍人口同等的免费服务。把进城务工人员计划生育管理服务经费纳入各级财政预算。强化社区流动人口登记制度，实现流动人口信息适时变动、异地查询和跟踪管理。相关部门为流动人口办理经商、务工、购房、租房、社会保障等手续时，应与人口和计划生育部门密切配合、互通信息。在流动人口集中的社区、企业、集贸市场等地成立计划生育协会。流出地要配合流入地,做好外出人员的宣传培训、免费办理婚育证明等相关工作"[1]。

5. 积极应对老龄化。

制定和落实针对老龄事业的发展战略规划和政策,把建立覆盖城乡居民的养老保障制度作为社会保障体系建设的重点,构建以居家养老为基础、社区服务为依托、机构照料为补充三者结合起来的养老社会服务体系。探索农村地区更有效的养老体系,根据实际情况,建立多种形式的计划生育家庭养老保险制度,实现养老形式的多样化。对于城镇居民而言,逐步完善社会统筹与个人账户相结合的基本养老保险制度,构建多层次的养老保障体系。在社会上营造敬老、养老、助老的良好社会风尚,积极探索和实施"爱心护理工程"。

6. 切实加大人口和计划生育事业保障力度。

建立稳定增长的投入保障机制,在财政支持上,要对人口和计划生育事业进行倾斜,所以,计划生育投入的增长要高于经常性财政收入增长幅度,投入还要逐年增加。除了国家财政支持外,鼓励国内外资金、企业、社会团体和个人向人口和计划生育事业投入。强化人口和计划生育管理服务体系,加强人口和计划生育队伍职业化建设。加快推进人口和计划生育信息化建设,发挥从中央到地方的计划生育信息网络的作用,鼓励从人口宏观管理、流动人口综合管理等综合管理应用系统到人口数量、就业等信息资源的建设和开发利用,以此为依据来提高人口和计划生育科学决策、社会管理和公共服务水平。除此之外,还要积极推动生殖健康科技创新,建立以公益类研究机构为主体的公共科技服务体系,依托高等学校和重点科研机构,建设具有国际先进水平的计划生育生殖健康科研基地和学科体系,组建若干多学科交叉

---

[1] 《中共中央国务院关于全面加强人口和计划生育工作统筹解决人口问题的决定》。

的国家重点实验室和工程技术研究中心。充分利用我国传统中医药优势，运用生物技术和新材料技术等高科技成果，开展计划生育生殖健康领域重点课题的联合攻关，力争取得突破性进展，大力发展计划生育生殖健康产业。

7. 加强对人口和计划生育工作的领导。

新时期加强人口和计划生育工作任重道远，更需要各方面的积极配合。

2001年《中华人民共和国人口和计划生育法》（该法于2015年做了修订）出台，这是继计划生育工作写入宪法后的又一标志性事件。从此，我国有了计划生育工作专项的法律法规。之后，我国又相继颁布了《流动人口计划生育工作管理办法》《计划生育技术服务管理条例》《社会抚养费征收管理办法》，地方政府在这些法律法规的基础上又出台了许多相关的管理条例，这些构成了我国计划生育工作法律的主要框架。

2013年3月17日，党的十八届二中全会和十二届全国人大一次会议审议通过了《国务院机构改革和职能转变方案》，提出为更好地坚持计划生育的基本国策，加强医疗卫生工作，深化医药卫生体制改革，优化配置医疗卫生和计划生育服务资源，提高出生人口素质和人民健康水平，将卫生部的职责、国家人口和计划生育委员会的计划生育管理和服务职责整合，组建国家卫生和计划生育委员会。同时将国家人口和计划生育委员会研究拟订人口发展战略、规划及人口政策职责划入国家发展和改革委员会，不再保留卫生部、国家人口和计划生育委员会，国家卫生和计划生育委员会正式挂牌，这是计划生育机构的又一次改革。根据《方案》规定，国家卫生和计划生育委员会的主要职责是统筹规划医疗卫生和计划生育服务资源配置，组织制定国家基本药物制度，拟订计划生育政策，监督管理公共卫生和医疗服务，负责计划生育管理和服务工作等。进一步优化了对人口和计划生育工作的领导框架。

各级党政领导干部必须充分认识稳定低生育水平的长期性和艰巨性，充分认识统筹解决人口问题的复杂性和紧迫性，充分认识经济社会发展为人口和计划生育工作带来的战略机遇和有利条件，坚决克服盲目乐观和麻痹松劲情绪，切实增强做好人口和计划生育工作的坚定性、主动性和创造性。建立健全统筹解决人口问题的决策与调控机制。各级党委和政府要把人口和计划生育工作摆上重要议事日程，研究解决重大问题，部署重要任务，加强统筹协调和督促检查。将人口发展战略和规划纳入国民经济和社会发展总体规划。制定人口发展评估体系，完善人口发展和人口安全预报预警制度，监控人口发展规划执行情况。进一步完善地方各级人口和计划生育工作领导机构和协调机制。完善目标管理责任制，对党政领导、责任部门、人口和计划生育部门分别进行考核，实行"一票否决"制度。坚持把人口和计划生育工作纳入中央重大事项督查范围。各省、自治区、直辖市党委和政府每年要将本地区人口和计划生育工作情况向中央作专题报告。改革管理体制，转变政府职能，进一步落实机关、企事业、社会团体法定代表人的人口和计划生育工作责任制，充分发挥计划生育协会等群众团体在基层人口和计划生育工作中的生力军作用。全面加强人口和计划生育法制建设。进一步完善法律法规体系，严格贯彻落实《中华人民共和国人口与计划生育法》等法律法规，认真总结行之有效的成功经验和管理制度，适时修订或制定有关法律法规。切实提高依法行政水平，坚持执法为民，实行政务公开，尊重群众的知情权、参与权、监督权，保障群众计划生育合法权益。落实人口和计划生育行政执法责任制，对违纪违法行政造成严重后果的，给予党纪、政纪处分，直至追究法律责任。稳定健全基层工作机构和队伍。在农村综合改革和城市行政区划调整中，确保人口和计划生育工作机构和人员稳定，不得随意撤并和改变机构性质。加快人口和计划生育管理体制改革。按照常住人口规模比例配备人口和计划生育工作人员。县、乡两级人口和计划生育工作岗位特殊、任务艰巨，要按规定落实基层工作人员的工资和社会保障待遇。人口和计划生育技术服务机构从事公益服务，经费由财政保障。选拔德才兼备的优秀人才，充实、配强人口和计划生育部门领导班子。对政绩突出的优秀干部要注意培养和使用。加强人口和计划生育宣传教育。报刊、广播、电视、互联网等大众传媒，特别是主要媒体要制定规划，采取灵活多样、生动活泼的形式，持续广泛开展人口和计划生育方针政策的宣传，总结报道先进经验和典型，扩大宣传的覆盖面和影响力。中等以上学校要将人口和计划生育、生殖健康纳入相关课程教学内容或开设专题讲座等。利用城市社区、农村基层各种文化场所和宣传途径，开展群众喜闻乐见的人口文化活动。加强人口与发展领域的国际交流与合作，扩大南北对话，促进南南合作，建立相互尊重、共同发展的伙伴关系，争取国际社会广泛理解和支持。积极参与人口与发展领域国际援助和国际规则的制定。遵循国际人口与发展大会行动纲领和联合国千年宣言精神，进一步促进人权事业发展，提高人权保障水平。[①]

综上所述，进入 21 世纪后，我国计划生育工作重点放在稳定低生育水平和提高人口素质上，计划生育工作依然是我国政府工作中的重中之重。

四、关于统筹解决人口问题的相关讨论

进入 21 世纪以来，我国人口生育水平逐步下降，低于人口替代水平并保持多年。在关于我国人口问题中数量、质量与结构三者哪一个是主要矛盾的讨论中，部分学者坚持人口数量、人口规模第一位的观点，认为数量、规模是主要矛盾，结构问题则处

---

① 《中共中央国务院关于全面加强人口和计划生育工作统筹解决人口问题的决定》。

于第二位。但是，很多专家学者从中国的人口的客观实际出发，不再仅仅局限于"数量第一"的认识，而是强调人口的综合统筹发展。北京大学教授李建新①认为中国政策不再是数量第一，结构第二的问题，取而代之的是数量与结构的并举和统一，关注的重点也从数量转移到生育率上。因此，总结出未来的人口政策目标应从总量目标向生育率目标过渡，而生育率目标以替代水平为宜，即使是"稳定低生育水平"，亦应明确"低生育水平"的范围，过分低于"低生育水平"的地区应率先调整人口政策。从国家层面开始将人口政策的专注点转向控制生育率目标，在《国家人口发展战略研究报告》中已经提出"全国总和生育率在未来30年应保持在1.8左右，过高或过低都不利于人口与经济社会的协调发展"。美国加州大学的王丰②计算了中国1950~2006年的人口内在自然增长率，发现早在1990年内在增长率就已经由正变负，表明中国过去十几年的低生育率正在逐渐累积起人口负增长惯性。可见，中国的低生育水平已稳定多年并形成惯性，人口政策的重点已经逐步转向提高人口质量和优化人口结构。

国家计生委主任李斌指出我国的计划生育政策由控制人口数量转向统筹解决人口问题，并且人口数量问题仍然是长期制约我国经济社会发展的关键性问题之一。从长远来看，人口素质、结构、分布问题将逐渐成为影响经济社会协调和可持续发展的三个主要因素，统筹人口与经济、社会、资源、环境协调发展的任务十分艰巨。另外，人口自身是一个数量、素质、结构、分布各要素互相联系、互相制约、互相促进的有机整体。人口发展必须统筹兼顾、协调推进。当前要着力解决的四个制约人口自身协调发

---

① 李建新：《稳定低生育水平的涵义和作用》，载于《人口与计划生育》2000年第6期。
② 王丰，郭志刚，茅倬彦：《21世纪中国人口负增长惯性初探》，载于《人口研究》2008年第6期。

展的难题，一是预防出生缺陷，提高出生人口素质；二是综合治理出生人口性别比偏高问题，促进社会性别公平；三是加强流动人口服务管理，引导人口有序流动与合理分布；四是积极应对人口老龄化，破解人口抚养比升高的难题。高松柏结合当地实际，就统筹解决人口问题面临的现状进行系统分析，认为目前在统筹解决人口问题方面主要存在着人口意识淡化，控制能力弱化，"亲自抓、负总责"表面化和综合治理形式化等问题。指出基层要在工作实践中不断大胆地探索和创造，通过确立大目标、树立大观念、营造大环境、制定大政策、建立大机制、谋求大发展、寻求大突破，逐步走出一条有中国特色的统筹解决人口问题的新路。周宏春在报告中指出为实现人口、资源、环境的可持续性发展，要控制人口总量增长，提高人口素质，实现健康的老龄化。控制人口数量，应将重点放在农村和贫困地区，特别是边境、城乡接合部和各种流动人口的计划生育管理。同时，要将解决人口文化教育素质不适应现代化建设需要的矛盾放在更加重要位置，将人口政策的重点逐步转移到提高人口素质上，进而来提升我国的国际竞争力。由于我国现在已经进入老龄化社会，应针对老龄化的特点，以老年人自立、自助为原则，以家庭资助为基础，以社区服务为依托，以国家和政府的法律、法规、政策为保障，积极促进健康老龄化，实现"老有所养、老有所医、老有所教、老有所学、老有所为、老有所乐"。

为落实 2004 年中央人口资源环境工作座谈会关于加强人口发展战略研究的重要指示精神，组成了由蒋正华、徐匡迪和宋健同志任组长的国家人口发展战略研究课题组，经过广泛深入地调研和专题研究论证，提出了关于统筹解决人口发展的基本判断和战略思路，基本判断包括如果人口总量峰值控制在 15 亿人左右，全国总和生育率如果在未来 30 年要保持在 1.8 左右，过高或者过低都不利于人口与经济的协调发展；人口和计划生育工作成就巨大，来之不易，目前的低生育水平反弹势能大，维持低生育水平的代价高，必须创新工作思路、机制和方法；确定人口发展战略，必须既着眼于人口本身的问题，又要处理好人口与经济社会资源环境之间的相互关系；要构建社会主义和谐社会，统筹解决人口数量、素质、结构、分布问题，必须调整发展思路，优先投资于人的全面发展。在基本判断的基础上，提出了统筹解决人口问题的思路，要以邓小平理论和"三个代表"重要思想为指导，全面落实科学发展观，按照构建社会主义和谐社会的要求，坚持以人为本，推进体制创新，有限投资于人的全面发展。稳定低生育水平，提高人口素质，改善人口结构，引导人口合理分布，保障人口安全，实现人口大国向人力资本强国的转变，实现人口与经济社会资源环境的协调和可持续发展。

陈友华、徐愫[1]指出统筹解决人口问题可以从以下几个方面着手，首先，调整现行的生育、社会抚养费征收、计划生育导向等计生政策。其次，变革考核内容，彻底摒弃以往那种以人口数量控制为中心的思维模式。目前主要是为基层适度"松绑"，而不是添加新的任务和施加新的压力。再次，彻底变革思想观念，牢固树立"以人为本"的思想，摒弃强制性的"三查"等做法，尊重并维护每对夫妇生育 1~2 个孩子的意愿和权利。最后，重新定位人口计生部门的工作，努力将人口计生工作从过去的重"命令"转变为重"引导"，着力为群众提供优质服务，并努力实现计划生育基本公共服务的均等化。同时，他们强调统筹解决人口问题不仅有赖于经济发展，更为重要的是，它更有赖于社会发展和人类的全面进步。解决人口问题的重点不在于强化人口政策，而是在于完善社会发展与公共政策。张维庆指出走中国特色统筹解决人口问题的道路必须把人口和计划生育工作融入党和国家事业发展的全局，把人口和计划生育工作放在经济社会发展大

---

[1] 陈友华，徐愫：《计划生育综合改革与统筹解决人口问题》，载于《南京人口管理干部学院学报》2010 年第 2 期。

第四章 "统筹解决人口问题"决定的开展

局中去思考,放在改革开放的进程中去推动,充分发挥党和政府在人口统筹发展中的主导作用,坚持议全局、谋大事、促发展,集中力量解决制约和影响人口和计划生育事业发展的深层矛盾和突出问题,转变政府职能、研究战略、编制规划、完善法制、制定政策,为人口和计划生育事业发展创造良好社会和政策环境。此外,还要用创新的思维、发展的思路、改革的办法解决前进中的问题。为适应社会主义市场经济体制的要求,应准确把握发展规律,不断更新发展观念,及时调整发展思路,改革完善工作机制和方法。要不失时机地推进理论创新、体制创新、管理创新和科技创新,尊重基层和群众的首创精神,鼓励大胆实践、勇于探索,不断激发人口和计划生育事业发展的动力和活力。与此同时,他还强调走中国特色统筹解决人口问题的道路也必须坚持理论与实践的有机统一、尊重人民群众的主人翁地位、构建政府主导、部门协同、社会参与的工作格局,坚持强基固本、分类指导、实施主动开放战略。冯月菊对陕西省在统筹解决人口问题中的经验教训做了深刻的总结:树立了大人口观,积极探索统筹解决人口问题的新思路,强化两个统筹,推进综合改革,促进了人口与经济社会、资源环境的协调持续发展,人口内部均衡程度提高。具体措施是实施了经济增长高于全国水平,人口增长低于全国水平的"一高一低"战略、坚持以人为本,优先投资于人,加大公共财政对民生事业投入的民生工程、城乡一体化与环境保护协调推进(城乡一体化中,坚持市场推进和政府引导并重,走可持续发展的城镇化道路,同时,统筹城乡发展,均衡配置资源,推进城乡一体化。在城镇化过程中,推进以退耕还林、节能减排、重点区域整治为主的生态建设)、将计划生育服务站建设、母亲健康、优生促进工程纳入"八大惠民"工程,着力提高出生人口素质、强化综合服务管理(积极推进部门协作,加强出生人口性别比综合治理和流动人口服务管理创新,建立B超机使用登记报告、定点分娩、定点终止妊娠、婴儿死亡报告、终止妊娠药品管理制度，规范二孩全程优质服务流程，推行出生实名登记制度，依法严肃查处非医学需要胎儿性别鉴定、非法选择性别引产行为；落实"属地化管理、市民化服务"的要求，建立健全"统筹管理、服务均等、信息共享、区域协作、双向考核"的新机制，推进服务均等化①）、探索新的工作体制机制，即建立以县为主的统筹解决人口问题的体制机制，力争在县一级首先对现有的人口计生管理服务资源和体制进行整合、创新，建立起统筹解决人口问题的工作体制。

  周学馨②提出了统筹解决人口问题的对策建议，主要从以下四个方面展开：理论和观念创新——以"人的全面发展"统筹解决人口问题、人口工作机制创新——统筹解决人口问题的"着力点"、人口管理方式创新——统筹解决人口问题的社会条件、突破农村人口问题的瓶颈——统筹解决人口问题的核心问题。乔晓春在统筹解决人口问题与综合改革中，明确指出综合改革的目标不是机制建设，而应该是体制建设，它是在进行体制上的探索，探索在统筹解决人口问题上人口计生部门应担负的职责。同时，针对计生部门在"大人口"框架下职能不足且有限的客观现实，提出了一条可行的路径，通过在基层的先行示范再上升为国家的具体实践。"尽管从国家层面不应该赋予基层超出法定职能的内部职能，但是在探索层面，可以通过综合改革在基层探索一些超出法定职能的工作。改革一定要经过'先行先试'的过程，从来没有一项成功的改革一开始就是在国家层面普遍铺开的，那种盲目的改革一定是失败的。所以，在'该做什么'和'能做什么'方面，需要先在基层进行探索，然后再上升到国家

---

  ① 冯月菊：《统筹解决人口问题的实践与思考》，载于《人口与发展》2012年第4期。
  ② 周学馨：《统筹解决人口问题的战略定位及对策思考》，载于《人口与计划生育》2007年第7期。

第四章 "统筹解决人口问题"决定的开展

层面的实践,而不是直接从全国层面开始探索"。[①] 王胜今、于潇强调人的全面发展是统筹解决人口问题的根本途径,它是实现生育观念转变和稳定低生育水平的根本途径,是优化人口结构、解决人口结构性问题的重要手段,是人的全面发展的核心、是解决地区发展不平衡、促进人口分布优化的重要措施。为深入贯彻、统筹解决人口问题,他指出要做好以下三个方面的工作:"第一,加强新形势下人口与计划生育工作的理论研究。在我国全面建设小康社会和构建社会主义和谐社会的进程中,人口是一个重要的基础性因素。要实现人口与经济、社会、资源、环境的协调发展和可持续发展,必须统筹解决人口问题。《中共中央关于全面加强人口和计划生育工作统筹解决人口问题的决定》突出了以人的全面发展统筹解决人口问题的长期性、艰巨性和重要性,给人口和计划生育工作提出了新的课题。全国人口和计划生育部门的实际工作者和理论工作者,应当深入学习和领会《决定》的精神,从统筹解决人口问题的新视野出发,以科学发展观为统领,深入开展相关理论问题的研究,为贯彻《决定》奠定坚实的理论基础。第二,加强宣传和学习。人口和计划生育领域的广大干部、职工和科研工作者,应当认真学习《决定》,更新观念、提高业务素质、转变工作方式,使管理体制、工作方法、服务能力以及干部队伍素质尽快适应新的要求。第三,人口和计划生育实际工作部门,应当深入贯彻《决定》的精神,结合本地区的实际,探讨新形势下新的工作思路和工作方法,加快建立统筹解决人口问题的新机制,通过改革和创新,提高人口和计划生育工作的水平,把我国的人口和计划生育事业推向一个新阶段"。[②]

[①] 乔晓春:《统筹解决人口问题与综合改革》,载于《南京人口管理干部学院学报》2013年第1期。
[②] 王胜今、于潇:《以人的全面发展统筹解决人口问题》,载于《人口学刊》2007年第5期。

在统筹解决人口问题的具体措施上，专家学者们也提出了相关看法。张维庆在社会主义新农村建设与人口计生网络发展研讨会上曾指出，应该逐步将人口计生网络改造成为一个开放式的、普惠性的、能够综合服务于新农村建设的社会管理与公共服务网络。孙晓明[1]认为我国人口计生网络经历了两次重大转型，第一次以1995年启动的国家计划生育优质服务试点项目为典型代表，工作内涵由单一的避孕节育控制向计划生育/生殖健康优质服务转变；第二次则是由计划生育/生殖健康优质服务向综合的生殖健康/家庭保健优质服务转变，因其生存问题和发展问题并存，相对于第一次人口转型，第二次人口转型尤为的艰难。俞华[2]认为现阶段的人口和计划生育综合改革要先解决网络的转型问题，为实现未来的健康发展，夯实战略资源，要找准网络转型的市场定位，包括提供优质的计划生育宣传与技术服务、为公共管理与服务提供综合性的信息服务，这是指围绕人口与家庭的发展，在政府和群众之间建立起双向交流的公共服务信息渠道，上传下达有关的公共服务需求和供给的综合信息、"人口和计划生育委员会"向"人口与家庭发展委员会"演变。同时，他也提出了综合改革的两个层面的战略重点，在第一层面的战略重点里，要求进一步提高计划生育宣传和技术服务质量、维护群众特别是计划生育家庭的相关权益、大力加强人口与家庭发展领域公共服务需求与供给信息的收集、整理、研究能力和提高社会、家庭和群众对于人口问题的参与度。在第二层面的战略重点中，要求规范、改进计划生育技术服务和知情选择、完善我国人口与家庭发展政策体系、开展职业化队伍建设和网络重塑、建立人口与家庭生殖健康/健康生活综合电子档案以及建立并完善群众投诉机制及计

---

[1] 孙晓明：《关于我国农村计划生育服务系统可持续发展的思考》，载于《人口研究》2008年第1期。
[2] 俞华：《人口和计划生育综合改革的战略定位与重点》，载于《人口与发展》2009年第1期。

划生育村（居）民自治。王平权阐明推进人口计生长效工作机制建设，需要把握三层次，掌握三原则："既要突出宏观层面的长效性，理顺体制，健全制度，完善政策，提升经验，做到管全局、管长远、有高度，做出制度性安排，又要突出中观层面的有效性，明确改革的侧重点，对基层形成强有力的指导与规范，还要突出微观层面的实效性，通过丰富多样的载体，把新的理念、好的政策制度、有效经验贯彻落实和运用到人口计生工作的各个方面和各个环节，鼓励基层创造性落实各项改革措施，为机制完善丰富提供源源不断的新鲜血液"。[1] 另外，我国还对人口政策的"中枢枢纽"进行了改革，正如中共中央政治局委员、国务院副总理刘延东在国家卫生和计划生育委员会干部会议上指出，组建国家卫生和计划生育委员会，是为了更好地坚持计划生育。总之，国家卫生和计划生育委员会的成立，代表着中央政府已经充分把人口问题放在了国家发展战略决策的高度，同时也更加注重人口素质的提高和卫生工作的深入开展。

在地方政府的实践中，山西省构建了城镇人口管理服务平台，并在部分区县进行试点，利用社区网格管理的组织形式和网格员"一岗全责"的管理方式，以需求驱动为先导，在群众、政府部门和社会服务机构之间架起了沟通的桥梁。这一举措不仅加强了基层网络的网底建设，而且搭建了基础信息支撑平台。河北邢台市建立起集"体检中心""家庭健康服务中心""不孕不育诊治中心""家庭健康促进中心""早教中心"和"老年服务中心"为一体的公共服务中心。浙江省宁波市全面开展"彩虹人生，幸福家庭"的品牌创建活动，把创建幸福家庭，促进家庭发展作为人口计生工作转型的重要内容。江苏省无锡市在科学发展观的指导下，以体制机制创新为突破口，深化人口和计划生育

---

[1] 王平权：《把握三层次，掌握三原则，扎实有效推进人口计生长效工作机制建设》，载于《人口与发展》2009年第1期。

综合改革，全面加强人口服务管理工作，积极探索统筹解决人口问题的新路子，努力变人口压力为人力资源优势，促进无锡现代化与可持续发展。在实际工作中对原有人口管理体制、人口计生工作模式进行适度调整。在宏观层面上，建立健全统筹协调、权责统一、高效运转的人口工作新体制；而在微观层面上，继续完善对流动人口的社会管理和公共服务，致力于促进人的全面发展。

第五章

"单独二孩"人口生育政策的推行

"单独二孩"是中国人口生育政策的重大转向,标志着我国逐步放开严控的计划生育政策,开始向"放开二孩"过渡,这是中国人口和生育政策适应新形势下经济社会发展所做出的重大调整。之所以选择相对温和的"单独二孩"政策而没有采用直接全面放开二孩生育,是因为担心在现有的人口结构和生育意愿等条件下,短期内会形成人口生育的高峰,中国未来人口可能会迅速突破15亿人,明显超出了社会的容纳能力,引起人口结构的巨大改变与社会各阶层的动荡不安。因此,"单独二孩"政策更像政策转向和调整的"试验场",相对于"全面二孩",它更平稳、渐进、可控。

一、政策推行的背景

自从20世纪80年代推行计划生育政策以来,经过30多年发展,我国无论在控制人口的增长速度还是在控制总量方面都取得了举世瞩目的成就。人口增长率已降至0.5%以下;据统计,30多年来,我国实行计划生育累计少生了4亿多人,极大地缓解了人口对资源环境的压力,推动了经济发展和人民生活水平及人口素质的提高。但是，进入 21 世纪以来，我国的人口形势已经发生了重大变化，表现为生育率持续低于更替水平、人口老龄化加速发展、家庭规模持续缩减导致的失独风险加大、男女出生性别比失衡等。这些变化无疑增加了国家、家庭和个人的养老负担，降低了风险的承受度，削弱了人口作为重要生产要素投入的可持续发展的能力。为适应人口形势的变化，促进人口长期可持续和均衡发展，在我国对计划生育政策又做出完善和调整，推行了"单独二孩"的人口生育政策。"单独二孩"人口政策的推行既是对人口数量控制，也是对人口质量和结构平衡管理的调整，具有风向标的意义。

（一）低生育水平稳中趋降，生育率低于人口更替率

我国计划生育政策的实施对于抑制我国人口过快增长起到了很好的作用，但是不可否认，它同时也带来了我国长期人口结构问题。20 世纪 90 年代初，我国总和生育率降到更替水平以下，2010～2012 年时为 1.5～1.6，达到发达国家的平均水平。人口总量虽然保持持续增长，但惯性趋弱。如果维持计划生育政策不变，总和生育率将继续下降，总人口在达到峰值后将快速减少，影响人口长期均衡发展以及中华民族的长远发展。考虑到我国这样一个人口大国的实际情况，短时间的低生育率是合理的，有助于经济的发展，缓和人与自然资源的矛盾。但是，人口生育率长时间低于人口更替率无疑会给我国经济持续增长、综合国力提高埋下隐患。再加上生育率的转变是一个长期的过程，并不会仅仅因为政策的松动就能够立即恢复。我们已经不得不面对一个较长时期的低生育率了。长时期的低生育率会使"人口红利"[①] 消

[①] 人口红利是指一个国家的劳动年龄人口占总人口比重较大，抚养率比较低，为经济发展创造了有利的人口条件，整个国家的经济呈高储蓄、高投资和高增长的局面。

失。("人口红利"在我国的经济发展过程中曾扮演了重要的角色。在改革开放之初，我们缺乏资本，缺乏高端的管理和技术，之所以能够吸引国外资本，一定程度上依赖于廉价的劳动力。整个社会连续几十年的出生率小、老龄化程度低、社会需要抚养的老人和少儿的人数较少、青壮年比重较大、劳动力资源充足，我们以低工资、低成本为整个国家的发展积累了大量的财富。)"人口红利"的消失当然可以用别的生产要素优势去弥补，但是如果不能补上，对经济的发展就会是一个严峻的挑战。例如，我国东北三省，经济的不振和人力资源的不足，缺少新生人口增加（其生育率维持在全国最低 0.75 的水平）以及本地人口的外流，两相作用，对发展产生负面影响，导致了东北在全国经济中的比重不断下降。对于一个区域是这样，对于整个国家也类似，我们有必要未雨绸缪，切实重视"人口红利"即将消失的问题。一方面做好人口平衡发展的工作，让"人口红利"的消失尽可能和缓一些；另一方面从其他生产要素上去想办法，抵消"人口红利"消失的副作用。

(二) 人口老龄化现象严重

我国老龄化速度、规模均空前严峻，中国正在变老。按照联合国制定的标准：一个社会如果 60 岁以上人口超过总人口比重 10%，或者 65 岁以上人口占总人口比重超过 7%，那么这样的社会就属于老龄化社会。2000 年第五次全国人口普查结果显示，我国 60 岁及以上人口的比重达到总人口的 10.45%，其中，65 岁及以上的人口比重已达到 7.09%。2010 年第六次人口普查显示，60 岁及以上的人口不断上升，达到 1.77 亿多人，占总人口的 13.26%，并且以每年 500 万~800 万人的数量在增加。60 岁及以上人口从 2010 年 13.3% 提高到 2014 年的 15.5%；65 岁及以上的人口从 2011 年 8.1% 上升到 2016 年的 10.8%。目前，中国已成为世界上老年人口最多的国家，也是人口老龄化发展速度最快的国家之一，老年人生活旅居问题不断凸显。据联合国统计，到21世纪中期，中国超过60岁人口将近5亿，仅老龄人口届时就将超过美国的人口总数。

针对老龄化问题，专家学者们采用很多方法进行了各种预测，其中有预计21世纪30年代中期我国60岁以上人口将达到4亿，占总人口的比例将从目前的1/7提高到1/4。根据《亚洲结构性主题——老龄化的亚洲》报告中的预计，2010年后中国老年人口加速上升，老龄化加速将持续到2030年左右，2010~2030年60岁及以上老年人口年均增长速度达到3.66%，2030~2050年年均增长速度下降到1.26%。到2050年中国60岁及以上人口将占到总人口的31.1%，大大高于届时世界21.9%的平均水平。而根据王培安预测，到2050年，我国60岁及以上的老年人口占比将达到33%，2050年和2080年中国65岁及以上的老年人占总人口比例将会高达28.6%和37.2%。以上数据可能因为方法的不同导致结果有所不同，但均表明我国老龄化的形势已非常严峻。而且与我国社会高龄化和老龄化现象日益突出紧密相连，养老问题也将日益突出。国家、社会和个人将不得不投入更多的人力、物力、财力解决养老问题，大量的资源转移到养老上，很可能会严重地制约了社会的可持续发展。就家庭和个人来说，养老同样是一个非常大的问题。伴随着20世纪80年代初"独生子女"政策的实施，我国的家庭结构日趋核心化和小型化，2010年我国的平均家庭规模为3.10人，"4——2——1"家庭结构模式普遍存在，由这样的家庭来承担未来的老年人养老，其困难可以想象。

实际上不用等到未来，过去的几年，养老形势已经空前严峻。我国抚养比从2012年的20.66%上升到2013年的21.58%，并不断攀升，这意味着创造社会财富的劳动年龄人口比例在逐渐下降，而领取养老金的老年人比例在迅速上升，使政府承受了养老的巨大压力。据《中国养老金发展报告2013》显示，2012年我国个人账户空账规模超过 2.6 万亿元，全国有 19 个省份的养老资金收不抵支，出现了支付困难。这表明加速的人口老龄化给我国养老金的统筹账户造成了巨大的财政负担。到 2014 年，养老金"亏空"已经上升至 1 563 亿元，2015 年进一步攀升至 3 024.87 亿元。出现这样的问题当然也和我们的做法有关系。国家采用的是将本应在未来才能支付的现在在职职工个人账户的资金挪用支付已退休人员的养老金费用，从而造成了全国范围内养老保险基金有名无实的空账运行。养老保险金的空账运转是现在向未来透支，是退休一代向在职一代的透支。如果未来的总能大于现在的，向未来透支并不会出现大问题。但问题是老龄化的发展是老年人越来越多，在职一代增长速度则不断下降，甚至负增长，所以从长期看，这种运行制度的实施是难以继续下去的。但是，即使做法改进，也无法改变严重老龄化所带来的社会负担加大的状况。再加上，独生子女家庭、空巢家庭，养老的压力就更大了。通过调整人口结构，从根源上寻找解决问题的方法，改变计划生育的方向也就提上了日程，"单独二孩"也就从老龄化的发展找到了实施的又一依据。

（三）家庭规模持续缩减，失独风险增大

2010 年第六次全国人口普查数据显示，我国人口达到 126 743 万人，出生率为 14.03%，自然增长率为 7.58%，全国户均较 2000 年第五次人口普查户均减少 0.34 人，与 20 世纪 80 年代初户均 4.43 人比较，下降 1.33 人。我国独生子女政策实施以来，大多数城市家庭自愿或非自愿地选择只生育一个孩子，我国独生子女总量已达 1.4 亿人，独生子女户占比已经超过全国总户数的 1/3，独生子女规模还在以每年约 500 万人的速度增加。若保持当时生育政策不变，那么，我国的独生子女家庭群体规模将会持续扩大。独生子女家庭结构与多子家庭比较而言更加的脆弱，本质上属于高风险家庭。孩子在成长过程中出现伤害或者是夭折，比如天灾人祸、高频发的交通事故等外在因素，使独生子女家庭失去"独子"的可能性大大增加，面临"失独"风险。"失独"会给家庭带来巨大灾难，包括父母的养老问题、家庭心理创伤问题等。除了带给家庭的创伤，大量失独家庭的增加同样也会引发一些社会问题，有些失独家庭会不惜冒着生命危险高龄生育，或者通过非法渠道买孩子，引致贩卖拐卖儿童的犯罪频发，加剧了社会的道德风险。家庭规模的缩减、失独风险加大造成独居老人的比例提高，家庭的传统功能弱化，越来越多的老人在老年时失去子女的关怀，都是严重的社会隐患。

根据原国家卫生部发布的《2010中国卫生统计年鉴》，我国每年新增7.6万个失独家庭，全国失去独生子女的家庭已经超过100万个，据此推算，我国"失独"的老年人每年新增15.2万人，"失独"老年人的总量则已超过200万人。不难想象，独生子女家庭在面对失去仅有的一个孩子时是多么脆弱，"失独"老年人的心理承受能力和情感寄托瞬间崩溃，不可避免地会引发出一系列的社会悲剧。杭州有一对老夫妻，在他们女儿去世百日的时候双双自杀身亡。人口专家易富贤根据此次人口普查结果在《大国空巢》中推测，目前我国约有2.18亿独生子女，有1 009万人或将在25岁前离世，这样一来，在十几年内就有1 000万家庭成为失独家庭①。2012年的《中国新闻周刊》也曾提到全国失独家庭已超过百万，并且按照每年7.6万的速度递增。因此，为应对独生子女家庭面临的"失独"风险，在调整生育政策时，需要减少独生子女家庭的数量。

（四）人口性别比例失调

按照自然规律，男女性别出生的正常比例在102~107。改

---

① "失独"家庭指的是那些年龄多在50岁以上，失去独生子女，并很难生养第二胎的人。

第五章 "单独二孩"人口生育政策的推行

革开放后，我国的出生人口性别比[①]就高于正常比例，1982年是108.47，首次超过107的国际警戒线。此后，开始持续居高不下。1994年达到115，2004年男女出生性别比高达121.1，这是改革开放后的峰值，此后，开始出现小幅度下滑，但也始终高于国际警戒线运行，2010年为118.1，2012年为117.7。在第六次全国人口普查中，我国有15个省份男女出生比在115以上，其中9个省份甚至高达120以上。2014年这一比值是115.9，仍然高于联合国警戒线的正常值范围，该年数据显示，我国男性人口70 079万人，女性人口66 703万人，男性比女性多3 376万。2015年，我国人口出生性别比例的平均值113.5。根据中国社会科学院发布的2010年《社会蓝皮书》，我国19岁以下年龄段的人口性别比严重失衡，到2020年，中国处于婚龄的男性人数将比女性多出2 400万，我国已经成为出生性别比例失调最严重、失调持续时间最长的国家。长期的男女比例失调会带来严重的社会问题，其导致的直接后果就是"婚姻挤压"和"就业性别挤压"，尤其"婚姻挤压"。它造成我国男性"光棍"数量猛增，尤其是农村"光棍村"已经逐渐增多，未来在边远落后地区，将会有更多的光棍村落出现。据全国政协人口资源环境委员会公布的数据显示，到2020年，我国"光棍汉"将达到3 000万～4 000万人。广西东兰县的一个贫困村庄台中屯，成了名副其实的光棍村，多年来没有一个外来姑娘嫁入这个村，而本村只有一个姑娘嫁给同村人，对象是小学教师，别的全嫁到外地。按当地习俗，年满22岁男子须结婚，而22岁后未婚男子共有87人，占成年男子1/3。台中屯有两兄弟年过40岁，仍然未娶。这样的家庭并非个别例子。有时为了延续香火，不惜近亲结婚，结果就出现了生下5个孩子，当中有4个不会说话，另一个不能生育的

[①] 出生人口性别比是指某一时期（通常为一年）内出生的男婴总数与女婴总数的比值，用每百名出生女婴数相对应的出生男婴数表示。

情况，祸及下一代。广西东兰县并不是个例，"光棍村"是我国贫困村庄共同面临的问题。贫困家庭因婚育困难，除了选择近亲结婚外，往往也会选择娶聋哑、痴呆、残疾、精神障碍的女子为妻，例如安徽金寨县毛河村的 13 户中，已有 3 户的妻子为聋哑痴呆人士，更有 1 户的妻子有精神病。

我国出生人口男女性别比例失衡虽然受重男轻女的文化传统、女性受教育程度、男女地位不平等等多种因素综合影响，但不可否认，"一孩"的计划生育政策是许多家庭选择只生男孩的助推剂。因此，如何调整人口生育政策，实现人口性别比的均衡，成为必须面对的问题。

（五）劳动年龄人口减少

计划生育政策实施以来，我国人口出生率快速下降，劳动年龄人口进入负增长阶段，劳动力供给数量出现历史性的减少。到 2050 年，与现在相比，劳动力数量可能下降为 60%，劳动年龄人口可能缩减为 7.45 亿。

由于我国目前仍然是一个以劳动密集型产业为主的国家，劳动年龄人口减少使普通青壮年劳动力供给减少过快，导致了工资上涨幅度超过经济增长速度，压缩了企业价格竞争力。2000 年之前，我国城镇就业人员工资总额增长低于国内生产总值增长，之后，逐渐超过经济增长幅度，近几年更是加速上涨。工资的过快上涨，尽管在一方面是有利于增加劳动者收入，增强消费能力，但是从另一方面来讲，在我国绝大部分劳动密集型企业缺乏足够技术、管理能力的背景下，工资轮番上涨会导致企业利润缩减、转型缓慢甚至破产倒闭，特别是中小微劳动密集型企业得到的资金支持有限，反而使企业成本压力更大。而国家为了经济稳定，不得不频繁使用扩张性的财政和货币政策进行投资刺激，结果是加剧了物价上涨和资产泡沫化，造成我国经济陷入困境。

为实现我国经济可持续发展，积极探索一条适合我国国情的生育政策,"单独二孩"政策应运而生。

二、"单独二孩"政策的推行

人口是一个国家的命运,人口问题始终是关系到我国全面协调可持续发展的重大议题,在经济社会发展中处于及其重要的基础性地位。事实上,中国人口发展政策从调整生育数量到调整生育间隔,再到"单独二孩"政策的实施,一直依据国情变化处于动态调整的"进行时"。正如古人曰"世易则时移,时移则备变",我们既要看到我国人口众多的基本国情没有根本改变,也要重视人口结构调整的必然性及可行性,引领改革和发展的主动权。

在单独放开"二孩政策"出台前,当时的国家计生委就按照党中央的指示,开始启动调整完善生育政策的准备工作,组织开展了深入的调研论证。通过"十一五"人口发展规划终期评估、"千村生育率调查""150个县独生子女婚育状况调查",在全国范围内开展了0~9岁低龄人口基础信息核查,利用教育、公安、统计等相关部门的数据开展比对和校验,对我国人口总量和结构、生育现状以及人口变动趋势有了比较客观、准确的判断和估计。同时,组织开展了一系列课题研究,组织多方案测算比较,广泛征求各方意见。经反复研究论证,逐步形成了实施"单独二孩"政策的思路和方案。党中央对此高度重视,中央领导同志多次听取专题汇报,并且做出明确指示。

2011年5月,国家人口计生委下属的中国人口发展研究中心提交《关于〈完善单独政策初步测算报告〉的报告》。同年7月,在乌鲁木齐召开的全国人口和计划生育半年工作暨综合改革工作会议形成共识:在自愿原则下,可选择一些试点省份进行"单独二孩"试点。随后,广东、上海等省市都曾表态,希望首先在各自的省市进行试点。2013年8月初，国家卫计委释放出"完善生育政策"的信号，给多年"放开二孩"呼声带来了希望，这意味着计划生育基本国策执行30多年后，中国的计生政策或许会有突破。

2013年11月15日，中国共产党第十八届中央委员会第三次全体会议通过的《中共中央关于全面深化改革若干重大问题的决定》对外发布，其中提到坚持计划生育的基本国策，"启动实施一方是独生子女的夫妇可生育两个孩子的政策"，逐步调整完善生育政策，促进人口长期均衡发展。这是我国进入21世纪以来生育政策的重大调整完善，是国家人口发展的重要战略决策，"启动实施一方是独生子女的夫妇可生育两个孩子的政策"，这24个字具有了里程碑意义。上述"单独二孩"政策可以总结为以下几点：是指夫妻双方有一人是独生子女，且第一胎不是多胞胎的，即可生育第二胎。独生子女就是那些没有同母同父、同母异父、同父异母的兄弟姐妹的孩子。如果符合条件的夫妻第一胎是双胞胎或是多胞胎的话，那么他们也是不适合"二孩政策"。相比原有计划生育准生条例中，允许生第二胎的条件已经有所放松了。

2013年11月16日，国家卫计委副主任王培安进一步表示："启动实施单独两孩政策，全国不设统一的时间表，将由各省（区、市）根据实际情况，确定具体时间。但是，各地启动实施的时间不宜间隔得太长"。11月17日，新疆成为第一个对"单独二孩"进行明确表态的省份。12月24日，十二届全国人大常委会第六次会议分组审议了《关于调整完善生育政策的决议》。2013年12月30日，中共中央国务院印发《关于调整完善生育政策的意见》，启动"实施一方是独生子女的夫妇可生育两个孩子"的生育政策。为贯彻落实中共中央国务院《关于调整完善生育政策的意见》，稳妥扎实有序实施"单独两孩"政策，国家卫计委办公厅关于实施单独两孩政策有关问题的答复意见中，对

第五章 "单独二孩"人口生育政策的推行

独生子女的范围重新做了界定；对单独再婚夫妇的"单独二孩"生育政策进行了解释；同时，也对利益导向政策的衔接加以阐述。其中，主要包括三方面的内容[①]：首先，独生子女的界定。独生子女以父母合法婚姻以及血缘关系为基本前提，与《收养法》等相关法律相衔接，合理界定独生子女。独生子女一般指夫妇生育或合法收养的唯一存活子女，即没有同父同母、同父异母、同母异父的兄弟姐妹，或曾有兄弟姐妹但兄弟姐妹均死亡且没有生育子女的。此外，以下情形也可视为独生子女，（1）由社会福利机构抚养成人且没有兄弟姐妹的；（2）夫妇只生育一个子女，该子女以及该夫妇依法收养的查找不到亲生父母和兄弟姐妹的弃婴或儿童；（3）只生育一个子女的夫妇离异后，该子女经法院判决或协议由一方抚养并长期共同生活，且抚养方未再婚或再婚后未再生育的。其次，单独再婚夫妇的生育政策。各地在现行再婚生育政策的基础上，与单独两孩政策相衔接，根据实际情况，逐步完善再婚生育政策。对单独再婚夫妇有以下情形的，可允许其再生育一个子女，（1）独生子女一方未生育子女，另一方已生育一个子女，双方婚后生育一个子女且家庭只有该子女的；（2）独生子女一方未生育子女，另一方已生育两个子女的；（3）双方再婚前各生育一个子女的。最后，利益导向政策的衔接。在单独两孩政策实施之前领取了《独生子女父母光荣证》的单独夫妇，申请并经批准再生育的，应当注销其《独生子女父母光荣证》，停止享受独生子女父母奖励和优惠待遇，此前已享受的不再退还。村级集体经济组织或单位按规定，给予独生子女父母多分配的征地补偿款、安置房或保障性住房、集体林权等奖励性福利，可不退还。村（居）民自治章程或村规民约中有明确规定的，按规定执行。单独夫妇再生育子女的，按照

[①] 具体参考：《国家卫生计生委办公厅关于实施单独两孩政策有关问题的答复意见》。

《女职工劳动保护特别规定》享受产假。

2013年后,各省开始研究并相继出台了本省的单独二孩政策,最先出台政策的是浙江省,随后是江西省、安徽省、天津市、北京市、上海市、广西壮族自治区、陕西省、四川省等。国家卫计委相关负责人称,2014年第一季度,有关省、市、区将启动"单独二孩"政策,(1)符合政策夫妇可带户口本、身份证、结婚证和独生子女父母光荣证等材料到街道乡镇计生办申请再生育。(2)双方只需一方户口所在省实施"单独二孩"政策,就可去申请。

2014年3月,浙江、北京等7省市正式实施,江苏、内蒙古等21个省市筹备中,同年5月31日,除西藏、新疆外的29个省(区、市)都已依法实施了"单独二孩"政策。但是,截止到2014年底,却只有不到100万的夫妻申请生育二孩,与当初估计存在较大差距。

三、关于"单独二孩"政策的探讨

"单独二孩"政策的出台历经了多年争论,背后凝聚了人口学者和专家们深入的调查和研究。实际上,从2001年开始,一些人口学者就开始呼吁要放开生育政策,2004年以后的十年中,他们曾两次联名上书党中央,建议为应对中国所面临的现实问题,实施可持续人口发展战略,提议放开生育政策。第一次联名上书时,这些学者提出,中国即将面临人口老龄化等问题,一定要尽早放开生育政策,建议分两步走的战略,在少数有条件的地方先行试点,试点成功后再推广。然而,这次的建议没有得到相关部门采纳,反而受到了来自学界和一些官员的质疑。质疑主要表现在两个方面:一些是认为是因为实施了严格的生育政策,我国才降低了生育水平,政策一旦放开,会导致人口大幅度增长;

第五章 "单独二孩"人口生育政策的推行

另一些质疑则提出，这些学者建议的基础是基于各种推断，并不能代表我国的真实情况。2009年，一些中国人口学者继续推动了第二次联名上书，向中央陈述过度追求低生育率的长远后果，提升生育率已经是一个关系我国未来发展的战略目标。学者们提出希望加强对低生育率下人口规律的认识，允许试点，重视调研，做出人口生育政策的历史性选择。随后，这些思想在社会上得到了传播。越来越多的人口学家认识到，在现行生育政策下，我国长期处于1.5左右的超低生育率，在发展中国家中已属最低水平。而且，我国的低生育率人为因素起了很大作用，而经过人为努力将生育率从高降到低是可能的，将长期以来已经较低的生育率提高则会困难很多，除非人们的生育意愿高于实际的生育水平。人口专家顾宝昌教授和复旦大学教授、国家千人计划学者王丰教授牵头的课题组调研分析结果对此结论给予了支持。

中国人民大学社会与人口学院教授翟振武表示，人口政策的放开实际上是从"十二五"规划出台以后就一直在考虑的事，从它写入"十二五"规划时起，人口政策的调整就已进入中央层面的考量。对于生育政策如何调整，他认为人口学界形成了三种观点：一是直接放开二孩；二是在放开二孩之前再设一道卡；三是完全放开。基于风险控制和逐步推进的一贯逻辑，完全放开的方案科学性不够，中央经过慎重考虑后，决定生育政策放开采取一种"保守疗法"，即在放开二孩之前，设置了两道"关卡"，也就是在此之前全国共31个省放开"双独二孩"和"单独二孩"政策。南开大学人口与发展研究所研究员董亚杰认为，从双独放开到单独放开，实际上是对我国人口生育政策的"适度调整"，而非一步到位的调整，主要是基于人口老龄化来临、性别比测算等多方面影响，一步到位激进式改革容易引起人口结构的巨大改变与社会各阶层的动荡不安。与此同时，他进一步指出，人口政策也不能单纯考虑人口数量，更多地要考虑人口的质量、结构。北京大学人口所教授乔晓春强调如果二孩政策不调整，将会带来一系列的诸如高层次人才有可能因此流失等后遗症，此外，各省的养老体系还未健全，养老金还存在巨大的缺口，解决养老问题多半是以家庭为单位，双独甚至单独家庭供养双方父母都存在困难。因此，从现在开始，我国已经面临着提高生育水平的现实情况。他更进一步指出调整人口政策除了取决于目前我国的生育水平外，更取决于群众的潜在生育意愿。如果群众的生育意愿已经显著低于更替水平，那就意味着即使放开政策也很难使生育率恢复到更替水平。他的观点实际上佐证了顾宝昌等教授的研究。北京市人口研究所副所长尹志刚也持有类似的观点，他认为"单独二孩"政策可能会导致短期生育率略有反弹，但长期来看不会大起大落。上述判断是基于现实环境的制约，尤其是育儿、生活、教育成本的提高，让很多年轻人不会盲目跟风生育，低生育思维定式已在处于生育期的新生代家庭中悄然形成。

中国社会科学院社会学所研究员李银河指出"单独二孩"生育政策反映了中国政府在调整人口结构上的努力和与时俱进，从"单独二孩"启动实施着手，释放一部分生育势能，是中国完善生育政策的表现。顾宝昌教授也对实行"单独二孩"政策持肯定态度，认为它的实施将使中国人口结构更为健康、完善。中国社会科学院社会学所副所长张翼认为劳动力人口的下降，标志着人口转型的拐点，意味着中国的人口红利将进入逐渐收缩的态势，"单独二孩"政策是调整人口结构的重要手段之一。北京大学人口所教授穆光宗认为放开"单独二孩"城市的试点工作，有助于评估计划生育政策调整的走向和进度，佐证我们现在的政策是否过于小心。同时，他强调一对夫妇只生一个孩子的政策让普通家庭规避风险的能力减弱，失独家庭就是最典型的风险家庭，"单独二孩"可以降低这种风险家庭的概率。南开大学人口与发展研究所教授原新认为，启动实施"单独两孩"政策有利于改善日益突出的人口结构问题，对当前人口发展"利"大于"弊"。国家卫计委副主任王培安进一步做出阐述，指出"单独两孩"新政只是调整完善生育政策的一个重大举措,最终目的是促进人口长期均衡发展。

在具体实施过程中,专家学者也提出了很多针对性建议。西南财经大学人口所所长杨成钢指出启动实施"单独二孩"新政后,要求相关部门做好引导工作,避免大起大落的波动。计划要二孩的家庭要避免扎堆生育,以免给将来的入托、入学及就业造成拥挤。原新认为压抑了很长时间的生育势能,在"单独二孩"后会得到释放,肯定会在政策调整后的2~3年内产生出生堆积现象,相关部门应通过采取渐进、微调、各省不同步的方式,避免出现大范围、大规模的出生堆积。顾宝昌强调保障人口发展的平稳过渡,关键在于基层计生服务管理能力和工作方式,实现"单一管理型"向"服务管理结合型"转变、行政手段为主向综合治理措施转变来保障"单独二孩"政策的平稳过渡。中国人民大学社会与人口学院副院长段成荣认为,落实单独两孩新政也是一场"战斗"。政府部门要对政策的"蝴蝶效应"跟踪调研,分析新增出生人口大多分布在城市还是农村、东部还是西部,划出分布图,为加强和完善基本公共服务均等化提供决策依据。

部分学者对"单独二孩"的实施效果持非常乐观的态度,中国人民大学社会与人口学院教授翟振武等人认为实行"单独二孩"政策后,生育率提升到1.8是符合政策预期的,但如果全面放开二孩的话,生育率峰值将达到4.5左右,出生人口将达到每年4995万。① 然而更多学者持否定意见,北京大学人口研究所乔晓春就认为"单独二孩"政策明显遇冷,而且即使政策效果明显,生育水平也仅有1.7,离更替水平2.1相差甚远,因此需要对单独二孩政策进行调整。②

---

① 乔晓春:《实施"普遍二孩"政策后生育水平会达到多高?——兼与翟振武教授商榷》,载于《人口与发展》2014年第6期。
② 乔晓春:《从"单独二孩"政策执行效果看未来生育政策的选择》,载于《中国人口科学》2015年第2期。

人口学者何亚福认为"单独二孩"政策无论是从公民生育权的角度看还是从提高生育率的角度来看，并没有实际积极意义。因为与现行生育政策相比，"单独二孩"并不会增加多少生二孩的人群，其理由包括：首先，农村地区本来实行的是"一孩半"人口政策；其次，即使农村地区也实行"单独二孩"政策，由于农村地区的独生子女家庭相对来说并不多，并且夫妇双方如果都是非独生子女，第一胎即使生女孩，以后也不会允许生二孩。因此，全面放开二孩才会有一些积极意义，"单独二孩"没有什么意义。中国发展研究基金会曾集结国内20多位顶尖人口学者历经两年研究，发布的《人口形势的变化和人口政策的调整》报告中提出，我国人口生育政策亟待转向，建议全面放开二孩取代"单独二孩"，实施"单独二孩"会带来时间花费较长、贻误时机等问题。宋全成认为，"单独二孩"政策的实施将会产生新的生育权与抚养不公平现象，非独家庭被边缘化，享受不到该项政策的益处，生育权的公平性应该受到质疑。

四、"单独二孩"政策实施效果评析

从2013年11月15日中国共产党第十八届中央委员会第三次全体会议正式公布"全面两孩"政策到2016年1月1日开始实施的两年时间里，"单独两孩"政策实施虽然也取得了一定的效果，但相对比较有限，与预期目标相去甚远。虽然有了国家强有力的政策支持，许多符合生育条件的家庭还是受到各个方面因素的影响和困扰，生育意愿并不强烈，新生人口的增长相对有限，遭遇了政策遇冷的尴尬境地。

据国家卫计委事前测算，我国符合"单独两孩"目标人群约为1 100万对夫妇，预计新政策推行后每年将增加超过200万个新生婴儿。然而从实施一年后，各省、自治区、直辖市和全国陆续公布提交"单独二孩"生育申请的数量来看,在全国符合"单独二孩"政策条件的1 100万对夫妇中,只有106.9万对夫妇申请生育二孩,比例仅占符合条件的10%左右,实际申请数量与预期申请数量差异巨大。

部分学者认为政策遇冷的看法实际上是一种误读,理由是全国各地的"单独两孩"政策实际落地时间并不是在2014年的年初,而是集中在2014年3~4月,截止到统计时间,仅仅只有9个月。现实的情况是,即使截至2015年5月底,在符合条件的1 100万对夫妇中,也只有约145万提出再生育申请,约139万办理了相关手续,申请数量还是只有预期的50%左右。而且,当年实际单独二孩的生育人数比这一数字还要低,因为这个数字只是申请再生育的人数,那么申请人中有多少是被批准生育的,被批准生育的人中有多少人开始做怀孕的准备,这其中又有多少人能够怀孕,怀孕的人中又有多少人能够顺利生下孩子,即使孩子出生也未必是在申请后的第一年,仍然可能分布在未来各年中。如果把这些因素都考虑进去,2015年实际出生的人口占生育人数的比例要比预期生育人数的比例更低。

"单独二孩"政策出现上述结果,来自于两个方面的原因。一方面,对出生形势的判断存在着一定偏颇。在"单独二孩"政策实施前,一些专家预测在经历了长期的计划生育以后,育龄夫妇一旦获得生育二胎的机会,长期压抑的生育能力必然会得到释放,从而将会引发新一轮的人口出生高潮。政策出台前,20多名国内人口学者编纂的《中国人口发展报告2011/2012：人口形势的变化和人口政策的调整》报告对"单独二孩"实施的政策效果做出预测,报告指出符合"单独"条件的全国妇女总数有3 300多万人,在实施"单独二孩"政策后,预计3~4年后可增加1 000万~1 200万名新生儿,其中,峰值年份新增总人口将达到2 600万,总和生育率将由现在的1.6左右提升至2.4。部分人口专家抱持着更加乐观的看法,认为现在中国独生子女的家庭估计在1.4亿~1.5亿左右，假定按照现在60%~70%有单独两孩的意愿，那么生育的家庭将达到8 000万~9 000万，在未来的四、五年间，大概有将近1亿至2亿婴儿出生，无形中会形成庞大的婴儿高潮。如果加上每年出生的2 000万人，在未来的5年内，平均将会增加3 000万~4 000万人，如此多的人口将会对我国的经济发展产生制约。这一判断现在看是不正确的。

另一方面，"单独二孩"遇冷还源于人们在生活中遇到的问题和思想观念的改变。

1. 抚养成本高。

首先，从年龄结构来看，当今我国社会普遍存在结婚年纪较大，尤其是在大城市，生育年龄已经延迟到30岁左右，人均可预期寿命也延长到了70多岁，许多家庭面临着上有老、下有小的双重照料风险，既要照顾双方父母也要照顾自己的一孩。在中国这样一个依然依靠子女养老的社会，若再生育二孩，将使单独家庭的抚养负担非常沉重；其次，高昂的生活成本和抚养成本使很多本有生育二胎意愿的家庭望而却步。育儿费用已经成为家庭第二大支出项目，奶粉贵、看病贵、入托贵、择校贵、买房贵，养育一个子女每月基本花销都在几百至千元不等，对于农村家庭和普通的工薪阶层而言，是一笔不小的花销，比例约占家庭全部收入的24%。而对于北上广这样的一线城市，在育儿方面的投入还要更贵，高于全国其他城市，其中上海家庭育儿投入高居首位，对该地区的调查报告显示，约3%的上海家庭每月在育儿上的投入超过5 000元，一年就高达6万元。目前教育投入是学龄前儿童的主要投入，80%的公立幼儿园平均每月费用在2 000元以下，私立幼儿园则明显偏高，24%的私立幼儿园费用每月平均费用需2 000~3 000元，有的甚至超过5 000元。除了幼儿园费用，现在越来越多的家长还为孩子选择了各种各样的课外培训班，这已经成为养育孩子过程中的一种"常态"。在这样的环境条件下，"二孩"在某种意义上已经成为一个奢侈品，不是人人都能够消费的起。一个孩子从孕育到结婚，包括初期的孕检、生产、抚养，加上后续的教育、就业、婚姻方面的投入，养育一个孩子的花费随随便便就是上百万元，这是对家庭经济能力的考验。对于生育二孩来讲，不仅是"添双筷子"，更考验一个家庭的经济能力。如果没有充足的物质基础做前提，人们往往不会选择生育二胎。

2. 公共服务资源的缺乏。

现在我国育儿的配套设施等公共资源并不完善，还一定程度上还存在着漏洞，部分地区的医疗、教育、卫生、就业等公共服务资源比较缺乏，尤其是在一些经济发达的大城市更是明显。对于养育孩子的家庭而言，由于各种公共服务资源的紧缺，近到产检生育、看病住院，远到入托上学、教育就业，都会面临大量同龄人的激烈竞争，这也大大降低了育龄夫妇生育二胎的意愿。一位家长说出了很多人的心声，"一个孩子就已经够操心的了，怀孕开始后就要全家总动员，定期的孕检、产检更是让人疲于奔命。孩子出生之后，要全身心照看孩子，生病后忙着跑医院、找大夫，心力交瘁"。

3. 生育观念的转变。

符合"单独二孩"的家庭的基本上是正处于生育年龄的"70后""80后""90后"，对他们来说，在20世纪80年代是以一孩、二孩为主，90年代以后则是以一孩为主。这三个年龄段的人口，一则受到了80年代以来计划生育观念潜移默化的影响，对于少生、独生、不生已经习惯。二则改革开放加快了中国经济社会发展的步伐，提高了人们的受教育程度，改变了人们的婚育观念乃至家庭观念。随着生活节奏的加快和生活水平的提高，许多人尤其是年轻人开始将关注重点放在如何提升生活品质上，传统的"养儿防老"的观念正在逐步变化。许多人认为，有一个孩子就足够了，父母对孩子的爱不必和别人分享，甚至越来越多的年轻夫妻选择过二人世界，"丁克家庭"的数量不断增加。在对北京育龄男女中的调查中约有 10% 选择不要孩子,而北京、上海、广州等大中城市中已经有 60 万个"丁克"家庭。生育观念的转变不仅表现在生育孩子的数量方面,也体现在对质的要求上面,相对数量,更加注重子女的质量。现在社会发展对人的综合素质的要求越来越高,已经不再是简单地把孩子生下来,取而代之的是将来他或她会是一个什么样的人,要把孩子培养的有出息,在这种观念的引导下,很多家长不在盲目追求多而糙,而是要精而细。

我们认为,对"单独二孩"的政策实施效果要理性看待。事物发展都需要一个过程。某种意义上,"单独两孩"是一种过渡性政策,是国家为了保证逐步稳妥地调整计划生育政策所做的探索和尝试。正是"单独二孩"政策所做的探索和尝试为"全面二孩"政策奠定了基础;也正是"单独二孩"政策的"遇冷",才有了"全面二孩"的迅速推出。这也体现了中国共产党的实事求是和一切从实际出发。

第六章

"全面放开二孩"人口政策的实施

2015年,党的十八届五中全会宣布,为优化人口结构,增加劳动力供给,减缓人口老龄化压力,促进经济持续健康发展,实现全面建成小康社会的目标,也为更好地落实计划生育基本国策,促进家庭幸福与社会和谐,我国开始实施"全面放开二孩"的人口政策。

一、实施的背景

2015年10月,中共中央在总结了"单独二孩"政策实践的基础上,经过充分的研究论证,对我国人口发展形势做出科学研判,中国共产党十八届五中全会上明确提出:"促进人口均衡发展,坚持计划生育的基本国策,完善人口发展战略,全面实施一对夫妇可生育两个孩子政策,积极开展应对人口老龄化行动。"这就是"全面放开二孩"人口政策。从政策层面看,"全面放开二孩"人口政策是对2013年实施的"单独二孩"政策的延伸和扩展。在20世纪80年代到2013年的计划生育政策实施的过去几十年中,独生子女政策主要管住了国家公职人员、国有企事业单位在编人员及城市固定人口,而农村、少数民族和边疆地区较多地实行"一孩半""二孩"、甚至是"三孩"政策,农村中受到计划生育政策的影响面相对窄小。据国家人口计生委的统计资料表明,2011年之前,独生子女政策覆盖率大概占到全国内地总人口的35.4%;"一孩半"政策覆盖53.6%的人口;"二孩"政策覆盖9.7%的人口(部分少数民族夫妇,夫妻双方均为独生子女的,也可生育两个孩子);"三孩"及以上的政策覆盖了1.3%的人口(主要是西藏、新疆少数民族游牧民)。2013年颁布的"单独二孩"生育政策中,城市人口由于较多为计划生育"一孩"政策覆盖下成长起来的独生子女,因而是"单独二孩"政策的主要受益者,这样使得该政策无形中带有一定的倾向性,缩小了政策落实的普适度。因此出现了上一章所提到的"单独二孩"遇冷。也因此,有了"全面放开二孩"政策。"全面放开二孩"政策显然充分考虑了三大问题:

一是有利于更好地顺应群众生育意愿,促进家庭幸福与社会和谐稳定发展。通过调整完善生育政策,逐步实现国家意志和群众意愿的统一,缩小城乡、地区、民族之间生育政策的差别,促进城乡统筹发展,促进出生人口性别比恢复正常水平。据调查,20~44岁已婚人群平均理想子女数为1.93个。而根据国家卫计委的调查报告,实施全面两孩政策后,新增可生育二孩的目标人群9 000多万人,可见实施全面两孩政策,能够满足绝大多数群众的生育意愿。从长期看,政策调整后,家庭规模有所扩大,有利于构建稳定的亲缘关系网络,增强家庭的代际支持、改善家庭人口结构、增强家庭抵御风险能力和养老照料功能,更好地促进家庭幸福与社会和谐。

二是有利于优化人口结构,减缓老龄化压力,增加劳动力供给。我国的计划生育政策推动人口自然增长率从1971年的23.3‰下降到2016年的5.86‰,同期总和生育率由5.4下降到1.5~1.6,已经对中国人口过快增长的势头做到及时控制,在当时条件下有效缓解了人口过快增长对资源环境的压力,有力推动了中国的经济发展、社会进步和民生改善的发展目标。但是，随着我国人口的刘易斯拐点的出现，人口老龄化速度加快，劳动年龄人口和育龄人口开始减少，群众生育意愿发生了重大变化。计划生育政策实施后，我国家庭规模不断缩减，从1982年的4.43人降至2010年的3.10人。大量"独二代"家庭的出现导致独生子女教育问题、失独风险、养老问题愈加沉重，而"全面放开两孩"从政策上摈弃了"4—2—1"的家庭结构的强制性，有利于改善家庭的代际结构，有利于家庭发展与功能发挥，有利于提高家庭的抗风险能力，也有利于子女教育。实施全面两孩政策，2050年可增加约3 000万劳动力，有助于劳动力年龄结构改善；到2050年老年人口在总人口中所占比重，与不调整政策相比降低2个百分点，将在一定程度上减缓人口老龄化进程。只有人口均衡发展，才能为实现"两个一百年"战略目标创造良好的人口环境。

三是有利于促进经济持续健康发展。实施全面两孩政策，从短期看，虽然会略微推高人口抚养比，但是也将直接带动住房、教育、健康、家政及日用品等方面的消费需求，刺激扩大相关领域投资，增加就业。从长期看，新增人口进入劳动年龄后，必将降低人口抚养比，继而推动经济潜在增长率提高，对经济增长有显著的正向作用。

选择2015年推出全面实施两孩政策，主要原因包括：[①]

第一，截至2015年初，习近平总书记、李克强总理等中央领导同志对调整完善生育政策做出了一系列重要指示、批示。国家卫生计生委及相关部门组织若干研究团队，也完成了围绕"十三五"时期人口发展战略和应对老龄化政策的专题研究；研究对"全面放开二孩"政策下的人口变动状况，对经济社会、资源环

[①] 以下引用自国务院办公厅新闻发布会材料《实施全面两孩政策有关情况》，2015年11月10日。

境产生的影响均进行了深入分析论证，并形成了上百万字的系列研究报告。以上这些说明，至2015年，深入细致的研究论证已经能够为实施全面两孩政策提供较有说服力的科学支撑了，党和国家对政策实行后的人口变化情况已经有了清楚的预估和认识。

第二，2015年，我国16~59岁（含不满60周岁）劳动年龄人口约9.1096亿，占全国人口的66.27%，这一人口数字预计将在2020~2030年平均以每年760万人的速度减少。同时，国家统计局数据显示，2015年少儿抚养比为22.5%，老年抚养比为13.7%，社会总抚养比为36.2%，仍处于社会抚养比低于50%的人口红利期。社会劳动力依然充沛，社会抚养比仍然很低；经济发展刚过高峰平台期，仍是大有作为的时候。此时进行部署、全面落实"全面放开二孩"政策是很好的时机。

第三，"单独二孩"政策的平稳实施为"全面放开二孩"政策奠定了基础，积累了经验。党的十八届三中全会启动实施单独两孩政策以后，在各级党委、政府和各级卫生计生部门、相关部门的共同努力下，单独两孩政策落地扎实有力，出生人口数量符合预期。截至2015年9月底，约176万对单独夫妇提出再生育申请。2014年人口出生率比2013年提高0.29个千分点，出生人口性别比下降1.72个点，是近年来出生率上升、出生人口性别比下降幅度最大的一年。单独两孩政策的实施，释放了部分生育势能、降低了出生人口堆积的风险，有助于准确把握群众生育意愿和生育行为，细化了相关经济社会政策与生育政策的衔接，为"全面放开两孩"政策的实施做好了充分的铺垫和预热。

第四，对"全面放开二孩"政策面临的一些挑战，各级部门已经做到了充分预估和准备。比如，针对短期内妇幼保健、托幼、教育等公共服务压力增大，大城市的供需矛盾加剧，特别是孕产妇和高危孕产妇增多后的妇幼保健需求等问题，各级部门和地方都提出了相应针对性的措施。此外，二孩政策可能引起的社会就业性别歧视加重，企业只招男性，增加女性就业的无形门槛，或开除、降职怀二胎女性等，也都得到了多方面的重视和解决。

二、"全面放开二孩"政策的实施

2015年12月27日，全国人大常委会表决通过了《人口与计划生育法修正案》，"全面放开二孩"政策定于2016年1月1日起正式实施，即2016年元旦以后出生的二孩都将按照国家计划生育法律法规赋予平等的待遇和保护。《修正案》中规定，生育一孩或两孩的夫妻均可获得延长生育假的奖励；法律修改前按照规定应当享受扶助的失独家庭，也仍将继续获得扶助。

2016年1月5日，《中共中央、国务院关于实施全面两孩政策改革完善计划生育服务管理的决定》公布。《决定》提出：实施全面两孩政策、改革完善计划生育服务管理的主要目标是"到2020年，计划生育服务管理制度和家庭发展支持体系较为完善，政府依法履行职责、社会广泛参与、群众诚信自律的多元共治格局基本形成，计划生育治理能力全面提高；覆盖城乡、布局合理、功能完备、便捷高效的妇幼保健计划生育服务体系更加完善，基本实现人人享有计划生育优质服务，推动人口的可持续性发展"。为了有效实施"全面放开二孩"的人口政策，《决定》提出了四个方面的要求：

（一）稳妥扎实有序实施全面两孩政策

1. 依法组织实施全面两孩政策。

贯彻落实新修改的《中华人民共和国人口与计划生育法》，完善相关行政法规以及地方性法规。从2016年开始实施全面两孩政策。各省（自治区、直辖市）政府综合评估本地人口发展形势、计划生育工作基础和政策实施风险，科学制定实施方案，报国务院主管部门备案,确保政策平稳落地,生育水平不出现大幅波动。

2. 改革生育服务管理制度。

实行生育登记服务制度,对生育两个以内(含两个)孩子的,不实行审批,由家庭自主安排生育。改进再婚等情形再生育管理。优化办事流程,简化办理手续,全面推行网上办事,进一步简政便民。依法依规查处政策外多孩生育。

3. 加强出生人口监测预测。

加强人口变动情况调查,科学预测出生人口变动趋势,建立出生人口监测和预警机制。加快推进国家人口基础信息库和人口健康信息化建设,实现国家与省级人口和计划生育信息互联互通,实现户籍管理、婚姻、人口健康、教育、社会保障等信息共享。

4. 合理配置公共服务资源。

根据生育服务需求和人口变动情况,合理配置妇幼保健、儿童照料、学前和中小学教育、社会保障等资源,满足新增公共服务需求。引导和鼓励社会力量举办非营利性妇女儿童医院、普惠性托儿所和幼儿园等服务机构。

(二)大力提升计划生育服务管理水平

1. 加强妇幼健康计划生育服务。

推进优生优育全程服务,落实孕前优生健康检查,加强孕产期保健服务和出生缺陷综合防治,提高出生人口素质。向不孕不育等生育困难人员提供必要的辅助生殖技术服务。推进妇幼保健计划生育服务机构标准化建设和规范化管理,加强孕产妇与新生儿危急重症救治能力建设。加快产科和儿科医师、助产士及护士人才培养,合理确定服务价格,在薪酬分配等方面加大政策倾斜力度。全面推进知情选择,向育龄人群提供安全、有效、适宜的避孕节育服务,提高服务的公平性和可及性。加强基础研究和科技创新，开发推广避孕节育、优生优育、生殖保健的新技术新产品。

2. 推进流动人口基本公共卫生计生服务均等化。

按照常住人口配置服务资源，将流动人口纳入城镇基本公共卫生和计划生育服务范围。巩固完善流动人口信息互通、服务互补、管理互动的全国"一盘棋"工作机制。推进网上信息核查和共享，做好流动人口在居住地的生育登记服务。广泛开展生殖健康科普宣传，增强流动人口等人群自我保健意识和防护能力。关怀关爱流动人口和留守人群，促进社会融合。

3. 强化基层基础工作。

完善宣传倡导、依法管理、优质服务、政策推动、综合治理的计划生育长效工作机制。深入开展计划生育优质服务先进单位创建活动。建立健全卫生和计划生育综合监督行政执法体系，加强计划生育服务管理能力建设。稳定和加强县、乡级计划生育工作力量，妥善解决好村级计划生育专干的报酬待遇、养老保障等问题。

4. 充分发挥社会组织作用。

加强政府与社会协同治理，广泛动员工会、共青团、妇联等群团组织和其他社会组织共同做好计划生育工作。充分发挥计划生育协会的生力军作用，切实加强县、乡级计划生育协会的组织和能力建设，更好地承担宣传教育、生殖健康咨询服务、优生优育指导、计划生育家庭帮扶、权益维护和流动人口服务等工作。鼓励社会组织依法开展人口和计划生育公益慈善与帮扶救助活动。在城乡社区和企事业单位，引导群众广泛开展计划生育自我管理、自我服务、自我教育、自我监督。

（三）构建有利于计划生育的家庭发展支持体系

1. 加大对计划生育家庭扶助力度。

切实保障计划生育家庭合法权益，使他们优先分享改革发展的成果。对政策调整前的独生子女家庭和农村计划生育双女家庭，继续实行现行各项奖励扶助政策，在社会保障、集体收益分配、就业创业、新农村建设等方面予以倾斜。完善计划生育家庭奖励扶助制度和特别扶助制度，实行扶助标准动态调整。帮扶存在特殊困难的计划生育家庭，妥善解决他们的生活照料、养老保障、大病治疗和精神慰藉等问题。推进计划生育与扶贫开发相结合，继续实施"少生快富"工程。对政策调整后自愿只生育一个子女的夫妻，不再实行独生子女父母奖励优惠等政策。

2. 增强家庭抚幼和养老功能。

建立完善包括生育支持、幼儿养育、青少年发展、老人赡养、病残照料等在内的家庭发展政策，鼓励按政策生育。完善计划生育奖励假制度。增强社区幼儿照料、托老日间照料和居家养老等服务功能。推进医疗卫生与养老服务相结合，探索建立长期护理保险制度。加大对残疾人家庭、贫困家庭和独居老人的帮扶支持力度。广泛开展创建幸福家庭活动和新家庭计划。

3. 促进社会性别平等。

深入开展关爱女孩行动，创造有利于女孩成长成才的社会环境。综合治理出生人口性别比偏高问题，依法严厉打击非医学需要的胎儿性别鉴定和选择性别人工终止妊娠行为。依法保障妇女的宅基地、房屋等财产继承权和土地承包权。依法保障女性就业、休假等合法权益，支持女性生育后重返工作岗位，鼓励用人单位制定有利于职工平衡工作与家庭关系的措施。

（四）切实加强组织领导

1. 落实党政责任。

各级党委和政府要坚持计划生育党政"一把手"亲自抓、负总责，将实施全面两孩政策、改革完善计划生育服务管理作为全面深化改革的重要任务，加强统筹规划、政策协调和工作落实。坚持和完善计划生育目标管理责任制，确保责任到位、措施到位、投入到位。对人口和计划生育工作主要目标任务未完成、严重弄虚作假、违法行政造成恶劣影响等情形，实行"一票否决"。

2. 加强部门协作。

进一步完善计划生育兼职委员和领导小组制度。建立健全重大经济社会政策人口发展影响评估机制，促进相关经济社会政策与计划生育政策有效衔接。各有关部门要认真履行职责，重点解决好政策配套、公共服务保障、执法协调、信息互通等问题，加强对各地工作的指导。

3. 深化人口发展战略研究。

深入研究新形势下人口与经济、社会、资源、环境之间的互动关系以及人口数量、素质、结构和分布的变动趋势，加强前瞻性研究，完善人口发展战略，编制中长期规划。科学评估经济增长和社会发展对生育行为的影响，准确研判生育水平变动态势，做好政策储备。加强人口发展的国际比较研究，促进国际交流与合作。

4. 做好宣传和舆论引导。

各地区各部门要把思想和行动统一到中央的决策部署上来，大力宣传计划生育取得的伟大成就，做好实施全面两孩政策解读。加强人口基本国情和计划生育基本国策教育，不断增强全社会的国情和国策意识。总结推广计划生育服务管理改革的好经验、好做法，表彰先进典型。正确引导社会舆论，营造支持政策落实和改革创新的良好氛围。

5. 强化督导落实。

各地区各有关部门要按照本决定要求，制定实施方案，细化改革任务，明确实施步骤。加强对各项改革措施的跟踪评估，及时发现和解决改革中的苗头性、倾向性问题。各省（自治区、直辖市）党委和政府每年要向中央专题报告本地区计划生育工作情况，中央将定期开展督查。

《中共中央、国务院关于实施全面两孩政策改革完善计划生育服务管理的决定》公布后，全国各地均积极修订了地方计生条例，在很短的时间内完成了地方立法。

三、对于"全面放开二孩"政策的争论

对于是否全面放开二孩政策，国内争论由来已久，反对实施二孩人口政策的声音一直存在。

上海财经大学马克思主义研究院院长程恩富等人认为，我国人口多、底子薄、资源环境压力大，这决定了在人们尚未自觉改变传统生育观以前，计划生育政策还应是中国的基本国策，这一论断可概括为二孩政策会增加人口数量，加大资源环境的压力，导致经济发展速度减缓。该观点强调，不断增加的中国人口总量正在逼近国内主要资源所能承载的极限。所以，中国应该推行更为严厉的"独生子女政策"，具体来讲就是城乡一胎、特殊二胎、严禁三胎、奖励无胎，并且要严格控制人口的总量，将总人口逐渐减至5亿人左右。

持类似的观点还有中国社会科学院人口与劳动经济研究所所长蔡昉，他指出，即使放宽二孩生育政策后，新生儿也无法迅速转化为劳动人口；要保持经济增长、应对人口红利减少，归根结底还要靠技术进步和解放生产力。社科院人口与劳动经济研究所研究员李小平持更强烈的反对态度，认为"放开二孩政策，百害而无一利"。老龄化所产生的劳动力不足问题根本就是无稽之谈，是没有根据的。并且强调现在"民工荒"的成因在于用工方式问题，而并非人口老龄化导致的劳动力不足问题，等等。

政府机构和公共部门中也有一些反对者，他们的反对意见基本落在一些具体的实行措施上，如担心放宽生育政策会导致人口突然增加，不利于环境、资源、城镇化、就业、人均国力和人均生活水平等很多问题的解决。有些反对者甚至担心人口总数增

加，会导致人均GDP下滑等。针对上述现象，人口问题专家陆杰华教授在接受《经济观察报》采访时表示，放开二孩政策的阻力肯定主要不在老百姓身上，而是在于一些决策者，"特别是考虑到人均GDP，因为放开之后可能会短期内出现人口增长，政府官员担心摊薄GDP"。

另外，一些"谨慎放开二孩"观点的持有者，如中国人民大学社会与人口学院院长翟振武教授认为，开放的思路是没有错的，但是全国普遍实施二孩的政策条件还不成熟，风险比较大。他提出，今后一段时间内，仍要稳定现行生育政策，继续推行"单独二孩"政策。国家人口计生委科学技术研究所马旭也表达了类似的观点，认为就目前的人口与经济发展的现状，我们应该稳妥地调整现行的生育政策，根据不同的情况对各地分类指导，要遵循"城乡统一""分类分步"等原则，不能盲目笼统的实行"放开二孩"，更不能"一刀切"。这些学者往往支持"单独二孩"，反对"全面二孩"。

当然，理论界和政府方面更多的是支持"全面放开二孩"政策的声音。比如针对以上谨慎开放的观点来说，北京大学社会学系教授陆杰华认为，由于生活、教育成本的提高，低生育思维定式已在新生代家庭中悄然形成，实行"单独二孩"政策从长远看将起不到对人口结构应有的影响和作用。彭希哲通过对"单独二孩"的大量评估研究也发现，大量符合政策条件的目标家庭却不选择生养二孩，主要原因来自于经济压力、照料子女的压力以及自身事业发展的压力，国家仅想通过"单独二孩"政策支持来缓解老龄化等压力，当前的人口目标群体还不够宽泛。

许多学者也正面表达了对全面二孩的支持。北京大学光华管理学院梁建章教授表示，我们需要的是立即全面无条件放开生育，并在生育率再次下滑到更替水平之际，像几乎所有其他低生育率国家一样，实施鼓励生育的措施，让中国回到正常的生育状态。中国社会科学院人口与经济研究所副所长张车伟认为应该尽早推出二孩政策，正如他说："和社会需求相比，这个政策出台实际上已经晚了，在这个问题上不能再犹豫""政策时机早已成熟，相关政策越快出台越好"。美国威斯康星大学研究员易富贤表达了更为激进的观点，他表示应该全面停止计划生育政策，恢复老百姓自主生育权。当然这并不见得符合我国的国情，但对放开二孩的支持程度可见一斑。

为加强实行二孩政策的说服力，更有学者引用1980年党中央《关于控制中国人口增长问题致全体共产党员、共青团员的公开信》作为证据，因为信中提出："到30年以后，目前特别紧张的人口增长问题就可以缓和，也就可以采取不同的人口政策了"，这也成为支持二孩政策的重要官方依据。

值得一提的是，有位学者曾经早在1985年就准确预测30年后将开放二孩。原南京大学经济系主任杜闻贞曾在1985年出版的《人口纵横谈》一书写道"从人口学角度看，只生一个并不是最理想的方案，因而它也不是永久不变的"，为此，他做出了一个大胆而准确的预测："我国人口学家通过对生育率转变的时机、速度的定量研究，认为在未来百年中合理的人口发展趋势应该是：从20世纪80年代起逐步实现生育率的第一个转变，坚决杜绝多胎，积极提高一胎率。到2015年后，开始生育率的第二个转变，逐步过渡到生两个，这样下去，到一百年后，总人口大体降到9.77亿"。[1]

作为国家的大政方针议题，早在2007年，全国政协委员叶廷芳等29名委员联名提交提案，要求我国尽快停止独生子女条例执行，实行二孩生育政策。2012年7月15日，15名学者联名向全国人大上书，呼吁松绑二孩政策，强调如果长期不调整计划生育政策，等问题出现则没有了调整的机会。2013年两会时，全国人大代表、前广东省人大常委会主任欧广源在参加广东团分

---

[1] 杜闻贞主编：《人口纵横谈》，中国青年出版社1985年版。

组审议时直言不讳地说:"我的意见是,提倡生一胎、允许生二胎、坚决控制第三胎"。2014年当时的国家卫计委主任李斌表示"单独二孩计划生育政策有利于延缓人口老龄化"。2015年,有"忧民哥"之称的全国人大代表贺优琳在两会期间再次呼吁调整计划生育政策,全面放宽生二孩。这已是他连续第三年提出相关建议。原国家计委宣传处处长陈剑也曾公开表示支持放开生育政策。

来自各方的"放开二胎政策"支持者们还给出了若干实施"全面放开二孩"政策的理由,包括理论分析和试点经验的总结。他们分析道:

第一,从人口数量和结构来看,尽管对于人口红利消失时间存在异议,但不可否认,我国劳动力人口剩余程度不断地降低确是事实。而"全面放开二孩"比起"单独两孩"将在改善人口结构方面起更大作用。南开大学人口与发展研究所教授原新指出,全面放开两孩对于近中期的人口老龄化有微弱的下降作用,到2050年,与"单独两孩"政策相比,全面放开两孩,老龄化水平将下降1.5%左右;到2100年,全面放开两孩政策对抑制人口老龄化将产生显著作用。

关于人口红利的讨论也是涉及我国计生政策和经济发展的重要交叉点。中国人口学会理事马芒认为,"人口红利"的消失具有一定的过程性,尤其对于安徽、四川等这样的人口输出大省来说,2020年之前,仍将处于"人口红利期"。联合国预测中国在2015年前后,整个劳动力供给达到顶点后将开始下降,即人口红利消失。中国社会科学院和国务院发展研究中心早在2007年发布的研究报告显示,近75%的农村地区已经没有青壮年劳动力可以转移了,"中国将进入劳动力短缺的时代"。随后几年,沿海发达地区纷纷出现"民工荒",这意味着中国的人口红利消失拐点已经在2012年出现。中国社科院人口与劳动经济研究所所长蔡昉则提出了一个非常新颖的观点,即人口红利实际上不是一个人口结构的概念，而是一个经济学的概念。并且，他认为这两年宏观经济发展放缓已经说明，廉价劳动力资源已经不能再源源不断地供给了，由此推断出，我国的人口红利早在2011年就已经消失了。总之，人口红利下降得越快、越早，就说明"全面放开二孩"的要求就越紧迫、越必要。

第二，从产业上来看，玩具和建筑行业无疑是二孩政策的主要受益者。玩具业行内人士认为，玩具业是一项永远年轻的事业，只要有婴儿源源不断地出生，玩具事业就永不停歇，甚至半开玩笑调侃"无惧风吹雨打"。房地产实战专家、河南王牌企划董事长上官同君表示，二孩政策的放开，将会大大改变开发商未来户型设计，一个家庭计划要生二孩，再加上老人以及照顾小孩需要的保姆，目前流行的刚需两房明显不符合要求，三房四房将会成为刚性需求。

第三，独生子女问题的普遍存在使普通的老百姓看待"全面放开二孩"政策更为现实。30多年来，一孩政策让独生子女集家长宠爱于一身，原本天然的手足情感被人为扭曲和割裂，造成显著的社会问题。北京大学社会学系教授夏学銮认为，二孩政策的放宽，在一定程度上解决了独生子女独立性差、耐受挫折性差、精神孤独、以自我为中心等不良的显著性个人特征。

从"全面放开二孩"政策前的农村二孩政策试点的总结也能找到"全面放开二孩"的正面结论：

第一，试点的结果表明，"二孩"政策容易得到群众的支持。考察不同生育政策执行效果，不仅要看是否达到了人口数量控制的要求，而且还要分析它是否能更好地协调国家和家庭利益之间的矛盾。相对于"一孩"或"一孩半"政策而言，"二孩"政策条件下百姓在生育数量上的选择空间更大一些，生育政策与农民的最低生育意愿基本一致，绝大多数农民最基本的生育需求得到了满足，缩短了群众生育意愿与生育政策要求之间的距离，国家利益与个人和家庭利益得到了较好的统一，容易得到群众的理解和支持。因而在实施过程中自然会比"一孩"或"一孩半"政策遇到的阻力小，从而有利于计划生育工作的开展，大幅度降低了计划外生育数，可谓成本小、收益大的典型。

第二，农村二孩政策试点也表明在"二孩"政策下，生育数量更容易得到较严格的控制。农村二孩政策试点地区妇女的生育率不仅低于周边地区，而且始终保持在更替水平以下，较宽松的生育政策并没有引发人们所担心的较高的生育水平，认为实行二孩政策就会使人们去生育三孩的情况并没有出现。施中传、江立华认为从二孩政策在农村的试点来看，它改善了党群、干群关系，有利于社会的稳定与和谐。相对于"一孩"或"一孩半"政策，"二孩"政策更接近群众的生育意愿，更易为群众理解与接受，提高了群众实行计划生育的自觉性。

第三，试点还表明，"二孩"政策可以很大程度上缓和党群、干群之间的矛盾与对立，降低了因计划生育而导致的社会冲突与动荡的风险，有利于社会的稳定与和谐，并有利于民众的心理建设。二孩政策的施行缩小了对立面，降低了工作难度，从而可以把更多的人财物投入到满足群众的需求上来，促使计划生育工作内容深化与干部工作重心转移，有利于计划生育与妇幼保健、优生优育、救死扶伤、脱贫致富等工作的结合与开展，为低生育率创造了良好的制度环境，减少了意外妊娠，降低了管理成本，推动了计划生育工作重心向满足群众需求为导向的优质服务转移。施中传、江立华的研究也指出二孩政策更有利于母婴的身心健康。二孩政策的施行，使得那些想生育第二个孩子的妇女不必再东躲西藏、担惊受怕，在安稳舒服的生活环境里孕育新生命，不仅有利于孕产妇的身心健康，对于出生人口素质的提高与出生缺陷发生率的下降都是十分有利的。

四、"全面放开二孩"政策的效应分析

自2016年1月1日,"全面放开二孩"政策在我国实施后,当年年末全国大陆总人口达138 271万人,比上年末增加809万人;全年出生人口1 786万人,出生率为12.95‰;死亡人口977万人,死亡率为7.09‰;自然增长率为5.86‰。相比国家统计局的2015年数据,2015年出生人口1 655万人,出生率为12.07‰;死亡人口975万人,死亡率为7.11‰;自然增长率为4.96‰,2016年出生率和自然增长率均有不同幅度的增加。2016年的总和生育率为1.7,较上一年也有大幅度提升,尽管没有达到世界标准生育率2.1的水平,但已逐步远离低生育陷阱。

据中华网显示,山东、西藏、新疆等省份在人口出生率方面位居前列,其中2016年山东出生率17.89‰,位居全国各省份之首。根据山东省统计年鉴显示,2016年人口出生率达到了1991年以来最高,人口自然增长率10.84‰,比上年提高4.96个千分点。西藏和新疆分列二、三位,都超过了15‰。此外,青海、海南、福建、广西和宁夏分列四到八位。统计有14个省份的出生率超过13‰,高于全国12.95‰的平均水平。与之形成对比的是,吉林、黑龙江、辽宁、天津、上海、内蒙古、北京、江苏出生率最低。数据显示,去年东三省的出生率都低于7‰,人口自然增长率均为负数。在榜单尾端,有8个省份的出生率低于10‰,明显低于全国平均水平,其中,东北三个省都不到7‰,此外,天津、内蒙古、上海、北京、江苏也都低于10‰,而这些地方全都是目前城镇化率比较高的地区。

从地域分布来看,出生率高的地区既有西藏、新疆、青海等西部边疆省份,这些地方地广人稀、城镇化率较低,人们的生育意愿较高;也有东部的山东和福建、海南等三省。

从生育率增长速度来看，增速比较靠前的主要集中在西部边疆省份以及东部的山东、华南地区。

从人口增长的规模来看，第一经济大省广东人口增量最大。2016年末，广东出生人口129.45万人，出生率为11.85‰；自然增长人口81.28万人，自然增长率为7.44‰。由此可以推论，广东二孩的人口规模也理应占据榜首。同理，山东可以说是最敢生二孩的省份。山东的人口增长规模仅次于广东，2016年山东人口出生率为17.89‰，位居全国各省份之首，这与山东省长期累积的生育意愿，随着二孩政策的全面放开有关。同时，统计数据表明，2016年山东省全年出生人口177.06万，相当于全国的1/10，比上年多出生53.48万人；其中二孩出生占比超过六成，达到63.3%，远超一孩，确实当得起"最敢生"这三个字。不难看出，山东县域经济发达，城市发展以中小城市为主，房价相比北上广以及江浙等地都要平稳很多，较低的养育成本让人们更敢于生育。

在广东省、山东省之后，四川省、河南省、安徽省和浙江省2015年人口增量也超过了50万。其中，四川、河南、安徽均是中西部的人口大省，浙江作为东部沿海发达省份，吸引了不少外来人口进入。相比之下，第二经济大省江苏2015年人口增量仅有22.3万，位居全国第十五位。较低的生育率与江苏城镇化水平较高、经济发展领先有关。除了本身的生育率较低，其外来人口流入也少，使得江苏生育率稳居中游。

在榜单尾端，有5个省份的常住人口增量低于5万人，分别是东北三省和上海、北京。其中京沪人口增量分别只有2.4万和4.43万，这是因为目前京沪人口都已经超过了2000万，因为人口过多、交通拥堵、生态环境差等"大城市病"，京沪相继提出了人口控制和疏解的政策，并设立了严格的人口红线。而东北三省去年常住人口都出现负增长。其中吉林和黑龙江分别减少了20.29万人和12.18万人，辽宁减少了4.6万人。在面临产业结构调整，产业技术工人和高校毕业生频频外流，以及部分有条件的家庭由于气候的原因迁到南方去居住的条件下，东北地区人口自然增长率持续走低，说明其受到"全面放开二孩"政策的影响相对小。当然城镇化率的影响也不可小觑，如前文所提到的，东北三省城镇化率在 2015 年末达到 61.3%，高于全国平均水平 5~6 个百分点，也符合其人口增长率偏低的结果。

关于城镇化发展状况与人口生育率高低的影响关系，从以上实施"全面放开二孩"政策后的效应分析来看，应该是随着经济的发展、城镇化率的提高，一些原本生育意愿较高的地方，出生率也会随之降低。这点在国内其他城市不乏先例。比如过去广东的生育率一直比较高，其中潮汕地区自古以来一直都是我国生育率最高的地区之一，但是随着广东城镇化速度加快，大量的人口向珠三角尤其是广深两个一线城市集聚，广东和潮汕地区的生育率也随之降低。也就是说，城镇化率不断提高，人口向大城市集聚，往往伴随的是整体生育率的下降。这是因为，大城市的房价过快上涨、房价过高等原因，必然会带来生育负担，高房价等影响到家庭生育决策的因素。同时，女性在城市中的职业发展以及追求生活质量等因素，对生育意愿和生育行为的约束显著增强。同时，年轻一代作为家庭生育的主力，由于城区的集聚效应纷纷离开周边的村镇，造成大量的"空巢化"区域，在这些区域自然也就谈不上任何生育率的增长可能。

人口问题永远不是一个现实问题，而是一个战略性问题。生育政策影响的主要不是现在而是未来，能否制定一个符合国情的生育政策，不仅关系到中国的国际地位，更关系到我们国家的命运和前途。因此，无论"单独两孩"还是"全面放开二孩"，都是国家为了中华民族的伟大崛起所进行的人口调整的一部分，是整个调整和完善过程的一部分。正如 2016 年 11 月，中国社科院人口所主编的《人口与劳动绿皮书》所指出，"全面放开二孩"政策并不是生育政策调整的终点，中国政府必须根据实际的生育指标发展变动趋势,及时做出调整或保持生育政策的决策,以调节人们的生育行为适应社会、经济、环境、资源可持续发展的需要。《人口与劳动绿皮书》认为,为避免落入低生育率陷阱,我国未来还可能需要进一步放宽生育限制,甚至取消生育限制。

第七章

未来人口演变趋势及政府作为

国之本在家，家之本在人，人之本在育。人口问题是社会共同面对的基础性、全局性和战略性问题。进入 21 世纪后，我国人口发展的内在动力和外部条件发生了显著改变，出现重要转折性变化，准确把握未来人口发展的趋势性特征，深刻认识这些变化对人口安全和经济社会发展带来的挑战，强化政府在人口治理中的作为，对于谋划好我国人口的长期发展具有重大意义。

一、未来人口演变趋势

我们对中国未来人口趋势变化情况，主要关心两点，一是人口规模，二是人口结构。预计未来，人口数量达到顶点后将会趋向下降态势，人口结构中，劳动年龄人口所占比例将会逐渐缩小。只有对这二者有较为准确的判断，政府才能在人口政策的制定中占据先机，更好地让人口政策服务于社会主义建设的大局。

（一）对中国未来人口规模的预测

长期以来，许多学者都致力于对中国未来人口规模的预测研究。李鹏飞、龙姝明分别基于不同的数理模型，预测 2050 年中国人口会达到 15 亿以上。王德鑫通过高斯—泊松—莱斯利模型

第七章 未来人口演变趋势及政府作为

预测,认为中国人口峰值会出现在 2035 年左右,为 15.5 亿。蒋超使用广义线性回归分析模型得出了与王德鑫等人相似的结论,认为人口峰值也出现在 2035 年,人口数量为 15.7 亿,过后人口数量开始下降。但是学者们普遍认为,这些预测都缺乏考虑中国未来的人口衰减的可能性,背离了中国人口演化的历史与规律,造成了预测的不准确甚至错误,这些预测严重高估了中国未来的人口规模。

考虑到中国未来人口规模的变化主要依赖于历史的惯性,并不是同等程度的社会变化;同时也依赖于变化效果的持续性,而不是持续的变化,孙明哲通过预测模型对中国未来的人口规模进行了计算,结果显示,中国未来的人口规模变化趋势是下跌。具体来看"人口峰值为 15.22 亿,峰值年份是 2026 年,在 2062 年的时候人口也会跌破 13 亿,与峰值人口相比减少 15.90%,与 2010 年相比人口减少 2.94%。当总和生育率为 1.8 的时候,人口规模峰值出现在 2023 年,届时人口规模为 14.48 亿,到 2062 年的时候,中国的人口规模会跌破 11 亿,为 10.97 亿。如果总和生育率为 1.44,人口规模峰值在 2021 年出现,为 14.02 亿,到 2062 年时候中国人口规模将只有 9.5 亿,与 2010 年相比下降 28.32%。当总和生育率为 1.3,人口规模峰值依然于 2021 年出现,峰值数为 13.85,到 2062 年下降到 9.00 亿,与 2010 年相比,下降比例为 32.45%"[①]。陈卫早在 2006 年就得出过类似的结论,他根据 2000~2005 年的人口变化趋势估计未来中国可能的生育率和死亡率变化后,基于这两个指标的变化函数通过 2000 年人口普查数据而得出未来人口规模的结果:当总和生育率保持在 1.8,2029 年将达到人口的峰值,人口规模为 14.42

---

① 孙明哲:《使用六普数据对中国未来人口规模趋势的预测》,载于《北京社会科学》2014 年第 5 期。

亿，2050年为13.83亿。①

原新指出如果总和生育率为1.63，中国未来人口规模的顶峰在2033年，总数为14.5亿，到2050年降至13.69亿。当总和生育率为2.3，则在2050年时候中国人口规模为16.72亿。

实际上，陈卫和孙明哲的预测结果与现在关于中国未来人口规模的绝大部分预测结果是不同的，主要表现在两个方面：一方面，预测人口峰值到达的具体年份和人口规模的数量不同。比如国家计划生育委员会"中国未来人口发展与生育政策研究"课题组预测认为，中国未来人口规模将在2035~2045年之间达到高峰，数量将落在14.5亿~16.7亿人之间。袁建华等人认为，2005年以后如果总和生育率保持在2.0的话，中国在2043年达到人口峰值，为15.39亿人。可以看出，在陈卫等人的预测中，峰值年份更加早到，而峰值的规模相对更低。也就是说，中国人口规模的增长势头比以往预测要弱。

另外，不同点还表现在人口规模到达峰值之后便会下降，但是下降的速度和幅度存在着差别。人口专家翟振武认为在2033年中国的人口规模将达到巅峰，并将稳定维持在14.7亿~15亿人之间。但是，孙明哲认为即使总和生育率取值为2.3，中国的人口规模也是无法维持在14.7亿~15亿的，而是降低到13亿以下后才可能维持稳定。针对这一现象，他给出了自己的理由，因为到2033年以后，老年人的大量死亡会导致人口规模在常规人口替代水平的情况下缩减在总人口中的比例将上升，这就意味着届时的人口死亡率会发生很大的变化。

门可佩、蒋梁瑜在2008年运用年净增人口值建立灰色动态预测模型，预测2010年人口规模为13.31亿、2020年为13.60亿，到2050年约为13.9亿，届时中国人口将基本实现零增长。

---

① 陈卫：《中国未来人口发展趋势：2005~2050年》，载于《人口研究》2006年第4期。

第七章　未来人口演变趋势及政府作为

后来，两人又同朱鸿婷根据 1949~2007 年中国人口统计资料，建立人口预测的离散灰色增量模型和新初值灰色增量模型，预测到 2030 年约为 14.28 亿人，2040 年约为 14.54 亿人，到 2050 年约为 14.72 亿人。秦中春在 2013 年通过建立年龄移算人口预测模型，利用 2010 年全国人口普查数据和 1990 年以来的相关历史数据，以 2010 年作为基期，对未来我国人口总量和结构的变化趋势进行了分析预测，结果显示：如果不全面放开二孩，按照预测未来中国总人口峰值约为 14.2 亿，峰值出现的时间为 2027 年左右。这意味着如果保持一孩人口政策和卫生保健水平不变的话，未来中国人口会呈现倒 U 性的曲线，人口会先升后降，2027 年后中国人口到达 U 性顶点后下降，2030 年约为 14.15 亿人，2050 年约为 12.59 亿人。姜卫平认为未来中国人口总量规模不会超过 15 亿，未来中国人口总量将会在 2040 年前后达到 14.7 亿左右的顶点后开始减少，2050 年会下降到 14.5 亿左右。宋健提出中国人口的最高峰将会出现在 2031 年，峰值将达到 13.28 亿。田雪原经分析后得出中国人口的峰值将会出现在 2032 年，那时的人口规模将会扩增至 14.74 亿。郭志刚在《21 世纪中国人口与经济发展》中指出我国人口的顶点将发生在 2029 年，人口数量将升至 14.66 亿。何亚福在《中国的人口的峰值与人口冬天中》提出了更为激进的观点，他认为中国人口的高峰将会很快的来临，不会等到 2030 年左右才会发生，相反，我国在 2020 年将会达到人口的峰值，人口数量将会达到 14 亿。陈卫预计我国人口在 2020 年将达到 14.25 亿。2029 年将达到峰值，人口数量约为 14.42 亿，此后开始缓慢下降、如果人口发展长期保持 1.8 的生育水平的话，到 2050 年的时候，我国人口会缓慢减少到 13.83 亿。

与此同时，国际组织和我国政府机构也对我国未来的人口规模进行了预测。早在 1991 年，世界银行预测我国峰值年份将是 2050 年，那时中国的人口将达到 18.9 亿。1996 年，《中国的粮食问题》白皮书中，中国政府预测的人口峰值出现的年份要早于世界银行的预测，高峰会发生在 2030 年，我国人口将达到 16 亿。1999 年，中国人口信息研究中心指出峰值年份将会出现在 2040 年，峰值规模 15.44 亿。2000 年国务院新闻办在发布的《中国 21 世纪人口与发展》白皮书中提出我国人口规模的峰值年份也是在 2040 年，但峰值规模将会达到 16 亿。2004 年，联合国在《世界人口展望》中提到中国人口的峰值数量为 14.46 亿，将会发生在 2030 年。2007 年 1 月 11 日，国家人口发展战略研究课题组中提出我国人口峰值将出现在 2033 年，那时人口数量将会达到 15 亿。同年 4 月，联合国人口司预测的人口峰值年份也是在 2033 年，人口规模的峰值是 14.6 亿。联合国粮农组织数据库在 2013 年 5 月公布，中国峰值年份将会出现的更早，即在 2026 年将会达到中国人口的峰值，那时中国的人口将会升至 14.28 亿。联合国经济和社会事务部（经社事务部）于 2013 年 6 月 13 日在发布《世界人口展望：2012 年修订版》报告中预测我国人口将在 2030 年达到顶峰，然后逐渐下滑，到 2050 年，人口将会达到 13.85 亿。2016 年，联合国经社部发布的《2015 年修订版世界人口展望报告》中预测我国人口总数在 2100 年将为 10 亿。

（二）关于未来中国人口结构的预测

依据联合国人口司对中国人口的预测结果显示，中国劳动年龄人口在 2030 年将跌破 10 亿，由 2015 年的 10.15 亿人减少到 9.88 亿人，按照这个速度计算，平均每年减少 179.7 万人，且 2030 年后开始出现快速下降。2030~2050 年平均每年减少 690.4 万人，减少的速度约是 2030 年前的 3.8 倍，2050 年将减少至 8.49 亿人。同时，联合国人口司经济和社会事务部 2013 年发布的《世界人口展望：2012 年修订版》相关数据也说明，我国 15~64 岁劳动年龄人口占总人口的比重也将逐年下降，从 2015 年 72.38% 降至 2050 年 61.33%，下降近 11 个百分点。

第七章 未来人口演变趋势及政府作为

劳动年龄人口数量和所占比重整体不断下降的同时，劳动年龄人口的内部结构也发生了变化，低龄劳动人口的发展趋势表现为迅速萎缩，相反老龄劳动人口的数量在迅速增加。在内部结构划分上，联合国人口司设置了3个年龄段，分别为15~24岁、24~44岁和45~64岁。从年龄段来看，15~24岁的劳动人口占劳动年龄人口比重，2015~2050年呈"倒N型"变动，但总的变动趋势是下降的，从18.8%下降为16.4%，下降了2.4%；25~44岁的劳动人口占劳动年龄人口的比重则呈现V字型变动，2015~2040年由44.3%下降了7个百分点之后，2040~2050年呈上升趋势，2050年为38.9%，2050年比2015年下降5.4%；与此同时，45~64岁的劳动力比重上升较为明显，2050年比2015年上升7.8%，为44.8%。①

美林银行的调查报告也显示，中国的15~59岁的劳动人口所占总人口的比例正在不断下降。在中国逐渐崛起成为世界第二大经济体的过程中，劳动人口数量在1980~2015年的36年间增长了3.8亿，数以百万计的人群从农村迁移到城市，在城市中寻找诸如制造业之类的岗位，这使得中国成为世界上第一制造业大国，但是，劳动人口总数在2017年将达到顶峰，比联合国人口司的预测晚了两年，意味着2017年之后，劳动人口占总人口比例将逐年降低。

同时，调查报告还指出，中国65岁及以上的老年人所占总人口的比重逐年增长，这意味着中国很可能在不远的将来面临着和日本一样的人口老龄化问题。2016年3月，美国人口普查局发布了一份关于中国老龄化问题的分析报告，该报告中将中国的老年人口数量和发达国家的人口情况做了一些对比：2015年中国的老年人口数量达到1.369亿人，超过了日本的1.269亿人的总

---

① 罗俊峰：《我国未来劳动力供给变化及其对劳动力市场的影响》，载于《劳动经济》2015年第1期。

人口数量；预计到2030年，中国大于65岁的老年人人口数量将达到2.388亿，跟日本和埃及的人口总和2.318亿基本持平；预计到2050年，中国的老年人口总数量为3.488亿，将约等于日本、埃及、德国、澳大利亚这几个国家的人口总和。调查报告还对中国人口的性别和年龄进行了细分，并对比了2015年和2050年的人口年龄分布情况，年龄大于65岁的老年人所占比重将会大大增加，而年轻人所占比重越来越少，这和联合国的调查报告的结论基本保持了一致，年轻人比重减少在很大程度上是因为中国自20世纪70年代开始实行的计划生育政策的影响。老龄化的问题要引起当局的重视，因为人口老龄化问题多出现于发达国家中，而在发展中国家中很少出现，我国如何处理老龄化问题将关系到我国经济的可持续性发展。但翟振武对我国老龄化的趋势持一种比较乐观的看法，指出从未来人口发展的趋势来看，随着我国计划生育政策的调整，将来我国人口达到14.5亿左右的高峰后，人口总量会逐渐缓慢下降。到那时我国人口的总量、结构的各方面相对均衡，虽然老龄化的趋势扭转不了，但老龄化的速度与程度会有所降低，而劳动力长期萎缩的局面会得到一定程度的改善。他预计2050年我国的人口总量在14亿左右，老龄化程度将会达到高点，但之后就基本稳定，人口结构会比现在相对更稳定。国务院发展研究中心农村经济研究部的秦中春结合我国现行劳动就业及退休政策，按照年龄模型，以2010年为基期，预测未来劳动就业年龄人口数峰值为8.32亿，峰值出现的时间为2017年，随后劳动就业年龄人口数将下降，到2030年为7.28亿人，2050年为5.63亿人，这表示，如果保持现行劳动就业政策不变，2017年为劳动就业年龄人口峰值，随后劳动就业年龄人口数将下降。同时，"如果保持现行职工退休政策不变，预测未来老年退休人口将持续上升，到2030年为4.18亿人，老年抚养比为57%；2050年为4.96亿人，老年抚养比为89%；老年退休人口数的峰值为4.98亿，出现时间为2051年，随后出现下降；

第七章 未来人口演变趋势及政府作为

老年抚养比的峰值为92%,出现时间为2054年,随后出现下降。所谓老年退休人口基数,是不考虑人口的实际退休率,仅从人口年龄的角度进行统计计算,计算口径是60岁及以上总人口加上56~60岁人口的一半"[1]。

陈卫对我国未来人口发展的趋势预测做了深刻的阐述,指出在2020年之前,我国0~14岁的少儿人口数量基本上稳定在2.6亿,之后出现下降。15~64岁劳动年龄人口数量逐步上升到2012年水平,然后到2025年基本稳定在9.9亿之后出现下降。65岁及以上老年人口数量在预测期内一直在上升,2027年达到2亿,2037年达到3亿。2030年我国65岁及以上老年人口将首次超过0~14岁少儿人口。他认为我国人口结构的变化主要呈现出两个特征,分别是显著的"人口红利"和迅猛的人口老龄化。从人口红利的特征来看,我国从20世纪90年代初期开始进入人口红利,2020年,我国劳动年龄人口比例将一直维持高达70%的比例,总抚养比低达37%~45%。然而到2033年,我国劳动年龄人口比例降低到66.3%,总抚养比升至50.9%,如果以一般总抚养比作为衡量是否存在人口红利的依据的话,这时就标志着人口红利已经结束。从时间上看,我国人口红利消失的时间和我国人口高峰规模顶峰出现的时间基本上是相同的。

另一个特征表现在持续、快速的人口老龄化。无论是老年人口规模还是其在总人口中所占的比例都在迅速上升,预测2015年以后我国将进入人口老龄化迅速发展时期。从2015~2035年的20年时间里,中国老年人口比例将会翻一番,达到20%,老龄化人口将占中国人口的20%~25%。与老年人口比重不断上升相对应的是我国0~14岁新生儿和少儿所占总人口的比重呈不断下降趋势,将从2005年的20.6%下降到2030年的15.8%,此

---

[1] 秦中春:《中国未来人口变化的三大转折点预测——基于年龄移算人口预测模型的分析》,载于《区域经济评论》2013年第5期。

后 20 年将会维持在 15% 左右。2030 年，我国老年人口比例将会超过少儿人口比例，同时，老年抚养比也将会超过少儿抚养比。因此，老年人口将取代新生儿和少儿人口，成为劳动年龄人口的主要抚养对象。

二、对未来人口演变的几点看法

根据联合国《世界人口展望：2015 年修订版》预测，今后较长时期内世界人口将继续保持上升趋势，人口总量将从 2015 年的 73 亿上升到 2030 年的 85 亿，2050 年接近 100 亿。其中，发展中国家人口占比继续保持上升态势，但是，中国将不再成为发展中国家里人口增长贡献最大的国家之一，相反，中国的人口占比将持续下降。世界多数国家已经或正在步入老龄化社会，中国老龄化水平及增长速度将明显高于世界平均水平。

截止到 2016 年，我国推行计划生育已经有 40 多年，40 年来，经过党和政府、广大群众的共同努力，取得令人瞩目的成就。人口过快的增长得到有效控制、人口再生产类型实现了历史性转变、对资源环境的压力有效缓解，不仅有力地促进了经济发展，而且改善了社会民生，为现代化建设提供了重要保障和基础性的人口支撑，为全面建成小康社会奠定了坚实基础。"十二五"期间，我国人口和计划生育工作取得了许多新的成效。其中，我国人口总量平稳增长，年均自然增长率保持在 5‰ 左右，2015 年末总人口数量为 13.75 亿；人口结构不断变化，出生人口性别比连续下降至 113.51，60 岁及以上老年人口占比达到 16.1%，15～59 岁劳动年龄人口于 2011 年达到峰值后持续下降，家庭户均人口规模减小；人口素质稳步提升，人均预期寿命提高到 76.34 岁。孕产妇死亡率和婴儿死亡率分别降至 20.1/10 万和 8.1‰，提前实现联合国千年发展目标。劳动年龄人口平均受教育年限达到 10.23 年；人口城乡结构发生重大变化。常住人口城镇化率从 2010 年的 49.95% 提升至 2015 年的 56.1%，流动人口数量从 2.21 亿增加到 2.47 亿；重点人群保障水平不断提高，2015 年农村贫困人口数量为 5 575 万，较 2010 年减少了 66.3%。老年人、残疾人等群体社会保障体系和公共服务体系逐步健全。家庭发展能力得到增强。基于上述已取得的成就，对于未来人口演变有如下预测：[①]

第一，根据一般性人口发展规律，也结合中国自身的实际。我们认为截止到 2030 年前后，在今后的 15 年中，我国人口变动的趋势主要体现在以下几个方面：

（1）人口总规模增长惯性减弱，2030 年前后达到峰值。实施全面两孩政策后，"十三五"时期出生人口有所增多，"十四五"以后受育龄妇女数量减少及人口老龄化带来的死亡率上升影响，人口增长势能减弱。总人口将在 2030 年前后达到峰值，此后持续下降。

（2）劳动年龄人口波动下降，劳动力老化程度加重。劳动年龄人口在"十三五"后期出现短暂小幅回升后，2021~2030 年将以较快速度减少。劳动年龄人口趋于老化，到 2030 年，45~59 岁大龄劳动力占比将达到 36% 左右。

（3）老龄化程度不断加深，少儿比重呈下降趋势。"十三五"时期，60 岁及以上老年人口平稳增长，2021~2030 年增长速度将明显加快，到 2030 年占比将达到 25% 左右，其中 80 岁及以上高龄老年人口总量不断增加。0~14 岁少儿人口占比下降，到 2030 年降至 17% 左右。

（4）人口流动仍然活跃，人口集聚进一步增强。预计 2016~2030 年，农村向城镇累计转移人口数量约 2 亿，转移势头有所减弱，城镇化水平持续提高。以"瑷珲—腾冲线"为界的

---

① 以下参考自国务院《国家人口发展规划 2016~2030 年》。

全国人口分布基本格局保持不变，但人口将持续向沿江、沿海、铁路沿线地区聚集，城市群人口集聚度加大。

（5）出生人口性别比逐渐回归正常，家庭呈现多样化趋势。伴随经济社会发展以及生育政策调整完善等，出生人口性别比呈稳步下降态势。核心家庭（由已婚夫妇及其未婚子女组成的家庭）和直系家庭（由父母同一个已婚子女及其配偶、子女组成的家庭）是主要的家庭形式，单人家庭、单亲家庭以及"丁克家庭"的比例将逐步提高。

（6）少数民族人口增加，地区间人口变化不平衡。2015年我国少数民族人口总量为1.17亿，占比8.5%，少数民族生育率高于全国平均水平，人口比例还将进一步提高。在一些民族地区各民族人口发展不均衡，一些边境地区青壮年人口流失比较严重。

第二，在未来这段时间，我国的人口发展将会进入深度转型阶段，是人口发展的关键转折期，人口自身的安全以及人口与经济、资源、文化、社会等外部系统关系的平衡都会面临着不可忽视的问题和挑战。这些问题和挑战来自于：

（1）实现适度生育水平压力较大。我国生育率已较长时期处于更替水平以下，虽然实施全面两孩政策后生育率有望出现短期回升，但受生育行为选择变化等因素影响很大。

（2）老龄化加速的不利影响加大。人口老龄化加快会明显加大社会保障和公共服务压力，凸显劳动力有效供给约束，人口红利减弱，持续影响社会活力、创新动力和经济潜在增长率。

（3）人口合理有序流动仍面临体制机制障碍。城乡、区域间人口流动仍面临户籍、财政、土地等改革不到位形成的制度性约束，人口集聚与产业集聚不同步、公共服务资源配置与常住人口不衔接、人口城镇化滞后于土地城镇化等问题依然突出，不利于有效支撑国家重大区域战略实施。

（4）人口与资源环境承载能力始终处于紧平衡状态。21世纪中叶前我国人口总量将保持 13 亿以上，人口对粮食供给的压力持续存在，人口与水资源短缺的矛盾始终突出，人口与能源消费的平衡关系十分紧张。边境地区人口安全问题需高度关注。

（5）家庭发展和社会稳定的隐患不断积聚。小型化和"空巢"化家庭抗风险能力低，养老抚幼、疾病照料、精神慰藉等问题日益突出。出生人口性别比长期失衡积累的社会风险不容忽视。

第三，未来人口演变中，面对人口发展重大趋势性变化，我们有必要把人口均衡发展作为重大国家战略，加强统筹谋划，把握人口发展的有利因素，完善人口发展战略和政策体系，积极有效地应对风险挑战，促进人口长期均衡发展，努力实现人口自身均衡发展。实施人口均衡发展国家战略的总体思路涵盖三部分的内容，分别是未来人口发展的总体要求、总体的目标和战略导向。

未来人口发展的总体要求是：要坚持我们的"坚持"，高举中国特色社会主义伟大旗帜，以马克思列宁主义、毛泽东思想、邓小平理论、"三个代表"重要思想、科学发展观为指导，全面贯彻党的十八大和十八届三中、四中、五中、六中全会精神，深入贯彻习近平总书记系列重要讲话精神，以促进人口均衡发展为主线，立足战略统筹，强化人口发展的战略地位和基础作用，坚持计划生育基本国策，鼓励按政策生育，充分发挥全面两孩政策效应，综合施策，创造有利于发展的人口总量势能、结构红利和素质资本叠加优势，促进人口与经济社会、资源环境协调可持续发展，为全面建成小康社会、实现中华民族伟大复兴的中国梦提供坚实基础和持久动力。

在总体要求中，要坚持以下五个原则：坚持综合决策。切实将人口融入经济社会政策，在经济社会发展战略规划、经济结构战略性调整、投资项目和生产力布局、城乡区域关系协调、可持续发展等重大决策中，充分考虑人口因素，不断健全人口与发展综合决策机制；突出以人为本。坚持以人民为中心的发展思想，优先投资于人的全面发展，建立健全面向全人群、覆盖全生命周期的人口政策体系，促进共同参与、共享发展，增强人民群众获得感和幸福感；强化正向调节。尊重人口规律，顺应经济社会发展要求和群众根本利益，完善服务保障政策，将生育水平调控并维持在适度区间，推动人口结构优化调整、人口素质不断提升、人口流动更加有序，持续增强人口资源禀赋；加强风险防范。加强超前谋划和战略预判，重视把握人口各要素之间，以及人口与经济社会、资源环境等外部要素间的相互关系，提早防范和综合应对潜在的人口系统内安全问题和系统间的安全挑战，切实保障人口安全；深化改革创新。积极转变人口调控理念和方法，统筹推进生育政策、计划生育服务管理制度、家庭发展支持体系和治理机制综合改革，完善人口预测预报预警机制，健全重大决策人口影响评估制度。

人口发展的总体目标是：第一步，到2020年，全面两孩政策效应充分发挥，生育水平适度提高，人口素质不断改善，结构逐步优化，分布更加合理。第二步，到2030年，人口自身均衡发展的态势基本形成，人口与经济社会、资源环境的协调程度进一步提高。从人口总量、人口结构、人口素质、人口分布和重点人群五个方面进行规划。具体来讲，人口总量上，总和生育率逐步提升并稳定在适度水平，2020年全国总人口数量达到14.2亿左右，2030年达到14.5亿左右。人口结构上，出生人口性别比趋于正常，性别结构持续改善。劳动力资源保持有效供给，人口红利持续释放。人口素质上，使出生缺陷得到有效防控，人口健康水平和人均预期寿命持续提高，劳动年龄人口平均受教育年限进一步增加，人才队伍不断壮大。人口分布上，常住人口城镇化率稳步提升，户籍人口城镇化率加快提高，主要城市群集聚人口能力增强。人口流动合理有序，人口分布与区域发展、主体功能布局、城市群发展、产业集聚的协调度达到更高水平。重点人群的扶持上，民生保障体系更加健全，老年人、妇女、儿童、残疾人、贫困人口等群体的基本权益得到有效保障，生活水平持续提高，共建共享能力明显增强。

人口的战略导向是：要从经济社会全局高度和国家中长期发展层面谋划人口工作，深入实施国家人口均衡发展战略，明确并贯彻"四个注重"战略导向：注重人口内部各要素相均衡。推动人口发展从控制人口数量为主向调控总量、优化结构和提升素质并举转变。推进全面两孩政策实施，适时全面放开生育，研究在全面放开生育后仍然难以实现人口平缓变动时采取鼓励生育的政策，避免人口达到峰值后快速下降，发挥政策最大效应。加强出生人口性别比治理，促进社会性别平等。切实提高出生人口素质，努力挖掘各年龄段人口潜能，推动人口红利向人才红利转变；注重人口与经济发展互动。准确把握经济发展对人口变动的影响，综合施策缓解经济因素带来的生育率下降等人口发展问题。统筹城乡区域协调发展，统筹技术、产业、公共服务、就业同步扩散，引导人口与经济布局有效对接。充分发挥人口能动作用，为经济增长提供有效人力资本支撑和内需支撑。实施积极的老龄化政策，防范和化解对经济增长的不利影响；注重人口与社会发展相协调。完善国家基本公共服务制度体系，推动基本公共服务常住人口全覆盖，有序推进农业转移人口市民化。着力补齐重点人群发展短板，构建多层次养老服务体系，保障妇女儿童、残疾人合法权益，实施贫困人口精准脱贫，促进社会公平正义。尊重个人和家庭在人口发展中的主体地位，坚持权利义务对等，推动人口工作由主要依靠政府力量向政府、社会和公民多元共治转变；注重人口与资源环境相适应。根据不同主体功能区定位要求，健全差别化的人口政策，多措并举引导人口向优化开发和重点开发区域适度集聚，支持鼓励限制开发和禁止开发区域的人口自愿迁出，严格控制超大、特大城市人口规模。加大环境治理与保护力度，可持续开发利用自然资源，推动形成绿色发展方式和生活方式，着力增强人口承载能力。

三、中国政府在人口治理中的作为

中国经济能发展到今天，应该说计划生育政策在其中起到了很重要的作用。但是，正如习近平总书记所指出的："既要看到社会主义初级阶段基本国情没有变，也要看到我国经济社会发展每个阶段呈现出来的新特点。"随着经济的不断发展，城市化水平不断提高，中国发展中涉及的人口问题，已经不再仅仅是人口数量问题了。城市化问题、流动人口管理、老龄化、户籍制度等问题越来越成为国家人口治理的突出难题。未来政府也必须更多地发挥在人口治理其他问题中的作用，统筹规划，助推中国经济的发展。

（一）人口数量管理的改进

在人口数量管理的改进中，要推动实现适度生育水平，延续人口总量势能优势。适度生育水平是维持人口良性再生产的重要前提。要针对人口变动态势，做好超前谋划和政策储备，健全生育服务和家庭发展支持体系，引导生育水平提升并稳定在适度区间，保持和发挥人口总量势能优势，促进人口自身均衡发展。

1. 健全生育政策调控机制。

改革完善计划生育服务管理，实行生育登记服务，优化服务流程，推行网上办事，进一步简政便民。密切关注生育水平过高和过低地区人口发展态势，加强分类指导，因地制宜、综合施策，积极发挥计生协会等社会组织作用，引导群众负责任、有计划、按政策生育。积极推进实施各民族平等的计划生育政策，促进同区域内不同民族的均衡发展。科学评估经济增长和社会发展对生育行为的影响，做好全面两孩政策效果跟踪评估，密切监测生育水平变动态势，做好政策储备，完善计划生育政策。

2. 合理配置公共服务资源。

健全妇幼健康计划生育服务体系，提升妇幼健康和计划生育服务能力。实施妇幼健康计划生育服务保障工程，通过增加供给、优化结构、挖掘潜力，强化孕产妇和新生儿危急重症救治能力建设，进一步降低孕产妇和婴儿死亡率。做好优生优育全程服务，为妇女儿童提供优质的孕前优生健康检查、住院分娩、母婴保健、避孕节育、儿童预防接种等服务，做好流动孕产妇和儿童跨地区保健服务以及避孕节育的接续。加强出生缺陷综合防治，开展出生缺陷发生机理和防治技术研究，推进新生儿疾病筛查、诊断和治疗工作。加强妇幼保健计划生育服务管理能力建设。加强科学预测，合理规划配置儿童照料、学前和中小学教育、社会保障等资源，满足新增公共服务需求。引导和鼓励社会力量举办非营利性妇女儿童医院、普惠性托儿所和幼儿园等服务机构。鼓励和推广社区或邻里开展幼儿照顾的志愿服务。推进生育保险和基本医疗保险合并实施，确保职工生育期间的生育保险待遇不变。在大型公共场所、公共交通工具、旅游景区景点等地设置母婴室或婴儿护理台，保障母婴权益。

3. 完善家庭发展支持体系。

建立完善包括生育支持、幼儿养育、青少年发展、老人赡养、病残照料、善后服务等在内的家庭发展政策。完善税收、抚育、教育、社会保障、住房等政策，减轻生养子女家庭负担。完善计划生育奖励假制度和配偶陪产假制度。鼓励雇主为孕期和哺乳期妇女提供灵活的工作时间安排及必要的便利条件。支持妇女生育后重返工作岗位。增强社区幼儿照料、托老日间照料和居家养老等服务功能。完善殡葬基本公共服务。加强家庭信息采集和管理，为家庭发展政策的制定和实施提供依据。大力发展家庭服务业。加强婚姻家庭辅导，推进新型家庭文化建设，开展幸福家庭创建活动。加大对计划生育家庭的扶助力度，对全面两孩政策实施前的独生子女家庭和农村计划生育双女家庭，继续实行现行各项奖励扶助政策,在社会保障、集体收益分配、就业创业、新农村建设等方面予以倾斜。完善计划生育家庭特别扶助制度,加大对残疾人家庭、贫困家庭、计划生育特殊家庭、老年"空巢"家庭、单亲家庭等的帮扶支持力度,充分发挥社会工作服务机构和社会工作者的专业作用。

(二) 人口质量管理的改进

人口质量的改进主要从增加劳动力有效供给,注重人口与经济良性互动;促进重点人群共享发展,推动人口与社会和谐共进;规划实施,完善人口与发展综合决策机制三个方面展开。

1. 增加劳动力有效供给,注重人口与经济良性互动。

综合应对劳动年龄人口总量下降和结构老化趋势,全面提升劳动力质量,挖掘劳动力供给潜能,加强与就业政策和劳动力市场建设的有机衔接,为经济社会发展提供有效人力资本支撑:

第一,提升新增劳动力质量。努力适应经济向形态更高级、分工更精细、结构更合理演进,发展方式向依靠持续的知识积累、技术进步、劳动力素质提升转变,着力培养具有国际竞争力的创新型、应用型、高技能、高素质大中专毕业生和技能劳动者,提高新增劳动力供给质量。加快完善国民教育体系,不断提高基本公共教育服务均等化水平,2020年普及高中阶段教育,迈入高等教育普及化门槛(毛入学率达到50%),2030年达到更高普及水平,劳动年龄人口平均受教育年限进一步提升。全面提高教育质量,切实提升大中专毕业生就业创业能力。优化人才培养机制,促进人才培养链与产业链、创新链有机衔接。深入推进协同育人,深化产教融合、校企合作,大力培养应用型人才和技术技能人才。全面提升高校创新人才培养能力,建设好一批世界一流大学和一流学科,深化高校创新创业教育改革,增强毕业生社会责任感、创新精神和实践能力。建设面向人人的就业创业服务平台。实施高校毕业生就业创业促进计划,建立涵盖毕业生校内校外各阶段、求职就业各环节、创新创业全过程的服务体系。

第二，挖掘劳动者工作潜能。提升就业能力，推动农村劳动力转型。面向现代农业发展，构建有效的新型职业农民培育制度体系，加快推动传统农民成为新型职业农民，建立高素质现代农业生产经营者队伍。持续推进农业富余劳动力进城务工并稳定生活，落实农业转移人口就业扶持政策，实施新生代农民工职业技能提升计划，健全职业培训、就业服务、劳动维权"三位一体"的工作机制。凝聚政府与市场合力，优化环境并健全支持政策，建设一批返乡创业园区和县乡特色产业带，为外出务工人员返乡创业创造条件。促进劳动者人力资本积累。通过全方位投资人力资本，充分发挥劳动者工作潜能。大力发展继续教育，强化企业在职工培训中的主体作用，完善以就业技能、岗位技能提升和创业为主的培训体系，持续提升企业职工劳动技能和工作效能。提升劳动者健康素质，全面开展职业健康服务，落实职业健康检查制度，加强职业病防治。强化职业劳动安全教育。支持大龄劳动力就业创业，加强大龄劳动力职业培训，提高就业技能和市场竞争力，避免其过早退出就业市场。另外，开展大龄劳动力人力资本开发行动。适应我国老龄化发展趋势，积极借鉴国际有益经验，通过教育培训、健康服务、就业促进等方式鼓励大龄失业人员回归劳动力市场。探索建立养老金长缴多得的激励约束机制；加强大龄劳动力在岗继续教育培训，落实完善职业培训补贴、职业技能鉴定补贴等政策，支持大龄劳动力提升就业技能；加强职业健康服务，提高大龄劳动力健康水平；落实税收优惠、社会保险补贴、创业担保贷款等扶持政策，鼓励各类企业吸纳大龄失业人员就业；加强公共就业服务网络平台建设，为大龄失业人员提供更多个性化职业指导、职业介绍、政策咨询等公共就业服务；结合大龄失业人员特点，提供更多非全职就业、志愿服务和社区工作等岗位。

第三，积极开发老年人人力资源。充分发挥老年人参与经济社会活动的主观能动性和积极作用。实施渐进式延迟退休年龄政策,逐步完善职工退休年龄政策,有效挖掘开发老年人力资源。大力发展老年教育培训。鼓励专业技术领域人才延长工作年限,积极发挥其在科学研究、学术交流和咨询服务等方面的作用。鼓励老年人积极参与家庭发展、互助养老、社区治理、社会公益等活动,继续发挥余热并实现个人价值。

第四,有效利用国际人才资源。树立人力资源开发利用全球视野,实施更积极、更开放、更有效的国际人才培养和引进政策。制定并完善出入境和长期居留、税收、保险、住房、就医、子女入学、配偶安置等配套措施,加快推进简化"绿卡"办理手续,大力吸引海外高层次人才回国或来华创新创业。完善外国人永久居留制度,放宽技术技能型人才取得永久居留资格的条件,探索实行技术移民并逐步形成完善有效的政策体系。支持外国人才申报和参与国家级科研项目,更加严格有效地保护知识产权,维护创造发明人的合法权益。发展国际人才市场,培育一批国际人才中介服务机构。结合国家"一带一路"建设战略实施和国际产能合作,鼓励有条件的企业、高校、科研院所"走出去"培养和吸引使用当地优秀人才。积极开展高水平的国际合作办学,创新人才国际联合培养模式。开发国(境)外优质教育培训资源,完善出国(境)培训管理制度和措施,进一步提高出国(境)培训质量。

2. 促进重点人群共享发展,推动人口与社会和谐共进。

老年人、妇女、儿童、残疾人和贫困人口,是人口发展中必须特别关注的重点人群。要构建长远的制度框架,制定有针对性的政策措施,创造条件让重点人群共享发展成果,促进社会和谐与公平正义。

第一,积极应对人口老龄化。针对人口老龄化程度不断加深的趋势,要加强顶层设计,做到及早应对、科学应对、综合应对。坚持持续、健康、参与、公平的原则,加快构建以社会保障、养老服务、健康支持、宜居环境为核心的应对老龄化制度框架，完善以人口政策、人才开发、就业促进、社会参与为支撑的政策体系。建立更加公平可持续的社会保障制度，加快城乡居民全覆盖，逐步提高基本养老和基本医疗保险统筹层次，确保基金安全可持续运行。大力发展企业年金、职业年金、个人储蓄性养老保险和商业医疗保险，在试点基础上推出个人税收递延型养老保险。探索建立长期护理保险制度，开展长期护理保险试点。全面建立针对经济困难高龄、失能老年人的补贴制度，做好与长期护理保险的衔接。加快完善以居家为基础、社区为依托、机构为补充、医养结合的养老服务体系，增加养老服务和产品供给。建设预防、医疗、康复、护理、安宁疗护等相衔接的覆盖全生命周期的医疗服务体系，强化对老年常见病、慢性病的健康指导和综合干预，提升中医保健、体检体测、体育健身等健康管理水平。完善家庭养老支持措施，建设无障碍的老年友好型社区和城市，营造良好社会氛围，形成敬老、养老、助老的社会风尚。

第二，促进妇女全面发展和未成年人保护。坚持男女平等基本国策，将性别平等全面纳入法律体系和公共政策，促进融入社会文化，切实保障妇女合法权益，消除性别歧视，提高妇女的社会参与能力和生命健康质量。加强出生人口性别比综合治理，营造男女平等、尊重女性、保护女童的社会氛围，加大打击非医学需要的胎儿性别鉴定和选择性别的人工终止妊娠行为力度。深入开展关爱女孩行动，改善女孩生存环境，建立健全有利于女孩家庭发展的帮扶支持政策体系。坚持儿童优先原则，完善未成年人保护和儿童福利体系。探索适合国情的儿童早期综合发展指导模式，发展适度普惠型儿童福利制度。统筹推进农村留守儿童关爱和困境儿童保障工作，建立未成年人保护响应机制，构建以家庭监护为基础、国家监护为保障、社会监督为补充的保障制度，加强对流浪未成年人的救助保护，完善儿童收养制度。加强儿童健康干预和儿科诊疗能力建设，改善贫困地区儿童营养状况。

第三,保障残疾人合法权益。增强残疾人制度化保障服务能力,全面实施困难残疾人生活补贴制度和重度残疾人护理补贴制度,建立残疾儿童康复救助制度,有条件的地方对贫困残疾人、重度残疾人基本型康复辅助器具配置和家庭无障碍改造给予补贴。健全残疾人托养照料和康复服务体系,大力开展社区康复,为贫困残疾人和重度残疾人提供基本康复服务。健全残疾人教育体系,对家庭经济困难的残疾儿童实行12年免费教育,对残疾儿童普惠性学前教育予以资助,对有劳动能力和就业意愿的残疾人按规定提供免费就业创业服务。发展残疾人文体事业,推动公共文化体育场所免费或低收费向残疾人开放。加强残疾人友好环境建设,完善城乡无障碍设施,推动信息无障碍发布。发展残疾人慈善事业和服务产业,培育服务残疾人的社会组织和企业,积极引入新的业态和科技成果。

第四,实现贫困人口精准脱贫。加大脱贫攻坚力度,坚持精准扶贫、精准脱贫的基本方略,通过发展生产、易地搬迁、生态补偿、教育支持、医疗救助、低保兜底等有效措施,确保到2020年我国现行标准下农村贫困人口实现脱贫,贫困县全部摘帽,解决区域性整体贫困。根据经济社会发展水平,完善贫困标准动态调整机制。适应可持续发展新阶段新要求,完善贫困人口精准识别、精准扶持和精准脱贫的长效机制。探索建立符合国情的贫困人口治理体系,推动扶贫开发由主要解决绝对贫困向缓解相对贫困转变,由主要解决农村贫困向统筹解决城乡贫困转变,实现全体人民共同迈入全面小康社会、共同迈向现代化。

3. 规划实施,完善人口与发展综合决策机制。

由国务院有关部门和地方各级政府组织实施人口规划。确保规划目标和任务顺利完成。

第一,强化人口数据支撑。发挥人口基础信息对决策的支撑作用,切实推进人口基础信息共建共享。推动人口健康信息化建设,加强人口基础信息采集和统计工作,加快国家人口基础信息库建设,整合分散在教育、公安、民政、人力资源社会保障、卫生计生、统计等部门的人口数据和信息资源,实现就学升学、户籍管理、婚姻家庭、殡葬事务、就业创业、生育和健康、人口普查和抽样调查等人口基础信息的互联互通、动态更新和综合集成。加强人口数据开发和开放利用,为政府部门、企事业单位、社会公众做好人口信息服务。

第二,建立人口预测预报制度。结合世界人口预测前沿技术方法,研发适合我国的人口预测技术和模型。在人口普查和抽样调查的基础上,加强人口中长期预测。健全人口动态监测和评估体系,科学监测和评估人口变动情况及趋势影响。建立常态化的人口预测预报机制,定期发布国家人口预测报告。推进分区域的人口预测预报工作。

第三,开展重大决策人口影响评估。以现有人口计划为基础,完善年度人口发展形势会商机制,监测评估人口变动情况及趋势影响,提出重大人口发展政策建议。科学预测和分析人口因素对重大决策、重大改革和重大工程建设的影响,促进相关经济社会政策与人口政策有效衔接。加强与国家高端智库合作,完善重大人口政策咨询机制,提高决策科学合理性。在社会稳定风险评估框架内,试点增加人口风险评估内容,建立重点评价清单。科学评估经济增长和社会发展对人口的影响,加强人口安全风险防控,做好政策预研预案储备。

第四,健全规划实施机制。加强组织领导。建立健全国家促进人口发展工作协调机制。加强人口战略研究,统筹重大政策研究制定,协调解决人口发展中的重大问题。国家发展改革委员会要牵头推进规划实施和相关政策落实,监督检查规划实施情况。各有关部门要切实履行职责,根据本规划提出的各项任务和政策措施,研究制定配套政策和具体实施方案,推动相关专项规划与本规划的衔接协调。地方各级政府要全面贯彻落实本规划,编制本地区的人口发展规划,建立健全工作机制,把规划的重点任务落到实处。

第五，做好宣传引导。坚持正确的舆论导向，深入开展人口国情、人口规划和人口政策的宣传解读，及时解答社会各界关注的热点问题，主动回应社会关切的问题，合理引导社会预期。充分发挥各类媒体的作用，深入开展群众喜闻乐见的宣传活动，为政策实施营造良好舆论氛围。推进国际合作。加强世界人口发展趋势研究，积极开展人口发展领域国际合作，促进人口老龄化、国际减贫等政策交流与合作，引导人口发展领域国际规则制定。推动落实2030年可持续发展议程涉及人口领域的目标。对外宣传我国人口政策及计划生育的成就和经验，为我国人口发展营造良好国际环境。开展监测评估。国家发展改革委牵头建立规划实施动态监测、定期通报制度，加强对规划实施情况的跟踪分析，定期组织对规划实施情况的评估，及时发现和解决规划执行过程中存在的突出问题，以5年为期定期组织对本规划实施情况的评估，确保规划各项任务落到实处。

（三）迁移管理的改进

推动城乡人口协调发展，完善以城市群为主体形态的人口空间布局，促进人口分布与国家区域发展战略相适应，引导人口有序流动和合理分布，实现人口与资源环境永续共生。

1. 持续推进人口城镇化。

加快推进以人为核心的城镇化，引导人口流动的合理预期，畅通落户渠道，到2020年实现1亿左右农业转移人口和其他常住人口在城镇落户，全面提高城镇化质量。按照尊重意愿、自主选择、因地制宜、分步推进、存量优先、带动增量的原则，区分超大、特大和大中小城市以及建制镇，实施差别化落户政策，促进有能力在城镇稳定就业和生活的农业转移人口举家进城落户。将具备条件的县和特大镇有序设置为市，增加中小城市数量，优化大中城市市辖区规模和结构，拓展农业转移人口就近城镇化空间。在具体推进上，推动1亿非户籍人口在城市落户方案。2016~2020年，户籍人口城镇化率年均提高1个百分点以上，年均转户1 300万人以上。进一步拓宽落户通道。除极少数超大城市外，全面放宽农业转移人口落户条件。调整完善超大城市和特大城市落户政策，区分城市的主城区、郊区、新区等区域，分类制定落户政策，重点解决符合条件的普通劳动者落户问题。调整完善大中城市落户政策，大中城市均不得采取购买房屋、投资纳税等方式设置落户限制。制定实施配套政策。加大对农业转移人口市民化的财政支持力度并建立动态调整机制，建立财政性建设资金对吸纳农业转移人口较多城市基础设施投资的补助机制，建立城镇建设用地增加规模与吸纳农业转移人口落户数量挂钩机制。顺应农民保留土地承包权、流转土地经营权的意愿，实行所有权、承包权、经营权分置并行，探索建立进城落户农民土地承包权、宅基地使用权、集体收益分配权的维护和自愿有偿退出机制。完善城镇基本公共服务政策，确保城市新老居民同城同待遇。

2. 推动城市群人口集聚。

以城市群为主体形态促进大中小城市和小城镇协调发展，优化提升东部地区城市群，培育发展中西部地区城市群，推动人口合理集聚。对京津冀、长三角、珠三角等城市群，要严格控制超大城市和特大城市人口规模，有序引导人口向中小城市集聚。对长江中游、成渝地区等城市群，要进一步做大做强中心城市，加强对周边欠发达地区的辐射带动作用，打造全国重要的人口集聚区。对山东半岛、海峡西岸、辽中南等东部地区城市群，要进一步加强区域内大中小城市联动发展，增强对中西部转移人口的吸引力。对哈长、中原、关中、北部湾、山西中部、呼包鄂榆、黔中、滇中、兰州—西宁、宁夏沿黄、天山北坡等城市群，要加快形成更多支撑区域发展的增长极，引导区域内人口就近集聚。力争今后15年上述19个城市群集聚的常住人口占全国比重稳步提升，特别是城镇人口总量占比增幅更高。

3. 改善人口资源环境间平衡。

制定和完善与主体功能区相配套的人口政策。要统筹考虑国家战略意图和区域资源禀赋，在开展资源环境承载能力评价的基础上，科学确定不同主体功能区可承载的人口数量，实行差别化人口调节政策。对人居环境不适宜人类常年生活和居住的地区，实施限制人口迁入政策，有序推进生态移民。对人居环境临界适宜的地区，基本稳定人口规模，鼓励人口向重点市镇收缩集聚。对人居环境适宜和资源环境承载力不超载的地区，重视提高人口城镇化质量，培育人口集聚的空间载体，引导产业集聚，增强人口吸纳能力。促进人口绿色发展。实施人口绿色发展计划，积极应对人口与资源环境的紧张矛盾，增强人口承载能力。大力推行创新驱动、资源集约节约、低碳环保的绿色生产方式，推广绿色低碳技术和产品，严格限制高耗能、高污染行业发展，节约集约利用土地、水和能源等资源，促进资源循环利用。积极倡导简约适度、绿色低碳、文明节约的生活方式，推广绿色建筑，鼓励绿色出行。保障边境地区人口安全。要从维护国家安全的高度，多措并举稳住边境人口适度规模，优化人口结构和分布。统筹运用人口发展、产业促进、转移支付、公共服务和社会管理等政策，努力扩大就业、增加边民收入、提高公共服务水平，让边境各族群众安居乐业。加强人口跨境流动管理，促进边境地区繁荣发展。

4. 完善人口流动政策体系。

深化户籍制度改革，切实保障进城落户农业转移人口与城镇居民享有同等权利和义务。全面实施居住证制度，推进居住证制度覆盖全部未落户城镇常住人口，保障居住证持有人享有国家规定的各项基本公共服务和办事便利。鼓励地方各级政府根据本地实际不断扩大对居住证持有人的公共服务范围并提高服务标准。以人口为基本要素，完善公共服务资源配置，使基本公共服务设施布局、供给规模与人口分布、环境交通相适应,增强基本公共服务对人口集聚和吸纳能力的支撑。深化财政制度改革,建立农业转移人口市民化成本分担机制。深化农村集体产权制度改革,探索建立进城落户农民土地承包权、宅基地使用权、集体收益分配权维护和自愿有偿退出机制。研究完善支撑东北地区等老工业基地全面振兴的人口发展政策,适应西部大开发要求、鼓励人口向西部地区迁移。健全全国流动人口分布、生存发展状况的动态监测体系,完善流动人口服务管理体制机制。

参 考 文 献

1. 蔡宏俊:《太平天国战争中人口损失研究述评》,载于《南京政治学院学报》2007 年第 2 期。

2. 茅家琦、池子华:《探索中国近代人口演进的历史轨迹》,载于《南京大学学报》1994 年第 3 期。

3. 李永芳:《中国近代人口管理思想述论》,载于《中州学刊》1997 年第 2 期。

4. 行龙:《中国近代人口史论纲》,载于《中国人人口科学》1989 年第 2 期。

5. 申成玉:《中国近代人口思想辨析》,载于《唐都学刊》2001 年第 3 期。

6. 战英:《简论中国古代的人口政策》,载于《长春师院学报》1996 年第 4 期。

7. 李常林:《论中国古代人口思想的主线》,载于《云南社会科学》1992 年第 2 期。

8. 毛健:《浅述威廉·配第的人口思想》,载于《南开经济研究》1985 年第 3 期。

9. 余德仁:《孙中山的人口思想研究》,载于《河南师范大学学报（哲学社会科学版）》1991 年第 1 期。

10. 李虎:《唐代人口政策种种》,载于《西北人口》1997 年第 1 期。

11. 汤兆云:《1954~1957 年间关于人口问题的大讨论》,载于《华侨大学学报（哲学社会科学版）》2004 年第 3 期。

12. 彭志良：《建国初期国家是否制订和执行了鼓励人口增长政策?》，载于《人口研究》2009年第5期。

13. 曹前发：《建国后毛泽东人口思想述论》，载于《毛泽东思想研究》2010年第6期。

14. 李虎：《唐代人口政策种种》，载于《西北人口》1997年第1期。

15. 汤兆云：《建国后十七年我国人口政策评析》，载于《北京人民警察学院学报》2005年第6期。

16. 侯东民：《80年代我国人口控制示范模式的特点及其对90年代人口控制的影响》，载于《人口研究》1992年第6期。

17. 阎海琴：《对我国80年代人口形势的分析》，载于《山西财经学院学报》1992年第5期。

18. 郭志刚：《对中国1990年代生育水平的研究与讨论》，载于《人口研究》2004年第2期。

19. 刘爽：《对中国人口转变的再思考》，载于《人口研究》2010年第1期。

20. 苏杨：《改革开放三十年中国人口政策回顾和展望》，载于《当代中国人口》2009年第5期。

21. 王国强：《关于完善我国人口政策的思考》，载于《人口与计划生育》2005年第1期。

22. 任淑艳：《开创我国人口理论与实践的新局面——党的十一届三中全会与我国人口控制政策的制定》，载于《社会科学》1998年第11期。

23. 张维庆：《统筹解决中国人口问题的思考》，载于《学习时报》2006年第001版。

24. 吴宏洛：《影响中国人口政策走向的几个关键性问题》，载于《福建论坛·人文社会科学版》2010年第1期。

25. 王跃生：《中国当代人口生存压力应对制度考察——以20世纪50~80年代政策为中心》，载于《中国高校社会科学》

2015年第1期。

26. 于学军：《中国计划生育政策三十年的回顾与评论》，载于《当代中国人口》2009年第5期。

27. 李通屏、郭继远：《中国人口转变与人口政策的演变》，载于《市场与人口分析》2007年第1期。

28. 汤兆云：《中国现行人口政策的形成与稳定——新中国人口政策的演变》，载于《中共党史资料》2008年第2期。

29. 陈友华：《二孩政策地区经验的普适性及其相关问题——兼对"21世纪中国生育政策研究"的评价》，载于《人口与发展》2009年第1期。

30. 陈友华：《关于生育政策调整的若干问题》，载于《人口与发展》2008年第1期。

31. 高松柏：《关于统筹解决人口问题的思考》，载于《人口学刊》2007年第5期。

32. 陈友华、徐愫：《计划生育综合改革与统筹解决人口问题》，载于《南京人口管理干部学院学报》2010年第6期。

33. 张维庆：《坚持稳定低生育水平以人的全面发展统筹解决人口问题》，载于《人口与计划生育》2006年第2期。

34. 李克强：《统筹解决人口问题促进经济社会全面协调可持续发展》，载于《行政管理改革》2009年第3期。

35. 冯月菊：《统筹解决人口问题的实践与思考》，载于《人口与发展》2012年第4期。

36. 田茂勋、吴贵洪：《关于"单独二胎"政策实施问题的几点思考》，载于《管理观察》2014年第24期。

37. 左晶晶、王仙慧：《可持续发展观视角下"单独二胎"政策研究》，载于《河南科技学院学报》2014年第7期。

38. 黎煦、许航敏：《从政府单一管理到综合治理——我国人口发展治理体系建设的政策分析》，载于《人口与经济》2007年第4期。

39. 接栋正：《发达国家人口管理办法对我国的启示与思考》，载于《人口与经济》2008年第4期。

40. 翟振武、李龙：《全面两孩政策对未来中国人口的影响》，载于《东岳论丛》2016年第2期。

41. 孙明哲：《使用六普数据对中国未来人口规模趋势的预测——兼论未来50年中国人口规模衰减的程度》，载于《北京社会科学》2014年第5期。

42. 罗俊峰：《我国未来劳动力供给变化及其对劳动力市场的影响——基于联合国人口司2013年预测结果的分析》，载于《劳动经济》2015年第1期。

43. 张翼：《中国的人口转变与未来人口政策的调整》，载于《中国特色社会主义研究》2013年第3期。